INTRODUCCIÓN

ESTE LIBRO TRATA de historias, de las que cuenta una cultura y de cómo se transforman en la propia cultura. Trata de las historias a las que seguimos aferrándonos ciegamente, y de las que se aferran a nosotros: los relatos sobre el origen, los mitos rectores, las parábolas religiosas; las narrativas que se han transmitido a lo largo de los siglos acerca de las mujeres y los hombres; del poder y la guerra, del sexo y el amor, y de los valores conforme a los que vivimos. Historias escritas sobre todo por hombres, pero con lecciones y leyes para toda la humanidad. Hemos superado muchas de ellas y, sin embargo, perduran. Este libro trata sobre esos viejos relatos y también sobre lo que sucede cuando las narradoras son las mujeres, cuando hablamos desde nuestra auténtica voz, cuando exhibimos nuestros valores, cuando nos convertimos en protagonistas de las historias que contamos acerca de lo que significa ser humano.

Así que empezaré con una historia. Transcurre durante un día de verano en el Instituto Omega, el centro de educación y retiro que cofundé nada más salir de la universidad. Hoy, el Omega es una institución floreciente que todos los años ofrece centenares de talleres y conferencias en un campus del norte del estado de Nueva York. En el momento en que se ubica mi relato, yo era la única mujer en el equipo de dirección del

Omega. También era una madre soltera agobiada que compaginaba como podía el trabajo y la maternidad, que intentaba meter lo imposible a presión en cada uno de sus días.

En el comedor del Omega hay una sala en la que el profesorado puede compartir el rato de la comida e intercambiar ideas. Un día cualquiera, en esa sala se encuentra una mezcla ecléctica de pensadores innovadores: desde investigadores médicos hasta curanderos indígenas, desde *yoguis* hasta científicos, desde jugadores de baloncesto de la NBA hasta ganadores del Premio Nobel de la Paz. Ese día en concreto, estaba rodeada de oradores y profesores que mantenían conversaciones fascinantes; sin embargo, en lugar de charlar con ellos sobre los avances en la curación del cáncer, sobre la meditación *mindfulness* o sobre la psicología del deporte, estaba inmersa en un habitual debate con mis dos hijos pequeños. Yo quería que tomaran un almuerzo saludable; ellos querían irse en bici a la tienda del pueblo a comprar pollo frito y cucuruchos de helado.

Mis hijos ganaron la discusión y salieron corriendo alegremente hacia el día estival. Para entonces, casi todos los demás habían acabado de comer y se habían marchado de la sala. Sin embargo, en la esquina, encorvada sobre un libro y sorbiendo algo cremoso parecido a una sopa, quedaba una rezagada, una mujer con el pelo corto y canoso y unas gruesas gafas de lectura; una profesora universitaria de Clásicas que participaba en una conferencia que exploraba el poder del mito en la cultura moderna. Acababa de publicar un libro, una reinterpretación de leyendas antiguas desde el punto de vista de las mujeres de los relatos. Yo no lo había leído todavía. Era uno de los muchos volúmenes apilados en mi mesilla de noche, un fenómeno común entre las personas a las que les encanta leer, pero que también tienen hijos y trabajo.

Estaba a punto de salir del comedor de profesores cuando me percaté de algo desconcertante. La mujer de la esquina, la profesora de Clásicas, estaba tan absorta en la lectura que, sin darse cuenta, se estaba llenando de gotas de sopa la delantera del jersey... que, en realidad, era mío. Se lo había ofrecido la noche anterior, cuando nos habíamos visto por primera vez en una reunión de orientación para el profesorado. «Parece que tiene frío», le había dicho, y ella había asentido y aceptado el jersey sin pronunciar una sola palabra. «Qué persona tan rara», pensé. Ahora estaba sentada observándolos fascinada, a mi jersey y a ella.

Al sentir el peso de mi mirada, la profesora levantó la cabeza y me hizo un gesto. Señaló la silla que tenía enfrente, al otro lado de la mesa. Me acerqué, me senté y, al cabo de solo unos minutos, me habría dado igual que hubiera vertido una sopera entera sobre mi ropa, porque me contó una historia que resultó ser la respuesta a una pregunta que yo ni siquiera sabía que me estaba formulando. El relato me llegó a lo más hondo y se quedó conmigo. Puso en marcha la cascada de decisiones críticas que tomaría a lo largo de los años siguientes, decisiones que me ayudarían a reclamar mi voz, mi valor, mi valía personal.

Nuestra conversación comenzó de una forma bastante ligera. Le pregunté a la profesora si le gustaba su habitación, si estaba durmiendo bien, cómo iban sus clases.

—Bien, bien, bien —masculló mientras les restaba importancia a mis preguntas agitando la cuchara sopera.

Luego levantó la vista y me observó con atención.

—¿Y a ti cómo te va la vida? —me preguntó.

—¡No muy bien! —me sorprendió oírme exclamar.

De repente, me encontré contándole a aquella extraña la reunión a la que había asistido aquel mismo día por la mañana, y no solo eso, sino situaciones en las que me veía envuelta una y otra vez en el trabajo. Le expliqué lo frustrada que me sentía como mujer en un puesto de liderazgo, que aquello era como hablar un segundo idioma, que estaba aprendiéndolo lo más deprisa que podía, pero que los hombres con los que trabajaba no parecían interesados en aprender el mío, en comprender mis ideas, en establecer mis prioridades. Me daba cuenta de que la organización tenía que llevar a cabo varios cambios importantes y también de lo que ocurriría si no los hacíamos. Aun así, nadie me hacía caso. De vez en cuando, algo por lo que yo había luchado sin éxito resurgía como una idea brillante de otra persona. Me pasaba el día claudicando o quejándome. No me gustaba en quién me estaba convirtiendo.

—No hago más que quejarme —le dije a la profesora—. Estoy siempre cabreada. Nadie me escucha. Me siento como si estuviera loca.

Ella tomó otro sorbo de sopa. Después soltó la cuchara y permaneció callada unos instantes.

—Últimamente he pensado mucho en Casandra —dijo al fin—. Te acuerdas de ella, ¿verdad?

—No mucho —reconocí.

—Bueno, pues yo te la recuerdo. Casandra era una princesa de la ciudad de Troya. Era la más hermosa de las hijas del rey Príamo y la reina Hécuba. Como tal, tenía muchos pretendientes, tanto mortales como inmortales. —La profesora echó un vistazo en torno a la sala vacía y luego bajó la voz, como para incluirme en una especie de chismorreo antiguo—. Zeus, el rey de los dioses, iba detrás de Casandra. Y también Apolo, su hijo. Para cortejarla, Apolo le otorgó algo que solo un dios podía conceder: el codiciado don de ver el futuro. No obstante, cuando intentó seducirla, Casandra rechazó sus avances sexuales. Eso lo enfureció y él, en lugar de limitarse a privarla del don de la profecía, la agarró, le escupió en la boca y la maldijo. «Continuarás viendo el futuro, Casandra —le dijo—, pero ahora nadie te escuchará, nadie se creerá tus predicciones.» Así que daba igual que lo que profetizara fuese el saqueo de Troya, la muerte de sus hermanos o las múltiples tragedias que sufriría su pueblo: nadie creía a Casandra. Al final, terminó volviéndose loca por saber siempre la verdad y que dudaran de ella cuando la contaba. Su humillación definitiva llegó al final de la guerra de Troya, cuando un guerrero griego la raptó y la violó.

Mientras la profesora iba hilando el relato de Casandra, empecé a tener la sensación de que cada vez hablaba menos de los personajes de un mito griego y más de las mujeres en general, tanto en los tiempos antiguos como en los actuales. Finalmente concluyó:

—Escúchame bien, jovencita. A las mujeres se las ha ignorado, ridiculizado, castigado e incluso asesinado por sus opiniones desde el principio de los tiempos. Sin embargo, sin el poder equilibrador de su voz, de la voz femenina, en este mundo las cosas terminarían en catástrofe. El relato de Casandra es tu relato. Es todos nuestros relatos. Debemos hablar y debemos ser tomadas en serio. Debemos cambiar el final de la historia.

—¿Y cómo lo hacemos? —pregunté alzando la voz mientras recordaba la reunión en la que había participado aquella mañana—. Porque yo lo intento, pero no me escuchan.

La profesora me miró de soslayo.

—¿Qué hay del tono que acabas de emplear? Ese es el primer paso. Deja de lloriquear. ¿Vas a ser una profetisa condenada o vas a intentar encontrar una voz distinta y salvar tu ciudad?

—Bueno, ha exagerado un poco, ¿no? Dirijo un centro de conferencias. No son cuestiones de vida o muerte.

—¡Pues claro que lo son! No importa dónde trabajes, a qué te dediques, dónde vivas. Las mujeres saben algo que el mundo necesita con urgencia. Lo sabemos en lo más profundo de nuestro ser. Lo hemos sabido siempre.

—Sí —contesté—. Eso está muy bien, pero...

—¡Chis! —La mujer se llevó un dedo a los labios—. Escucha —susurró—, escucha a Casandra. —En aquel momento se parecía más a la bruja bondadosa de un cuento de hadas que a una profesora de una universidad de prestigio. Estiró el brazo por encima de la mesa del comedor y posó una mano sobre la mía—. Cuando Casandra habla, debemos escuchar. Hay trabajo que hacer. Escúchala y luego ponte a trabajar.

Me dio unas palmaditas en la mano, se puso de pie, se pasó una servilleta por el pecho —de forma que esparció la sopa por todo mi jersey— y salió del comedor.

Nunca volví a ver aquel jersey. Nunca volví a ver a la profesora. Y nunca olvidé aquella historia. A partir de ese momento, durante las crisis y las encrucijadas del trabajo evocaba a Casandra. Recurría a ella para que me ayudara a encontrar mi voz, a confiar en mis valores y a cambiar el final de la historia. Desde entonces, nunca he dejado de apelar a ella, y no solo en mi vida, sino también a modo de oración por el mundo. Sé «en lo más profundo de mi ser» que podemos romper la maldición de Casandra, que podemos disipar la desconfianza y el menosprecio persistentes que las mujeres sufren en nuestra cultura. Y, cuando lo hagamos, toda la humanidad se beneficiará.

En los últimos años, he pensado en esta historia casi a diario, ya que cada vez más mujeres exigen que se las escuche y se confíe en ellas. También he pensado en otras historias antiguas y modernas, en toda una mezcolanza de relatos que la gente lleva siglos absorbiendo. En historias que cuentan narrativas falsas y destructivas sobre las mujeres y los hombres, la feminidad y la masculinidad, y la naturaleza y el propósito de la vida. Historias que haríamos bien en descartar y en sustituir por otras más sanas.

La primera parte de este libro, «Historias sobre el origen», explora algunos de los relatos antiguos, empezando por Adán y Eva, la pareja más influyente de la cultura occidental. He aquí un pequeño recordatorio de nuestra preponderante historia sobre el origen: en el comienzo, la vida era magnífica en el jardín del Edén, hasta que Dios se dio cuenta de que Adán necesitaba una compañera y por eso creó a Eva, la primera mujer. Entonces a ella le entró curiosidad, escuchó a una serpiente, sedujo a Adán para que desobedeciera a Dios y a partir de entonces todo fue de mal en peor. «La Caída.» Esa es la base, el relato sobre el que se establecen todos los demás, el primero que representa al ser femenino como «el segundo en ser creado y el primero en pecar». Ese mensaje está marcado a fuego en nuestra cultura, es nuestro ADN, conforma nuestra vida diaria, vive en nuestro cuerpo. Para ofrecerte una muestra del legado que se nos ha transmitido desde Adán y Eva, aquí van tres citas de escritos que exploro con mayor detenimiento en la primera parte.

De Tertuliano, un escritor cristiano a menudo descrito como el fundador de la teología occidental:

Mujer, parirás en medio de dolores y angustias, te volverás hacia tu marido y él te dominará: ¿y no sabes que tú eres Eva? Vive la sentencia de Dios sobre este sexo aún en este mundo: que viva también la culpa. Tú eres la puerta del diablo; tú eres

la que abriste el sello de aquel árbol; tú eres la primera transgresora de la ley divina [...]; por tu merecimiento, esto es, por
la muerte, incluso tuvo que morir el Hijo de Dios.

Del Eclesiastés, un libro sapiencial de la Biblia:

Un don del Señor la mujer silenciosa,
no tiene precio la bien educada.
Gracia de gracias la mujer pudorosa,
no hay medida para pesar a la dueña de sí misma.

Y esta, de la Mishná, un compendio sagrado de leyes judías:

A la mujer, Dios le impuso nueve maldiciones: la carga de la
sangre de la menstruación y la sangre de la virginidad; la carga
del embarazo; la carga del parto; la carga de criar a los hijos;
la cabeza cubierta como el que lleva luto; se agujerea la oreja
como esclava perpetua; no es aceptada entre los testigos.

Esta última me perturba de verdad: la menstruación y la
crianza se ven como cargas en lugar de como ejemplos de
fortaleza, mérito y poder, mientras que las cualidades físicas
y los papeles reservados a los hombres se elevan a la categoría
de atributos semidivinos. Aquí es donde empezó todo. Y la
última frase: «No es aceptada entre los testigos»; esta antigua
acusación se repite como el eco a lo largo de la historia. Se
encuentra en relatos de la Biblia y en los mitos griegos, en los
cuentos de hadas que les leemos a los niños y en la literatura
que estudiamos en los centros educativos. Es la historia de
Casandra y la de cualquier mujer que haya sido menospre-
ciada, ninguneada o castigada por tener una opinión propia.
Es el viejo tropo de la chica histérica o la mujer despechada a
la que no debe creerse como testigo de su propia experiencia.

Pero hay buenas noticias: pese a que la desconfianza hacia las mujeres está en la raíz de la historia, no tiene que seguir siendo el fruto.

La segunda parte de este libro trata sobre las mujeres y el poder, sobre redefinir lo que significa ser valiente, osada y fuerte; sobre recuperar palabras y hacerlas nuestras y sobre ejercer el poder de manera distinta.

El verano en que murió la autora Toni Morrison, me leí de corrido sus majestuosas novelas y ensayos. Durante años, Morrison había sido un faro para mí: una persona que decía la verdad, que encontraba el camino, que cambiaba la cultura. Una mujer que daba testimonio de su propia experiencia y contaba su historia con valentía. Recuerdo la primera vez que vi a Oprah Winfrey entrevistándola en televisión, en 1996. Morrison ya había ganado el Premio Pulitzer, el American Book Award y el Premio Nobel de Literatura, pero resultaba obvio, con solo observar su manera de estar, con solo escuchar su voz suave como un susurro y sin embargo solemne, que no necesitaba ninguno de esos premios para ser consciente de su propia valía. Le dijo a Oprah: «Siempre he sabido que era gallarda».

Me sorprendió que utilizara esa palabra, gallarda. No es un término que las mujeres suelan emplear para describirse; no obstante, cuando la oí utilizar esa expresión, sentí que enderezaba la columna vertebral y que levantaba la cabeza, y entendí de dónde había sacado Toni Morrison el valor para contar las historias que vivían en sus huesos y para escribir libros revolucionarios.

GALLARDO: Del francés *gaillard*. Significado: Desembarazado, airoso y galán; bizarro, valiente; en cuanto al ánimo: grande, excelente: un caballero gallardo, un gallardo intento de rescate.

Gallarda es lo que era Toni Morrison. Y es lo que hacía: un gallardo intento de rescate del alma de la humanidad.

Tengo una cesta de citas en mi escritorio. Añado notas nuevas constantemente: versos hermosos de poetas, fragmentos extraordinarios de científicos, palabras motivacionales de activistas, sabiduría serena de maestros espirituales. Todas las mañanas, cuando me siento a trabajar, elijo una cita al azar y la utilizo para animarme durante el resto del día, para sacar los pensamientos mezquinos de mi mente, para buscar el valor necesario a la hora de expresar mi verdad, para expulsar la maldición de Casandra de mi lengua. El día de la muerte de Toni Morrison, rebusqué en esa cesta en busca de sus palabras. Saqué unas cuantas citas, las coloqué sobre mi escritorio y esta fue la que me llamó la atención: «Cuando ocupes posiciones de confianza y poder, sueña un poco antes de pensar».

Cuando ocupes posiciones de confianza y poder, sueña un poco antes de pensar. Hay muchísimo contenido en esa única frase. Cada vez que la leo, oigo la voz de Toni Morrison. La oigo diciéndome que respete mis propios sueños y que confíe en mis intuiciones antes de permitir que la falta de seguridad en mí misma y el pensar demasiado las cosas secuestren mi visión. Sus palabras me recuerdan que, a lo largo de los siglos, a las mujeres se nos ha enseñado a desconfiar de nuestros sueños, a considerarlos de segunda fila o débiles, o sentimentales en exceso. Nos han dicho que hablamos demasiado, que compartimos demasiado, que sentimos demasiado. Que no se puede confiar en nosotras en los ámbitos del poder y la influencia. Cuando ocupamos posiciones de confianza y poder —en el trabajo, en nuestros empeños creativos, en nuestras relaciones—, recibimos el mensaje de que no debemos soñar nuestros sueños, sino amoldarnos a los sueños antiguos, a las historias pasadas y a la forma en la que siempre se han hecho las cosas.

Aun así, Toni Morrison hizo lo contrario. Sus libros eran rayos de inconformidad y valentía. Se arrojaban hacia donde ningún otro libro estadounidense había llegado hasta entonces. Ocuparon su lugar en una mesa literaria que durante siglos se había dispuesto solo para hombres blancos. Hablaban en una cadencia distinta: desenmarañaban la verdad para que se le devolviera la gallardía a sectores enteros de la población a los que se les había arrebatado. Toni Morrison contó una narrativa más cierta y, cuando lo hizo, los exiguos cimientos de la narración occidental comenzaron a tambalearse.

Cuando las historias que han mantenido unida una cultura pierden potencia, los pilares que la sostienen comienzan a desmoronarse, pero surgen otros nuevos. Hay consecuencias, como la agitación y las reacciones violentas; sin embargo, también se dan grandes saltos hacia delante. Esta es la torpe manera en que evolucionan las culturas humanas. Estamos viviendo una época en la que los relatos que han provisto de significado y de estructura a las costumbres e instituciones occidentales se están viendo desafiados. Algunos de ellos son bellos, instructivos y dignos de ser salvados. No obstante, en realidad eran solo unos pocos quienes contaban la mayor parte de esas narrativas fundacionales que fingen ser sobre y para todos nosotros, por lo tanto, esas historias solo le han servido a una parte de la

23

humanidad. Han grabado en piedra qué valores y tempe-
ramentos deben prevalecer, qué aspecto tiene el poder y
quién accede a él.

A pesar de lo mucho que las mujeres hemos avanzado,
las historias antiguas siguen acechándonos: cuentos religiosos en los que las mujeres son veleidosas, débiles o están
malditas; cuentos de hadas en los que los hombres son caba-
lleros blancos y salvadores intrépidos, chicos malos y lobos
solitarios, guerreros y reyes. Y en los que las mujeres son
brujas feas y fregonas, o bellas durmientes y doncellas ence-
rradas en torres. Luego están las famosas novelas en las que
las mujeres consiguen ser uno de estos dos arquetipos: la
virgen o la puta; la damisela en apuros o la mujer demasiado
fuerte, demasiado dura, demasiado todo. Perfección o per-
dición. Cuando estudias una selección amplia de relatos
antiguos, resulta asombroso darse cuenta de cuántos de
ellos sirven como advertencia para que las mujeres no hagamos cosas «poco femeninas», como hablar, reclamar autonomía sobre nuestro cuerpo y nuestra sexualidad, o ser
gallardas. Las historias guían a los hombres hacia lo codificado como masculino: el estoicismo, el espíritu guerrero y
la violencia, y los previenen contra cualquier cosa que esté
codificada como femenina: el hogar, la calidez, las «artes
mujeriles» de la empatía y los cuidados. Gran parte del
lamentable estado de nuestro mundo deriva de la supera-
bundancia de supuestas virtudes masculinas en nuestras
tramas narrativas rectoras. Eso es, nada más y nada menos,
lo que se perdió con la denigración de cualquier cosa codificada como femenina y con la eliminación de las mujeres
como protagonistas y heroínas.

Este exceso de énfasis en la masculinidad es lo que llamamos patriarcado. No es mi palabra favorita, pero no he

encontrado otra mejor. No me gusta porque tiene el efecto de amontonar a todos los hombres juntos en un campo y a todas las mujeres en otro, cuando, si hurgas un poco más allá de la superficie de cada hombre y de cada mujer, descubrirás la verdad obvia de que tanto los hombres como las mujeres son un conjunto variado de humanos. Empoderar las voces perdidas y los modos subestimados de las mujeres no es una proposición disyuntiva del tipo «o... o...». Es más bien un acto de restauración, una enmienda de un mundo gravemente desequilibrado.

Tengo la sensación de que este es el momento apropiado, y a la vez muy complicado, para escribir un libro sobre mujeres y hombres, femineidad y masculinidad. Es el idóneo porque las mujeres se están alzando por todas partes y derrocando viejos conceptos y estructuras; es un momento difícil debido a las enormes brechas que existen entre las mujeres de todo el mundo: brechas en nuestros privilegios, nuestras generaciones, nuestros derechos y nuestras creencias. Algunas no se verán representadas en las formas en que yo he experimentado el hecho de ser mujer. Otras mujeres —y hombres, también— se identificarán con todo el concepto de género de una manera más fluida. La variedad de mujeres de todo el planeta hace que agruparnos a todas en una sola categoría sea un asunto difícil. Soy consciente de que cualquier análisis de nuestro género es interseccional; sé que otros pensadores y escritores están explorando de una forma más profunda que yo cómo están interconectados el sexismo, el racismo, la homofobia, la xenofobia y el clasismo.

Cuando hablamos de las mujeres como grupo, nos topamos con los mismos desafíos que cuando hablamos de cualquier otra categoría de personas: dentro de un grupo —racial, étnico, político, religioso, gay, hetero, joven, viejo— existen tanto lo común como la diversidad. Las mujeres del resto del mundo, incluso las que viven en la manzana de al lado, son diferentes unas de otras debido a una miríada de razones. Pero incluso con nuestras diferencias, y con independencia de cómo nos identifiquemos en el espectro de género, seguimos compartiendo muchas similitudes, algunas innatas, otras educativas y algunas derivadas de las heridas del patriarcado. Una de esas heridas es la tendencia, grabada a fuego en las mujeres durante milenios, a dudar de quiénes somos, a subestimar lo que valemos, a despreciar nuestro cuerpo, nuestro propio ser. Y el origen de esta duda —de esa vergüenza y reticencia— puede rastrearse nada más y nada menos que hasta esos relatos antiguos.

No digo nada revelador cuando te recuerdo que durante la mayor parte de la historia de la humanidad las personas que han ostentado el poder han sido hombres, y hombres de un cierto tipo, de los que enarbolan una versión muy específica de la masculinidad. Y durante la mayoría de esos años, a lo largo y ancho del planeta, se esperaba que las mujeres siguieran un camino muy estrecho: madre, cuidadora, guardiana del hogar, sanadora de los corazones, limpiadora del caos. Los relatos antiguos solidificaron esos papeles hasta tal punto que, con el paso de los siglos, las diferencias de género se han esculpido no solo en nuestras normas culturales, sino también en los surcos de nuestro cerebro. Y, debido a ello, a cómo se ha definido y regulado lo femenino y también a causa de la biología y de la fisiología, las mujeres llevamos en nuestro interior una cierta forma de ser, de pensar, de sentir y de liderar cuya validez y poder se nos han negado durante mucho tiempo, y que ahora se necesita de inmediato.

Este tema de las mujeres en nuestra época es un charco considerable, y en más de una ocasión he querido apartarme de él y dejar que fueran otras las que se mancharan de barro —las académicas, o las activistas, o la próxima generación de pensadoras y líderes—. No obstante, tengo una opinión concreta sobre las cuestiones que nos ocupan, conformada a partir de años de considerarlas desde un punto de vista holístico: desde lo histórico a lo personal, desde lo psicológico a lo transcendental. No pretendo tener la última palabra. Escribo desde mi experiencia y mis investigaciones; las añado a la mezcla. Lo hago porque creo que esta es una época importante. La humanidad ha llegado al final de una era larga, desequilibrada, que empezó hace miles de años, que ha sido tan creativa como destructiva, pero que ha agotado su curso y se está escapando con nuestro futuro entre las manos.

Suelo pensar a menudo en aquel almuerzo en el comedor de profesores del Omega y en lo que me dijo la profesora de Clásicas. «Da igual dónde trabajes, a qué te dediques, dónde vivas. Las mujeres saben algo que el mundo necesita con urgencia. Lo sabemos en lo más profundo de nuestro ser. Lo hemos sabido siempre.» Creo que ha llegado el momento de que las mujeres excavemos a fondo, desenterremos nuestra voz, elevemos nuestra inteligencia emocional y relacional y transcendamos los relatos limitadores del pasado. Ha llegado la hora de que seamos las escribas y las maestras de una nueva forma de hacer —de «soñar un poco antes de pensar», como decía Toni Morrison— y de que volvamos a unir el mundo con puntadas de cuidados e inclusión.

La tercera parte de este libro ofrece algunas ideas y prácticas para ayudarte a activar y ennoblecer tus sueños.

Cuando sueño con un mundo mejor, sueño con hombres que reclaman sin temor las palabras y los rasgos que se han codificado como femeninos: sentimientos, empatía, comunicación. Sueño con mujeres que reclaman características que se han codificado como masculinas: ambición, confianza, autoridad. Aun así, con lo que más sueño es con mujeres y hombres que lo mezclan todo, que lo remueven y que atemperan el poder con la sabiduría, que conceden fuerza y prestigio al amor y la crianza. Ese es mi sueño. Espero que este libro le dé voz al tuyo y te ayude a hilar las nuevas historias que el mundo está esperando.

PRIMERA PARTE

HISTORIAS SOBRE EL ORIGEN

La historia no es lo que ocurrió. Es quien la cuenta.

SALLY ROESCH WAGNER

¿QUÉ ES LO mejor de hacerse mayor? Desde luego, no es que me crujan las rodillas, ni que todo mi cuerpo demuestre la existencia de la gravedad, ni que a menudo me sorprenda de pie en medio de una habitación preguntándome qué he ido a buscar. No, lo mejor de ser más mayor es que por fin confío en mi propio punto de vista; tanto es así que ya no lo reprimo cuando merece ser expresado, y tampoco lo debato con las personas que no tienen interés en escuchar, aprender o crecer (o en ayudarme a escuchar, aprender o crecer). Me conozco bien y valoro mi experiencia. No me da miedo que mis errores salgan a la luz. No busco elogios cuando hago lo correcto. Me siento cómoda en mi propio cuerpo y en mi mente, y en la alegría y el caos de ser humana.

No siempre he sido así. Cuando era niña, e incluso de joven, durante mis primeros años de carrera profesional y durante mi primer matrimonio, no sabía lo que quería, no valoraba mi cuerpo ni confiaba en mis sentimientos. No confiaba en mí. Bueno, a veces sí. A veces expresaba mi verdad, pero en el fondo siempre acechaban la falta de seguridad y una vaga sensación de vergüenza.

¿De dónde procedían esa duda y ese apocamiento? ¿Por qué cuestionaba mi valía básica como ser humano? ¿Por qué menospreciaba mis intereses, perspectivas y derechos? ¿Por qué me avergonzaba de mi cuerpo? No lo sabía. Ni siquiera me daba cuenta de que sentía vergüenza. Solo sabía que había formas aceptables de ser mujer, como ser simpática, agradable y no muy agresiva ni abiertamente ambiciosa. Si experimentaba un deseo de placer o un instinto de poder, hacía mal al sentirme así. Y si osaba a dejarme llevar por esos deseos e instintos, era mala. Lo sabía porque, como todos los demás, estaba inmersa en las aguas de nuestra cultura: oía los mismos relatos y asimilaba las mismas normas.

Ya de niña entendía que había algo inaceptable en ser mujer, algo físico, algo emocional, algo sexual que nos convertía, a mí y a todas las demás niñas y mujeres, en personas sospechosas, poco de fiar, condenables. Era una cría imaginativa y valiente, nacida en una familia compuesta por un padre creativo, egocéntrico y dominante; una madre inteligente, sumisa y cabreada, y cuatro hijas. Mi madre —escritora frustrada y profesora de Lengua y Literatura en un instituto— nos leía a todas sus hijas una amplia selección de literatura: mitos griegos, historias bíblicas, la *Odisea* de Homero, *Las aventuras de Huckleberry Finn*, los cuentos de los hermanos Grimm, *Mujercitas*. De esos textos, y de observar a mis padres, bebí el zumo artificial de nuestra cultura. Metabolicé el abanico de los comportamientos humanos preferidos. Los nobles personajes de los libros que leíamos tenían cualidades como la rapidez de pensamiento, el control de las emociones, un fuerte individualismo y una naturaleza competitiva. No mostraban lo que mi padre llamaba «cosas de niñas»: sentimientos y preocupación excesivos por los sentimientos de los demás. Parloteo excesivo. Una necesidad exagerada de que alguien respondiera a ese parloteo. Exceso general en todos los aspectos. Mi padre no era el único que despreciaba las cosas de niñas y que realzaba su forma masculina de ser. Mi madre también defendía esos modos, a pesar de tener que lidiar con ellos.

Arrastré hasta la edad adulta, el matrimonio y el mundo laboral lo que había aprendido en la infancia y, adondequiera que fuese, descubría pregonada la misma franja estrecha de humanidad. Cuando mis supuestas cosas de niña emergían a la superficie en casa o en el trabajo —cuando en una reunión hacían que se me saltaran las lágrimas (en lugar de responder con insultos de vestuario o con una estoica cara de póquer), cuando quería hablar acerca de lo que sentía en mi matrimonio, cuando me sentía empequeñecida o asustada por las insinuaciones sexuales y el acoso descarado, cuando la competición y la violencia del mundo ofendían algo profundo de mi ser—, me juzgaba a mí misma. Demasiado sentimental, demasiado demandante, demasiado seductora desde el punto de vista sexual, demasiado ingenua e idealista. Lo mejor era apisonar esas cualidades y comportamientos si quería tener paz en casa, éxito en el trabajo e influencia en el mundo. Lo mejor era embutirme en el molde ya aceptado, porque «así son las cosas».

No puedo decir que fuera un único factor el que finalmente me proporcionó el valor necesario para confiar en la legitimidad de mi yo, un yo que es lo bastante amplio, complejo y único para contener todo lo que soy. Mi ternura y mi ambición, mi empatía y mi individualidad. Mi femineidad, mi masculinidad, mi ausencia de género. Qué palabras tan torpes, todas ellas. A todas les falta la esencia. Lo único que sé es que a los treinta y pocos años cobré plena conciencia de los sentimientos de constricción, angustia y rabia que llevaban fermentando en mi interior desde que era una niña. Poco a poco, el deseo de hacer algo para cambiar la historia se hizo más fuerte que mi miedo a alzar la voz. Tal vez fuera la avalancha de mujeres que aunaban sus fuerzas a nivel global lo que aumentó mi valentía y liberó mi voz. O quizá mis prácticas de meditación empezaran a dar sus frutos, aportándome coraje y una manera de mirarnos, tanto a mí como a los demás, con una curiosidad serena. ¿O fueron mis primeros y desmañados intentos de asistir a terapia los que me ayudaron a desembrollar las historias que me habían modelado? Es probable que todas las opciones sean correctas. Todas ellas me despertaron. Comencé a saber en lo más profundo de mi ser que «así son las cosas» no era más que una historia: un relato con unas raíces muy antiguas que pedía a gritos una revisión y una modernización.

Así pues, volví a aquellos cuentos instructivos que mi madre nos había leído a sus hijas: Adán y Eva y otras parábolas bíblicas, los mitos griegos y romanos, las tragedias de Shakespeare, historias de guerra y leyendas heroicas. Había asimilado esos relatos como si versaran sobre la humanidad, sobre los hombres y las mujeres. Pero he ahí el quid de la cuestión: las narraciones creadas únicamente por hombres tratan en realidad sobre los hombres. Quería explorar qué habría ocurrido —y qué puede suceder ahora— si también las mujeres fueran las narradoras.

Lo sepamos o no, las hayamos leído o no, creamos en ellas o no, nuestra vida diaria recibe indicaciones de historias que tienen cientos, incluso miles de años de antigüedad. Lo recordé el otro día, cuando leí un reportaje acerca del subdirector y jefe de entrenadores de un instituto de Tennesee que publicó un vídeo en el canal de YouTube del centro educativo. En él, el subdirector explica el nuevo código de vestimenta del instituto, más estricto, que prohíbe a todos los alumnos —chicos y chicas— llevar prendas poco recatadas, entre ellas pantalones cortos de deporte. En el vídeo, el hombre afirma: «Sé lo que estáis pensando los chicos: "No lo entiendo. No es justo…"». Entonces se acerca a la cámara y dice: «Si de verdad queréis echarle la culpa a alguien, echádsela a las chicas, porque son ellas las que se lo cargan casi todo. Se cargan el código de vestimenta, se cargan... Bueno, preguntadle a Adán. Mirad a Eva. Ahí es adonde tenéis que llegar, ¿no? Podéis volver al principio de los tiempos». Termina con un aparte dirigido a los chicos que dice: «Así va a ser el resto de vuestra vida. Acostumbraos».

Cuando la grabación se hizo viral, el subdirector insistió en que todo había sido una broma. El instituto lo suspendió temporalmente y borró el vídeo, pero el *Chattanooga Free Times Press* consiguió una copia. La vi. Varias veces. Confirma lo que ya sé que es verdad: que todavía nos encontramos bajo la influencia de mitos anticuados e interpretaciones erróneas de parábolas religiosas. Quizá pienses que estas historias son cosa de «Érase una vez» y que no tienen nada que ver contigo ni con tus tiempos. Sin embargo, «Érase una vez» es ahora, porque el pasado está entreverado con el presente mediante la aguja y el hilo de los relatos. Los objetos sólidos van y vienen, pero los relatos permanecen. Sobreviven a las personas que los cuentan, saltan de un continente a otro y continúan moldeando culturas durante generaciones.

¿Por qué las historias permanecen? ¿Por qué los humanos empezaron a contarlas? Por una razón muy sencilla: la vida es dura. Es confusa. Tenemos la inteligencia necesaria para reflexionar sobre la existencia, pero no tanta como para entender del todo lo que está sucediendo aquí, en nuestro pequeño rincón del vasto universo. Por eso contamos historias. Para aplacar la ansiedad de ser meros mortales; para inspirar al alma a descifrar la eternidad; para darle orden a lo que parece estar fuera de control; para guiar, culpar, advertir y avergonzar; para intentar encontrarle algún sentido a por qué la gente hace lo que hace, a por qué las cosas ocurren de la manera en que lo hacen y a cómo podríamos todos hacernos frente los unos a los otros y abordar la vida diaria con menos agitación y más estabilidad. Por eso nos aferramos a las historias antiguas. Por eso un subdirector de instituto de Tennessee puede, en el siglo XXI, recurrir a una parábola del año 1500 a. e. c. para envolver una cuestión compleja en una explicación simplista, para atribuirle la culpa a un grupo de personas con el objetivo de solucionarle el problema a otro. En este caso, para culpar a las chicas de cómo afecta la exposición de su cuerpo a los chicos, mientras permite que estos se salgan con la suya en lo que a sus impulsos y conductas sexuales se refiere. «Si de verdad queréis echarle la culpa a alguien —dijo—, echádsela a las chicas, porque son ellas las que se lo cargan casi todo. [...] Podéis volver al principio de los tiempos.»

Una vez metabolizadas, es difícil extirpar las historias antiguas de la mente de un individuo, de la jerarquía de una familia o de los principios rectores de un país. A veces se experimentan como un entretenimiento inofensivo y en ocasiones se utilizan, tal como hizo el subdirector de instituto de Tennessee, para recordarnos a las mujeres la culpa y la vergüenza que heredamos de nuestras madres fundadoras occidentales, empezando por Eva y continuando con una larga estirpe de protagonistas deshonradas.

Es importante conocer esas historias y hacerse preguntas como: ¿quién las contaba? ¿Por qué? ¿Y cómo han conservado su autoridad a lo largo de los años? Es importante comprender que los relatos no se crearon para ayudar a las mujeres a respetar su cuerpo, inteligencia y legitimidad. No se contaban para ayudarlas a acceder a su fuerza o a usar su voz para influir en las prioridades del hogar, del lugar de trabajo y del mundo en general. Más bien al contrario. Se contaban, y aún se cuentan, para enterrar la verdad de nuestra igualdad, valores y voz.

Familiarizarse con las historias sobre el origen de nuestra cultura y rastrear su influencia es una manera sorprendentemente efectiva de evaluar nuestra propia vida y de reclamar una voz poderosa de veras, un grito que proclame no solo nuestra igualdad de derechos, sino también nuestras capacidades y preocupaciones únicas. Con «historias sobre el origen» me refiero a las narraciones de las culturas occidentales modernas, entre ellas la de Adán y Eva del Antiguo Testamento, las de Pandora y Casandra de los mitos griegos, y novelas y obras de teatro del canon de la literatura occidental.

Recuerda que muchos de los mitos sobre la creación ideados por nuestros antepasados tempranos —los pueblos indígenas, precolonizados, de las culturas de todo el mundo— pintaban de manera distinta el origen de las mujeres y los hombres, así como su valía y sus papeles respectivos. En muchos de esos relatos, ningún sexo fue creado para dominar al otro. Tanto hombres como mujeres compartían la responsabilidad de contribuir a que la comunidad sobreviviera, prosperara y conectase con lo sagrado. Investigar y leer tales historias me ha proporcionado una visión distinta de la «naturaleza humana» y de lo que es posible. No obstante, esas no son las narrativas que guían nuestra cultura hoy en día; esas no son las historias con las que nos criaron a la mayoría.

Cuando empecé a fijarme en nuestros relatos sobre el origen, de repente sentí sus tentáculos por todas partes. Fue como oír susurros procedentes de otras eras, las voces específicas de los hombres y las voces desaparecidas de las mujeres. Muchas de esas historias tratan los mismos temas: los hombres son los seres puros y nobles desde el punto de vista moral; las mujeres son las que sucumben al mal y tientan a los hombres. Las historias antiguas presentan una descripción tan disparatada como improbable de lo que significa ser una mujer: seductora desde el punto de vista erótico, pero débil desde el emocional; necesitada de protección y sin embargo peligrosa, todo al mismo tiempo. ¿Quién podría confiar en una criatura así?

Y por eso voy a poner en tela de juicio esas tramas antiguas.

Empezaremos con la historia de la primera mujer.

EVA

Respondió la mujer a la serpiente: «Podemos comer del fruto
de los árboles del jardín. Mas del fruto del árbol que está en medio
del jardín, ha dicho Dios: "No comáis de él, ni lo toquéis,
so pena de muerte"». Replicó la serpiente a la mujer:
«De ninguna manera moriréis. Es que Dios sabe muy bien
que el día en que comiereis de él, se os abrirán los ojos y seréis
como dioses, conocedores del bien y del mal». Y como viese la mujer
que el árbol era bueno para comer, apetecible a la vista y excelente
para lograr sabiduría, tomó de su fruto y comió, y dio también
a su marido, que igualmente comió.

Génesis 3, 2-6

No soy muy aficionada a visitar museos. No tengo buen ojo
para el arte moderno y mis conocimientos sobre el arte clásico son escasos. Por eso, cuando un cuadro me llega al corazón, se une a la pequeña familia de mis favoritos. Hay un
cuadro de Juana de Arco pintado por Jules Bastien-Lepage
que se expone en el Museo Metropolitano de Arte. A veces,
cuando estoy en Nueva York, me gusta dejarme caer por allí
para ver esa obra, como si fuera un pariente lejano al que me
hace ilusión visitar de vez en cuando. Es enorme, ocupa casi

toda una pared. Juana está en un jardín. Mira hacia el cielo y tiene los ojos del color de una llama azul. En el fondo, hay siluetas diáfanas de ángeles y otras figuras misteriosas. Si tengo tiempo, me siento en un banco justo delante del cuadro, en conversación silenciosa con Juana y sus etéreos compañeros. Ese jardín y el fino velo que separa la Tierra y el cielo tienen algo que me transmite calma y descanso, y la sensación de que más allá de este mundo de confusión y conflicto, vibrando a una frecuencia que los humanos rara vez percibimos, existe una realidad diferente, algo misterioso y familiar al mismo tiempo; un Jardín del Edén donde prevalece nuestro «mejor ángel»*, nuestro espíritu más noble.

Hay otro cuadro, en otro museo, que también se ha convertido en una piedra angular para mí: *Adán y Eva*, pintado en 1528 por un artista alemán con un nombre fantástico, Lucas Cranach el Viejo. Este cuadro me orientó hacia la historia sobre el origen que se incluye en el Antiguo Testamento, y más en concreto en el Génesis. Por supuesto, ya conocía la historia antes de posar la mirada en el cuadro por primera vez. Hasta las personas criadas en un hogar no religioso o las que crecieron en otras tradiciones conocen a los personajes: Adán, el primer humano, hecho a imagen y semejanza de Dios; Eva, el segundo, la mujer, creada a partir del cuerpo del hombre para ser su compañera.

La moraleja de la historia está abierta a interpretaciones que dependen de la traducción que leas, o de los eruditos en

---

* «Better angels» es una expresión utilizada en la literatura inglesa desde el siglo XVII (*Otelo*, por ejemplo), pero que se popularizó a partir de un discurso de Lincoln. La utilizó en el sentido de «los rasgos más nobles y positivos en general de la naturaleza humana». (*Todas las notas son de la traductora.*)

quienes confíes, o de la tradición religiosa en la que quizá te hayan educado. En cualquier caso, el argumento básico es este: después de crear a Adán y a Eva, Dios Padre (no hay madre) los deja en el Jardín del Edén, desnudos, seguros y con todas sus necesidades cubiertas. No conocen el sufrimiento, la escasez o el conflicto. Son unas criaturas inmortales e inocentes que viven en un jardín. Dios solo les pone una norma: no comer el fruto del árbol del conocimiento del bien y del mal, pues de lo contrario morirán. Entonces la serpiente tienta a Eva diciéndole: «De ninguna manera moriréis». «De hecho —dice la serpiente—, el fruto os abrirá los ojos y os hará sabios». Eva escucha a la serpiente, pero no solo a ella, sino también a sí misma: «Y como viese la mujer que el árbol era bueno para comer, apetecible a la vista y excelente para lograr sabiduría, tomó de su fruto y comió, y dio también a su marido, que igualmente comió».

Como castigo por la desobediencia de Eva y por que Adán sucumbiese a la tentación de su esposa, Dios los maldice. A la mujer, con partos dolorosos y sometimiento a su marido. Al marido, con trabajo fatigoso y constante. Y maldice a ambos con la enfermedad, la vejez y la muerte, y los expulsa del Jardín del Edén. Después de eso, todo va de mal en peor. Todo por culpa de la curiosidad y la actitud desafiante de Eva, y por la sumisión de Adán al pecado de su mujer. «La Caída.»

Solo he visto una vez *Adán y Eva* de Lucas Cranach el Viejo, cuando acababa de divorciarme y todavía no me había recuperado de mi propia caída. Había seguido mi intuición y había cambiado la seguridad de lo conocido por el deseo de «lograr sabiduría». Había actuado en contra de los dioses de mi cultura: padres, marido, matrimonio, tradición. Aunque mi matrimonio había fracasado debido a decisiones tomadas y comportamientos adoptados tanto por mí como por mi marido, me sentía como si llevara una letra escarlata en el pecho, como si hubiera pecado, hubiera fracasado y hubiera abandonado el Edén de manera vergonzosa.

Ese era mi estado de ánimo cuando vi el cuadro de Cranach en la Galería degli Uffizi de Florencia. Al detenerme ante la imagen de Eva y Adán, sentí, por primera vez en la vida, cierta afinidad con su historia. Toda la culpa y la vergüenza que estaba experimentando, así como la libertad y el poder, estaban ahí, en el rostro de Eva. En la cara de Adán leí la historia de la creencia masculina, heredada y a menudo inconsciente, en su superioridad y, por lo tanto, en su derecho a dominar —en que ese es su papel—. El cuadro me impactó tanto que lo convertí en mi salvapantallas, ya que, al contrario de lo que ocurría con Juana de Arco, no podía visitar a Adán y Eva con frecuencia.

Jamás me canso de observar el lienzo de Cranach. En realidad son dos cuadros, dos paneles grandes unidos entre sí. En uno, Eva está de pie sobre un fondo negro azulado. Con la mano izquierda sujeta una rama pequeña cuyas hojas verdes apenas le cubren la vulva. En la mano derecha sostiene una manzana roja, «el fruto del árbol que está en medio del jardín». En la carne de la manzana se aprecian las marcas de sus dientes. Detrás de Eva, emergiendo de la oscuridad, una serpiente se ha enredado en torno a una rama y su cabeza apunta como una flecha directamente hacia la mujer.

En el otro panel, Adán destaca sobre un fondo oscuro similar. Él también sujeta una rama con hojas en una mano para cubrirse los genitales. Con la otra se rasca la coronilla, como diciendo: «No sé qué está pasando aquí. A mí no me mires». Se integra en el fondo oscuro y tiene una expresión apacible, ufana, en el rostro. Por el contrario, Eva parece iluminada desde dentro. Su mirada es penetrante; la boca se le curva hacia arriba en una ligera sonrisa. Dependiendo de cómo interpretes la historia, se podría decir que Eva tiene la expresión de una mujer tentadora: astuta y taimada, como traspasada por el veneno de la serpiente, merecedora de la reputación que la perseguirá a lo largo de los siglos: «La segunda en ser creada, la primera en pecar». Podría decirse que, si no fuera por la transgresión de Eva, hoy en día la humanidad seguiría morando en el incorrupto Jardín del Edén.

Aunque, si interpretas la historia como lo hago yo, dirías otra cosa: que Eva parece despierta, que siente curiosidad por todo y se encuentra a gusto en su cuerpo y en vibrante comunicación con la naturaleza. También parece harta de la actitud perezosa y de primogénito privilegiado de Adán. Le ofrece la manzana porque sabe que no pueden permanecer para siempre en el jardín de la inocencia, que ambos tendrán que madurar, cuidar de sí mismos, asumir responsabilidades. Acepta la orientación de la serpiente, que, en tiempos bíblicos, era un símbolo de sabiduría: la que muda la piel de la ignorancia y nace de nuevo. «Replicó la serpiente a la mujer: "De ninguna manera moriréis. Es que Dios sabe muy bien que el día en que comiereis de él, se os abrirán los ojos y seréis como dioses, conocedores del bien y del mal".» Como la mítica ave fénix, la serpiente comprende que la muerte a la que se refería Dios no era una muerte literal, sino más bien la muerte del yo-niño, del yo inconsciente, del yo temeroso que elige el *statu quo* seguro y, por lo tanto, jamás desarrolla el potencial que Dios le ha dado.

Desde mi punto de vista, Eva es el primer ser adulto de la humanidad. La «tentación» a la que sucumbe es el anhelo humano más fundamental: conocerse a uno mismo, encontrar un camino propio y enfrentarse con valentía al enorme mundo que hay más allá del jardín de la infancia. Madurar es reconocer que la vida es compleja, que somos responsables de nuestro comportamiento y hemos de procurarnos bienestar los unos a los otros. En términos psicológicos, la necesidad de madurar se llama individuación y, en términos mitológicos, se denomina el viaje del héroe: la llamada interior que dice que debes apartarte de la orilla de la madre y del padre, poner a prueba los límites, conocer tu valía, expresar tu verdad, reclamar tu auténtica individualidad.

Dado que durante mucho tiempo la palabra *héroe* se ha asociado de manera exclusiva con la palaba *hombre*, es posible que las mujeres no se identifiquen con la idea de encontrarse en el viaje del héroe. Es una suposición comprensible (aunque errónea). La Biblia está llena de hombres heroicos alabados por haber hecho su viaje: desde Noé hasta Job y desde Moisés a Jesús. Hombres cuyas historias trazan el arco del exilio de la familia o de la tierra natal, de someterse a una prueba, de perder la fe y recuperarla. Hombres que aprenden de la bondad y de la maldad por medio del fuego de sus propias experiencias. Solo Eva ha sido demonizada por responder a la misma llamada. Mientras que a los hombres de la Biblia se les permite caer como muestra de su humanidad y alzarse habiendo ganado en sabiduría, Eva solo cae. Y lo femenino luce las cicatrices de su pecado en lugar del honor de su valentía.

En el libro clásico *El poder del mito*, el venerado estudioso Joseph Campbell y el periodista Bill Moyers mantienen una prolongada conversación acerca de las historias sobre el origen de gran cantidad de tradiciones. En un capítulo, Moyers le pregunta a Campbell: «¿La idea de la mujer como pecadora aparece en otras mitologías?».

Campbell contesta: «No, no la he visto en otra parte. Lo más cercano sería, quizá, Pandora con su caja, pero ahí no se trata de pecado, sino solo de problemas. La idea en la tradición bíblica de la Caída es que la naturaleza, tal y como la conocemos, es corrupta, el sexo en sí es corrupto, y la hembra como epítome del sexo es corruptora. ¿Por qué les estaba prohibido a Adán y Eva el discernimiento del bien y el mal? Sin ese conocimiento, seríamos como niños todavía en el Edén, sin ninguna participación en la vida. La mujer trae la vida al mundo. Eva es la madre de este mundo temporal. Antiguamente, tú tenías un paraíso de sueños allá en el Jardín del Edén: sin tiempo, sin nacimiento, sin muerte..., sin vida».

Muchos eruditos han vuelto a las primeras traducciones del libro del Génesis y han reparado en que en el texto hebreo original «el conocimiento del bien y del mal» se refería al conocimiento de cómo funcionan las cosas en realidad para los seres humanos aquí, en la esfera del tiempo y del nacimiento y la muerte. A menudo, los seres humanos nos sentimos como si llegáramos aquí sin libro de instrucciones, ansiando orientación, conscientes de nuestros rasgos más nobles y positivos y, al mismo tiempo, vulnerables a nuestra ignorancia, miedo y codicia. ¿No es este el meollo de la vida humana y la lección de todo gran relato didáctico? Que estamos perdidos, pero podemos encontrarnos; que sufrimos, pero podemos crecer en sabiduría; que, si aceptamos nuestra responsabilidad personal, puede que alcancemos «el conocimiento del bien y del mal» y tracemos un noble camino de vuelta a casa.

Sin embargo, asumir la responsabilidad con el objetivo de crecer en sabiduría no suele ser nuestra primera reacción al sufrimiento. Una respuesta más habitual e instintiva es buscar a otra persona a la que echarle la culpa: puedes culpar a tu pareja por los inconvenientes en tu matrimonio, a tu jefe por las dificultades en el trabajo, a un grupo de gente —de una raza, religión, nacionalidad distinta— por los problemas del mundo. Puedes culpar a la serpiente, a Eva por su inmoralidad y sus artes de bruja, a Adán por ser un cornudo, un mariquita, una nenaza sin lo que hay que tener. O a Dios, como hizo Adán, por haber creado a la mujer.

Aunque lo cierto es que no hay nadie a quien culpar por el dilema en que nos encontramos. La vida está llena de desafíos, los humanos estamos llenos de deseos y todos nos enfrentamos a decisiones diarias entre el bien y el mal. Ansiamos el Edén, ese estado del ser en el que los opuestos están unidos y la existencia pacífica es la norma. Pero ¿y si el sentido de la vida es encontrar el Edén interior y, al hacerlo, crear el cielo en la Tierra? Esto es lo que significa realmente el conocimiento del bien y del mal: reconocer que toda la luz y toda la oscuridad del mundo también habitan dentro de tu corazón, y que, en lugar de culpar al «otro», nuestra tarea es convertirnos en dioses, conscientes de nuestra naturaleza y responsables de escoger el bien por encima del mal.

Eso es lo que hizo Eva. Se despertó, maduró. Pienso en la historia de Adán y Eva como en el clásico relato del viaje del héroe: la despedida de la conciencia infantil y el periplo hacia la autorresponsabilidad madura. Sin embargo, en algún punto del camino de la narración, la culpa hizo su aparición. Alguien tenía que cargar con la culpa de que la vida fuera tan difícil y los hombres tan vulnerables. Es entonces cuando la Caída entra en escena.

Es esencial entender la importancia de que la historia sobre el origen de nuestra sociedad esté basada en la culpa. Es bueno plantearse cómo sería nuestra cultura si la primera mujer no hubiera sido marcada como «la segunda en nacer, la primera en pecar». ¿Hasta qué punto las cosas serían diferentes si el primer gran error de la humanidad no hubiera sido seguir el ejemplo de una mujer? ¿Y si el castigo que recibió Eva no hubiese sido la sumisión a Adán? Me acuerdo de estas preguntas todas las mañanas cuando enciendo el ordenador y veo mi salvapantallas. Antes de ponerme a trabajar, saludo a los exiliados, Adán y Eva, y digo una oración por todos nosotros. Rezo para que nos transformemos en personas que culpan menos a los demás y se responsabilizan más de sí mismas, las unas de las otras y del Edén que debemos proteger; por que nos parezcamos menos a niños perdidos y más a personas que buscan la sabiduría. Luego, como dice T. S. Eliot, «el fin de todas nuestras búsquedas será llegar adonde comenzamos, conocer el lugar por vez primera».

PANDORA

Tanto Eva como Pandora traen la muerte al mundo. Se trata
de una curiosa inversión del hecho de que las mujeres traen la vida
al mundo, pero aclara algo sobre el significado de *mujer* dentro
de una religión dominada por dioses masculinos.

POLLY YOUNG-EISENDRATH

HE AQUÍ OTRA historia sobre el origen. Esta vez son los griegos antiguos quienes nos la ofrecen o, para ser más exactos, el poeta Hesíodo.

Zeus, el rey de los dioses, le encomendó a Prometeo la tarea de crear a los primeros hombres. Prometeo los modeló con arcilla y fabricó una sociedad exclusivamente masculina de humanos inmortales que veneraban y servían a los dioses y que se alimentaban con libertad en espléndidos jardines. Prometeo llegó a amar a sus creaciones. Sin pedirle permiso de Zeus, les dio a los humanos la carne sagrada de los dioses y robó el fuego del cielo para ellos, de manera que les proporcionó un poder casi divino. Aquello enfureció a Zeus, quien, a modo de venganza, lo encadenó a una roca y envió a un águila gigante para que le picoteara el hígado. A la humanidad le envió un castigo distinto: la mujer.

En palabras de Hesíodo, Zeus le dijo a Prometeo: «Te alegras de haber robado el fuego y de haber engañado a mi corazón, gran pena para ti mismo y para los hombres venideros. Pues a estos, en lugar del fuego, les daré un mal, para que todos se regocijen en su ánimo, tratando con cariño su propio mal». Ese mal no fue otro que Pandora, la primera mujer. Todos y cada uno de los dioses y diosas del Monte Olimpo contribuyeron a la creación de Pandora con la concesión de un don. Zeus le concedió «cínica mente y carácter ladino». De la diosa Afrodita, Pandora recibió su belleza seductora, pero «también penoso deseo y preocupaciones que devoran los miembros». El dios Hermes le dio «un carácter astuto», así como la tendencia a decir «engaños, lisonjeras palabras». Y, en último lugar, aunque no por ello menos importante, la diosa Hera le otorgó a Pandora el don más peligroso de todos, «la curiosidad de una mujer».

Hesíodo escribe: «Pues de ella desciende la estirpe de femeninas mujeres: [pues de ella desciende la funesta estirpe y las tribus de mujeres]. Gran calamidad para los mortales, con los varones conviven sin conformarse con la funesta penuria, sino con la saciedad. Como cuando en las abovedadas colmenas las abejas alimentan a los zánganos, siempre ocupados en miserables tareas —aquellas durante todo el día hasta la puesta del sol diariamente se afanan y hacen blancos panales de miel, mientras ellos aguardando dentro, en los recubiertos panales, recogen en su vientre el esfuerzo ajeno—, así también desgracia para los hombres mortales hizo Zeus altitonante a las mujeres, siempre ocupadas en perniciosas tareas».

Zeus envió a Pandora a la Tierra y la casó con el hermano de Prometeo. Como regalo de bodas, el rey de los dioses le entregó a la primera mujer una gran tinaja (que por lo general se ha traducido de manera errónea como *caja*) con la advertencia explícita de que no debía abrirla nunca. No obstante, al cabo de un rato, el don de la curiosidad pudo con ella y Pandora levantó la tapa. De pronto, se percibieron un sonido sibilante y un hedor terrible. Aterrorizada, Pandora volvió a cerrar la tapa, pero era demasiado tarde. Zeus había confinado en la tinaja el espíritu de todo tipo de sufrimientos que, en caso de ser liberados, atormentarían a la humanidad para siempre: el trabajo extenuante, la enfermedad, el hambre, los celos, el odio, la guerra y el ciclo del nacimiento y la muerte. Y debido a Pandora y a su «naturaleza para obrar el mal», esos espíritus cobraron vida en el mundo y el sufrimiento se convirtió en el destino de la humanidad.

Al menos así es como lo contó Hesíodo. Este autor vivió en el siglo VIII a. e. c., más o menos en la misma época que el poeta épico Homero, autor de la *Odisea* y la *Ilíada*. Los historiadores se refieren a los poemas de Hesíodo como el «Génesis» de la mitología griega. Como ocurre con el Génesis de la Biblia, las versiones hesiódicas de los antiguos mitos griegos continúan influyendo en nuestra conciencia moderna. Es posible que no conservemos más que un vago recuerdo de los dioses y guerreros griegos (quizá gracias a un trabajo escolar o a un cómic, o, en mi caso, a las historias del libro que mi madre nos leía en voz alta a la hora de dormir: *Mitología. Todos los mitos griegos, romanos y nórdicos*, de Edith Hamilton). Pero los nombres y las hazañas de esas figuras mitológicas están por doquier —en nuestro lenguaje, en el arte y en la filosofía— y por encima de nosotros —en las constelaciones de estrellas que llevan su nombre—.

Tras la muerte de mi madre, mis hermanas y yo nos dividimos la mayoría de sus pertenencias más preciadas. Mi primera elección fue una colección de sus libros favoritos, entre ellos su pequeña y raída edición en tapa blanda de la *Mitología* de Hamilton. Hace poco que abrí ese libro y releí algunas de aquellas historias que tanto parecían gustarle a mi madre, a pesar de que son como culebrones violentos y misóginos. Ella explicaba la violencia y la misoginia en cualquier tipo de literatura diciéndonos que los humanos somos una especie pendenciera, que los hombres son unos críos («y, sin embargo —añadía siempre—, aun así dominan el mundo») y que las cosas han sido así desde el principio de los tiempos.

En realidad, «el principio de los tiempos» es una expresión equivocada, al menos según se mide el tiempo en los libros de historia que leemos la mayoría. Por lo general, con historia nos referimos al período de tiempo posterior a la invención de la escritura. Los primeros testimonios escritos datan del 3200 a. e. c., en Egipto y, en consecuencia, se dice que la historia «empezó» hace alrededor de unos cinco mil años. Sin embargo, los humanos anatómicamente modernos llevan aquí más de doscientos mil años. Nuestro planeta tiene cuatro mil quinientos millones de años.

Imagina cuántas historias se ocultan bajo el cobijo de la prehistoria y cuántos estilos de vida, principios organizativos y sistemas de valores han ido y venido desde el verdadero principio de los tiempos. El mero hecho de que la palabra escrita sea ahora mismo el registro más fiable de las historias de nuestros antepasados no quiere decir que no existan otras historias. Los arqueólogos, los paleontólogos y los antropólogos han estudiado las culturas y los pueblos prehistóricos para intentar recomponer no solo todo aquello que nunca nos han contado, sino también de qué maneras han reescrito la realidad los escribas de la historia para hacerla encajar en sus cosmovisiones imperantes. La destacada historiadora Sally Roesch Wagner dice: «La historia no es lo que ocurrió. Es quien la cuenta». Su investigación sobre la historia de las mujeres, que también se extiende hacia la prehistoria, saca a la luz pruebas evidentes de cómo cambian los relatos dependiendo de quién los cuente. Quizá pensemos en la historia como «hecho», como si un antiguo escriba omnisciente que no estaba contaminado por ningún punto de vista parcial ni por ningún tipo de memoria selectiva hubiera contado todo el relato. Pero, igual que ahora (piensa en los programas de noticias de las cadenas privadas, en las personas con mayor actividad en Twitter o en los perfiles de Instagram más atractivos), los que cuentan los relatos son seres humanos con toda clase de motivaciones, incluidas las convicciones firmes, los intereses personales, los egos que alimentar y los sistemas que sostener.

Nos tomamos las palabras de Hesíodo como si brotaran de la misma boca de los dioses, cuando en realidad interpretó mitos antiguos y cuentos populares de la tradición oral, y transformó muchos de ellos para que reflejaran los problemas de su época y para proteger el privilegio de la clase patriarcal gobernante. Marguerite Johnson, una profesora de Historia Antigua y Lenguas Clásicas nacida en Inglaterra, resume el rastro dejado por la versión hesiódica del mito de Pandora de la siguiente manera: «Era el relato de la caída desde la inocencia, de las adversidades de la existencia mortal y del miedo a las mujeres […] Pandora era una trampa: preciosa por fuera y maligna por dentro; y supuso el final del paraíso».

¿Te suena de algo? Como Eva, Pandora dejó su sello en lo femenino: impulsiva, no merecedora de confianza y desobediente. Y, como Eva, ella liberó el mal y el sufrimiento en un paraíso hasta entonces masculino. La narración de Hesíodo es otra táctica de difamación contra las féminas: la mujer como chivo expiatorio, alguien a quien culpar del hecho de que la vida es difícil, de que los problemas son frecuentes, de que la enfermedad y la muerte nos alcanzan a todos. La escritora junguiana Polly Young-Eisendrath afirma: «Exactamente igual que Eva en el Jardín del Edén, esta primera mujer griega no es solo la primera mortal femenina, sino también la instigadora de la mortalidad en la raza humana. Ser mortal significa morir, y tanto Eva como Pandora traen la muerte al mundo. Se trata de una curiosa inversión del hecho de que las mujeres traen la vida al mundo, pero aclara algo sobre el significado de *mujer* dentro de una religión dominada por dioses masculinos».

En versiones anteriores a la narración de Hesíodo, Pandora no era en absoluto un castigo, sino más bien un regalo. De hecho, su nombre significa «la que todo lo da». Las versiones previas del mito oral, reconstruidas a partir de las decoraciones artísticas de piezas cerámicas del siglo v a. e. c., representan a Pandora como la encarnación de la fertilidad de la tierra, sanadora y creadora de vida. Incluso en la narración de Hesíodo, el mito de Pandora termina con una nota sorprendente, quizá como efecto colateral de las versiones orales originales, que contiene un atisbo de redención para la mujer. Escribe Hesíodo que cuando Pandora se dio cuenta de lo que había dejado escapar hacia el mundo, cerró enseguida la tapa de la tinaja, justo a tiempo para mantener atrapado dentro al último de los espíritus. Se llamaba Elpis: el espíritu de la esperanza. «Sola allí la Esperanza, de las indestructibles moradas dentro permaneció, bajo los bordes de la tinaja, y hacia fuera no voló.»

Algunos mitólogos defienden que cuando Pandora se dio cuenta de lo que había hecho, persuadió a Elpis para que se quedara con los humanos y les diera fuerzas para lidiar con su error. Otros dicen que ni siquiera fue ella quien liberó aquellas maldiciones, sino que en realidad se encontró la tinaja abierta y contuvo a Elpis —la Esperanza— para que ayudara a los humanos a sobrellevar las dificultades de la existencia mortal. Ha llegado el momento de empezar por el final de la historia, de enfatizar la parte en la que Pandora retiene a Elpis como regalo para los sufridores mortales. Es preciso contar historias en las que nadie tenga la culpa del dilema humano y todos seamos responsables de forjar un camino esperanzador por el que avanzar.

ELLA TIENE EL MUNDO ENTERO EN LAS MANOS

> Vale más la maldad de hombre
> que bondad de mujer.
>
> Del libro del Eclesiastés

TANTO MI PADRE como mi madre se criaron en una familia religiosa, pero, para cuando se casaron, ambos habían rechazado su fe con un fervor que solo podría calificarse de religioso. Eran inflexible y dogmáticamente antirreligiosos. Nuestra casa era una zona libre de fe. En lo referente a las grandes preguntas sobre la vida y la muerte, no había textos sagrados, ni orientación, ni explicaciones. La ausencia de estas no parecía preocupar a ningún otro miembro de la familia. Sin embargo, yo era de esas crías que anhelan «algo más», respuestas a la problemática naturaleza de ser humana.

A los cuatro o cinco años, me costaba quedarme dormida por la noche, abrumada por la idea de la muerte. En tercero de primaria, cuando un compañero murió de cáncer, levanté la mano e intenté organizar un debate al respecto (un presagio de mi trabajo como organizadora de congresos), pero la profesora —la formidable señorita Gray— me hizo callar diciendo que Jimmy se había ido al cielo y que no necesitábamos saber nada más. Sin embargo, en mi casa yo había oído que el cielo era el producto de una imaginación temerosa, así que volví a levantar la mano y le pregunté a la señorita Gray: «¿El cielo existe de verdad?». Yo fui sincera. Ella se puso furiosa. Al final de la jornada escolar me llevó al despacho del director, donde esperamos a que llegara mi madre.

Recuerdo esa escena con gran claridad: la señorita Gray murmurando con la secretaria del colegio mientras yo permanecía sentada en un banco junto a la puerta del despacho del director. Los pies, calzados con unos zapatos de cuero marrón, me colgaban por encima del suelo de linóleo rayado. Cuando llegó mi madre, el director la reprendió por criar a sus hijas en un hogar sin Dios.

En efecto, en nuestra casa, Dios no existía, pero sí las historias sobre los dioses y las diosas griegos, y también existían las palabras de los Salmos y del Sermón de la Montaña (literatura temprana, explicaba mi madre), además de una especie de veneración por la naturaleza, la belleza y la justicia. No obstante, a mí no me bastaba con eso. Mi rebelión infantil adoptó la forma de asistir a misas católicas con mi mejor amiga y de escuchar música góspel en el tocadiscos de mis padres. Mi cantante favorita era Marian Anderson, que recibió el sello de aprobación de mi madre no por su devoción, sino porque era una gran defensora de los derechos civiles.

El primer disco que compré en mi vida fue *Deep River*, de Marian Anderson. Me aprendí de memoria todas las pistas de aquel álbum, canciones como «Deep River», «Nobody Knows the Trouble I've Seen» y «He's Got the Whole World in His Hands». Me encantaban la emoción que transmitían las melodías y el misterio de las letras. Me tarareaba «Deep River» en la oscuridad cuando no podía quedarme dormida. No tenía ni idea de qué quería decir la letra: «Deep river, Lord —cantaba Marian Anderson con una nostalgia que le brotaba de las tripas—. I want to cross over into campground». («Río profundo, Señor. Quiero cruzarlo hacia el campamento.») ¿Campamento? ¿Qué campamento? Me imaginaba que todas aquellas personas afortunadas que iban a la iglesia sabían a qué se refería la señorita Anderson. Y los siguientes versos: «Oh, don't you want to go to the Gospel feast? That Promised Land, where all is peace?». («Ah, ¿no quieres ir a la fiesta del Evangelio? ¿A esa Tierra Prometida donde todo es paz?») ¡Sí, claro que quería ir! Quería ir adondequiera que estuviese el lugar sobre el que cantaba la señorita Anderson; quería ir a ese sitio de la misma manera que otras personas de mi edad querían ir a un baile o a un partido de fútbol americano.

Había más letras que me desconcertaban, sobre todo aquellas que describían a Dios como a un padre, como a un hombre. «He's Got the Whole World in His Hands. He's got you and me, sister, in His hands.» («Él tiene el mundo entero en sus manos. Nos tiene a ti y a mí, hermana, en sus manos».) Ese era el verso que hacía que a mis hermanas y a mi madre les entrara la risa cuando me oían cantar mientras escuchaba el disco. Pero yo me tomaba aquellas palabras de forma seria y literal. Le pregunté a mi madre por qué en esa canción y en los Salmos del Antiguo Testamento que ella nos leía, Dios era un hombre. Me parecía absurdo que una entidad capaz de parir el universo fuera masculina o incluso que tuviera un género concreto.

—¿No crees que, dado que nosotras somos las que damos a luz, Dios debería ser una mujer? —le pregunté a mi madre.

Ella me contestó con el mismo tono desdeñoso que utilizaba para cualquier pregunta relacionada con la religión.

—Dios no tiene género —dijo—, porque Dios no existe.

Cuando llegué al Barnard College en la década de 1970, una de las primeras asignaturas en las que me matriculé fue en Historia de las Religiones del Mundo, que se impartía en un aula enorme situada enfrente de Barnard, en la Universidad de Columbia. Fueron una época y un lugar interesantes para estudiar textos religiosos antiguos. Columbia había sido un hervidero de fervor revolucionario que había dejado tras de sí una estela de desconfianza en los clásicos. Mi arisco y viejo profesor estaba como pez fuera del agua ante aquella nueva hornada de estudiantes que lo cuestionaban todo, desde las estructuras jerárquicas hasta los pronombres que se utilizaban en las oraciones.

Hace poco encontré mi trabajo final de esa asignatura. Estaba en una caja de cartas, dibujos y trabajos escolares que mi madre había guardado, con los ensayos de Barnard separados del resto, protegidos por una bolsa de plástico. Mi madre era una orgullosa antigua alumna de Barnard. Se llevó un disgusto cuando, tras mi segundo curso, dejé a su *alma mater* para seguir a un gurú oriental hasta California. No sé qué le resultó más terrible a mi madre: que abandonara la universidad o que una hija suya pronunciara la palabra *gurú* sin que le entrara la risa siquiera.

El trabajo final versaba sobre el libro de Sirácides, también conocido como Eclesiastés, una obra repleta de instrucciones morales, algunas de las cuales se descubrieron junto con los Manuscritos del Mar muerto. Lo escribió Ben Sirá, un erudito hebreo que vivió en Jerusalén en torno al 200 a. e. c.

Mi ensayo se concentraba en dos capítulos del libro: «Las mujeres» y «Preocupaciones de un padre con su hija». El trabajo está encabezado por una cita de Ben Sirá: «Vale más maldad de hombre que bondad de mujer». No tengo claro si, como alumna de primer curso en la universidad, ese versículo me resultaba tan impactante —y tan revelador— como ahora. «Vale más maldad de hombre que bondad de mujer.» Es que lo dice todo, al igual que otros versículos del libro de Sirácides que cité en el trabajo, como este:

> Sobre la hija desenvuelta refuerza la guardia,
> no sea que, si ve descuido, se aproveche.
> [...]
> Cual caminante sediento abre ella la boca,
> y de toda agua que se topa bebe;
> ante toda clavija de tienda, impúdica, se sienta,
> y a toda flecha abre su aljaba.

Y esta estrofa que aconseja a los hombres que mantengan a las mujeres jóvenes alejadas de las mayores si no quieren que se vean influidas por su «maldad».

> Que no muestre su belleza a cualquier hombre,
> ni trate íntimamente con otras mujeres.
> Porque de la ropa sale la polilla,
> y de la mujer sale la maldad de la mujer.
> Más vale esposo duro que mujer complaciente,
> y una hija temerosa que cualquier deshonra.

Utilizando el lenguaje de la época, terminé mi ensayo llamando a Ben Sirá «número uno de los cerdos chauvinistas masculinos». En el margen, mi profesor escribió: «¿Está segura de que no está aplicando estándares del siglo xx a un sistema de valores patriarcal que era normal entonces, pero que ya no conforma el *ethos* de nuestra sociedad?».

«¡Ja!» Eso es lo que le diría ahora a mi profesor de Columbia. Sin embargo, a los diecinueve años, hice lo que las niñas y las mujeres han hecho desde los tiempos de Ben Sirá. Me enfadé con los mensajes del Eclesiastés, me quejé de ellos en mi ensayo, pero también los interioricé. Los incorporé a la imagen que tenía de mí misma, a mi comportamiento y a mi cuerpo.

La esencia de esas enseñanzas, muchas de las cuales se filtraron hacia el Antiguo y el Nuevo Testamento de la Biblia, pueden condensarse así:

1. Los hombres son mejores que las mujeres, incluso los hombres malos.
2. La vergüenza de la mujer es merecida. ¿Vergüenza de qué? De nuestros sentimientos descontrolados y de nuestra sexualidad lasciva, que tienen el poder de tentar al hombre y destruir su virtud.
3. La mujer debe ser silenciosa, ser «una persona reservada».
4. Los hombres dominan a las mujeres para proteger a las mujeres de otros hombres.
5. Las alianzas entre mujeres son peligrosas.

Tras encontrar el trabajo final entre las cajas de recuerdos de mi madre, empecé a investigar cómo habían influido los temas y las directrices del Eclesiastés en los primeros teóricos de las teologías judía y cristiana, y cómo se habían transferido después a las generaciones posteriores. Leí varias traducciones de la Biblia, además de antiguos relatos de rabinos judíos y de los primeros monjes y monjas cristianos:

los Padres y Madres del Desierto. Estudié las palabras de san Pablo, san Tertuliano y san Agustín, en especial el análisis del Génesis que este último hace en su libro *Confesiones*, donde presenta sus influyentes ideas acerca de que las mujeres son propensas a la herejía y de que su desobediencia se encuentra en la base de toda pecaminosidad humana. Leí un montón de opiniones más modernas sobre el Génesis, incluidas interpretaciones académicas y blogs y tuits de literalistas bíblicos contemporáneos. Y exploré las distintas formas en las que los temas bíblicos aparecen en la literatura clásica y en los medios modernos, desde *Paraíso perdido* hasta *La letra escarlata*, y desde *Star Trek* hasta *Harry Potter*.

Aquí apenas comparto unas cuantas de las citas más destacadas de algunos de los pensadores y de los textos fundacionales de las religiones occidentales. Si te da la sensación de que he seleccionado a propósito solo los fragmentos más incendiarios y misóginos, te invito a leer más en profundidad cualquiera de estos libros o autores. Aquí no hago más que arañar la superficie.

Empezaré con esta oración del antiguo sidur que los hombres ortodoxos judíos continúan recitando todas las mañanas:

Bendito seas, Señor nuestro Dios, rey del Universo, que no me hiciste mujer.

Me costó seleccionar tan pocas citas de los primeros pensadores, monjes y santos cristianos. ¡Hay muchísimas! He aquí una pequeña muestra:

De san Timoteo:

La mujer oiga la instrucción en silencio, con toda sumisión. No permito que la mujer enseñe ni que domine al hombre. Que se mantenga en silencio. Porque Adán fue formado primero y Eva en segundo lugar. Y el engañado no fue Adán, sino la mujer que, seducida, incurrió en la transgresión. Con todo, se salvará por su maternidad mientras persevere con modestia en la fe, en la caridad y en la santidad.

De san Agustín:

La mujer, juntamente con su marido, es imagen de Dios, formando una sola imagen toda la naturaleza humana; pero considerada como ayuda, propiedad suya exclusiva, no es imagen de Dios. Por lo que al varón se refiere, es imagen de Dios tan plena y perfectamente como cuando con la mujer integra un todo.

De san Tertuliano:

Mujer, parirás en medio de dolores y angustias, te volverás hacia tu marido y él te dominará: ¿y no sabes que tú eres Eva? Vive la sentencia de Dios sobre este sexo aún en este mundo: que viva también la culpa. Tú eres la puerta del diablo; tú eres la que abriste el sello de aquel árbol; tú eres la primera transgresora de la ley divina; tú eres la que persuadiste a aquel a quien el diablo no pudo atacar; tú destruiste tan fácilmente al hombre, imagen de Dios; por tu merecimiento, esto es, por la muerte, incluso tuvo que morir el Hijo de Dios.

De san Clemente de Alejandría:

[Para la mujer] el hecho de saber quién es debe bastar para inspirarle pudor.

De santo Tomás de Aquino:

> Considerada en relación con la naturaleza particular, la mujer es algo imperfecto y ocasional. Porque la potencia activa que reside en el semen del varón tiende a producir algo semejante a sí mismo en el género masculino. Que nazca mujer se debe a la debilidad de la potencia activa.

De Martín Lutero:

> Si [las mujeres] se agotan o incluso mueren, no importa. Que mueran durante el parto, para eso están ahí.

Ay. ¡Pero aún hay más! Si las cosas fueran tan sencillas como «hombre, bueno/mujer, mala», quizá las mujeres se habrían sublevado antes y habrían expuesto la misoginia que ocupa el centro de nuestras doctrinas morales rectoras. Sin embargo, a pesar de que los antiguos griegos, los patriarcas hebreos y los santos cristianos advertían acerca de la maldad primordial de las mujeres, también ensalzaban la sabiduría sagrada contenida en el núcleo de la femineidad. Sí, estaban Pandora, Eva y su progenie mancillada que se prolongó a lo largo de los siglos, pero también había otras figuras que representaban lo «divino femenino». Los griegos lo personificaban en Sofía, la portadora de sabiduría. También se la encuentra en los libros del Antiguo Testamento. Ben Sirá escribe extensamente sobre ella, a la que se refiere como Dama Sabiduría, y a quien adscribe el estatus casi de diosa:

> La palabra de Dios el Altísimo es la base de la Sabiduría;
> y las costumbres de esta son mandamientos eternos.

¿Quién ha descubierto la raíz de la sabiduría?
¿Quién conoce sus secretos?

Aun así, parece que no puede evitarlo. Su consejo acerca de cómo penetrar en las profundidades de sus «secretos» es casi risible: «Feliz el hombre que se ejercita en la sabiduría —escribe Sirá—, y que en su inteligencia reflexiona, que medita sus caminos en el corazón y sus secretos considera. Sale en su busca como el que sigue el rastro, y en sus caminos se pone al acecho».

Esta es la peligrosa y enloquecedora ironía que subyace en el centro de muchas de nuestras tradiciones, donde el arquetipo de «La Dama» está basado en una consejera sagrada, mientras que las mujeres de verdad son tentadoras malignas. Lee los Salmos y las oraciones, escucha la misa, pasea por cualquier museo y contempla a la mujer representada como lo Divino Femenino, la Madre Santa y la Reina Soberana del Cielo. Puede que te lleves una impresión equivocada. Tal vez pienses que la femineidad divina les granjeó a las mujeres autoridad espiritual y autonomía personal, pero dejémoslo claro: mientras que por un lado se nos dice que el hombre está hecho a imagen y semejanza de Dios, por el otro se nos advierte que la mujer no es inherentemente divina. Debe esforzarse por serlo. Si permanece callada, virginal y servil, entonces es posible que su chispa sagrada arda con más fuerza que sus instintos pecaminosos.

El dualismo inmemorial —la veneración de lo divino femenino y, sin embargo, la desconfianza hacia las mujeres de carne y hueso— confunde y silencia a las mujeres. Confunde y provoca a los hombres. Y esto nos lleva justo hasta hoy. Ya sea de forma abierta o sutil, nuestra cultura todavía les presenta a las mujeres una dicotomía: puedes ser o una

chica buena (dulce, servil, pura) o una chica mala (empoderada, encarnada, sexual). Por descontado, sabemos que en el interior de la mayoría de las mujeres bulle una interesante mezcla de cualidades en constante transformación. Somos más que una chica buena o una chica mala. Somos más que la virgen o la puta, como dice el viejo tropo. Venero las partes de mi ser que tradicionalmente se representan en esos arquetipos de «la virgen»: la serenidad, la benevolencia, la entrega a los cuidados. A veces activo esos aspectos de mi persona. Me costó un tiempo (y mucha terapia) aceptar y querer también al arquetipo de «la puta»: mi sensualidad, mi salvajismo, mi naturaleza erótica y mis necesidades sexuales. Soy todo lo anterior. Soy una mujer dulce y empoderada. Serena y salvaje. Maternal y sexual. No se trata de dicotomías buenas o malas. Son cualidades que nos hacen humanas.

Hay una estatua de Sofía en la ciudad que lleva el mismo nombre, en Bulgaria. La erigieron en el año 2000 para reemplazar la estatua de Lenin que llevaba años dominando la ciudad. Desde las alturas —se eleva más de veinte metros por encima de la plaza principal—, Sofía abre los brazos para abarcar la ciudad entera. Sobre su hombro se posa un búho, que representa la sabiduría sagrada. Luce un vestido ajustado y diáfano que le marca los pechos, los pezones y la forma de todo el cuerpo. Una corona dorada —el símbolo del poder— descansa sobre su cabeza; en la mano sostiene la corona de laurel de la paz. Es erótica y pagana, santa y elevada. Es todas las mujeres y es reina. Se alza en su cuerpo sin que este sea una tentación, o una maldición, o una ofrenda para nadie. Y tiene el mundo entero en las manos, un mundo de paz. Que así sea.

ESCUCHAR
A CASANDRA

Los momentos más complicados para mí
no eran cuando los demás ponían en duda lo que decía,
sino cuando no oían mi voz.

CAROL GILLIGAN

Empecé la introducción de este libro con el mito griego de Casandra porque, aunque es posible que su nombre no sea tan conocido como el de Eva o el de Pandora, su historia tiene un eco muy claro en la época actual. Casandra era capaz de predecir el futuro, pero sus palabras caían en saco roto. No la creían, la ignoraban y le hacían luz de gas.

Una de las palabras que más me gusta buscar en el *Merriam-Webster Dictionary* es *gaslight*, que se traduce como «hacer luz de gas a alguien». Además, fue una de las ganadoras del premio a la palabra del año de la American Dialect Society en 2016. Me gusta la simplicidad de su definición: «Manipular psicológicamente a una persona para que se cuestione su propia cordura». La definición que da el *Diccionario de la Lengua Española* de esta expresión es un poco más detallada, aunque abunda en el mismo sentido: «Intentar que [alguien] dude de su razón o juicio mediante una prolongada labor de descrédito de sus percepciones y recuerdos». En inglés, el origen de la palabra se sitúa en una obra teatral de 1938 titulada *Gas Light*, que en 1944 se adaptó al cine y dio lugar a una popular y maravillosa película del mismo título. La vi hace poco. La protagonizan Charles Boyer e Ingrid Bergman y trata de un marido que recurre a la manipulación para ocultarle sus intenciones criminales a su esposa, que piensa que está perdiendo la cabeza. Atenúa las luces de gas de su casa y finge que no ha cambiado nada. El suelo de madera del desván cruje mientras busca joyas robadas, pero el hombre afirma que los ruidos que oye su mujer son imaginarios. Le provoca ataques de ansiedad y le advierte que la encerrará en un manicomio. (Alerta, *spoiler*: al final de la película, el personaje de Bergman le da la vuelta a la tortilla y es ella la que le hace luz de gas a su marido al fingir que, en efecto, ha perdido la cabeza y por lo tanto no puede ayudarlo cuando la policía acude para arrestarlo.)

La maldición de Casandra es un ejemplo antiguo de alguien a quien se le hace luz de gas. Las mujeres de todo el mundo lo revivimos a diario: conocemos la verdad de nuestras propias experiencias, pero se nos dice que estamos mintiendo o exagerando; vislumbramos las consecuencias en el horizonte, pero aun así «es bien sabido» que las emociones femeninas nos empañan la visión, que tendemos a la histeria —incluso a la locura— y que por eso no deben creernos.

Puedes retrotraerte hasta textos del antiguo Egipto, Persia o Grecia para dar con los primeros ejemplos de cómo se nos hace luz de gas. Los griegos sugerían que un amplio porcentaje de las mujeres sufrían enfermedades mentales y que su locura derivaba de la negativa a honrar el falo, lo cual les causaba una afección que ellos llamaban melancolía uterina. ¿La cura? El médico persa Melampo sostenía que a las mujeres se las debía tratar con eléboro y después instalarlas a yacer carnalmente con varios hombres fuertes. Así se curarían y recuperarían «el buen juicio». Hipócrates, contemporáneo de Melampo y fundador de la medicina occidental, acuñó el término histeria a partir de la palabra *hystéra*, «útero» en griego, porque creía que la matriz de las mujeres deambulaba por el cuerpo y provocaba «falta de control y sentimientos extravagantes», lo que él llamaba «furor uterino».

¡Pues claro que estaban furiosas! Imagina que eres una mujer en la antigua Persia o Grecia. O más adelante, en la Europa y la América victorianas, cuando los médicos intentaban curar la histeria femenina mediante el uso de un «instrumento médico electromecánico» (también conocido como vibrador) para inducir el «paroxismo histérico» (también conocido como orgasmo). Si eso no funcionaba, los médicos aplicaban duchas vaginales de alta presión, todo ello para librar a la mujer —y aquí combino palabras extraídas de varios textos médicos de principios de la década de 1800— de sus «emociones histéricas, llanto frustrado, exceso de (o ausencia de) deseo sexual, lubricación vaginal excesiva, irritabilidad, incapacidad para concebir hijos o para cumplir con las obligaciones maternales apropiadas y tendencia a causar problemas». En algunos casos, a las mujeres que mostraban cualquiera de estos síntomas se las obligaba a ingresar en un manicomio o a someterse a una histerectomía quirúrgica.

La Asociación Estadounidense de Psiquiatría abandonó la expresión *histeria femenina* en 1950. Fue sustituida por el término neurosis histérica, más freudiano, que no desapareció del *Diagnostic Manual for Mental Health* (DSM, «Manual diagnóstico de salud mental») hasta 1980. La teoría de un «furor uterino» patológico sigue persiguiéndonos hoy en día, nos degrada y nos lleva a dudar de nosotras mismas y a silenciarnos. Pero veo que se avecinan cambios. En todas partes, mujeres valientes toman lo que solía llamarse nuestra tendencia a causar problemas y la renombran como nuestra tendencia a decir lo que pensamos, a enfrentarnos a la luz de gas y a hacer que nuestra cultura sea más empática, comunicativa y emocionalmente inteligente. «Lejos de ser una especie irracional, demasiado sensible, histérica, lunática o moralmente débil —escribe la autora australiana Jane Caro—, lo que me impresiona de las mujeres y de su historia es lo cuerdísimas que hemos conseguido llegar hasta aquí.»

Me acordé de esto hace poco, mientras veía el juicio televisado al doctor Larry Nassar, un médico que cometió abusos sexuales contra centenares de deportistas femeninas disfrazándolos de tratamiento médico. La mayoría de las jóvenes eran gimnastas, y entre ellas se contaban Simone Biles y Aly Raisman, ganadoras de varios oros olímpicos. Algunas eran atletas, otras jugadoras de *softball* y de fútbol, bailarinas, remadoras, patinadoras. Algunas eran niñas de tan solo seis años cuando comenzó el abuso, otras eran adolescentes o un poco más mayores. Durante casi treinta años, el doctor Nassar perpetró el mismo patrón de abuso ofreciendo tratamientos médicos falsos, sirviéndose de su poder paternalista para acosar y silenciar a las jóvenes. Y, por si su comportamiento no fuera ya lo bastante despreciable, los adultos de las instituciones que lo contrataban —universidades, campamentos deportivos, el equipo nacional de gimnasia de Estados Unidos, el Comité Olímpico Estadounidense e incluso algunos padres— no creyeron a las niñas ni a las mujeres. Pasaron los años y esos adultos no denunciaron las historias de abusos, no destituyeron a Larry Nassar y aceptaron la palabra de un médico por encima de la palabra de las chicas.

Al final, se juzgó al doctor Nassar porque muchas de ellas tuvieron el valor de dar un paso al frente. Algunas habían sufrido los abusos hacía menos de un año, otras seguían profundamente afectadas años más tarde por el doble trauma de que las hubieran agredido y, además, de que nadie las hubiese creído. «Estas chicas son nuestras Casandras», pensé mientras veía el juicio. Sabían lo que les había sucedido y vieron lo que les pasaría a otras si no detenían al doctor Nassar. Habían dicho la verdad, pero nadie las había creído y nadie había actuado en su nombre. Lo que hace que esta historia sea distinta es lo que ocurrió a continuación.

La jueza titular del caso era Rosemarie Aquilina, una magistrada cuando menos inusual. Antes de sentenciar al doctor Nassar a pasar hasta ciento setenta y cinco años entre rejas por lo que en el estado de Michigan se denomina conducta sexual criminal (además de por cargos de pornografía infantil, ya que estaba en posesión de al menos treinta y siete mil vídeos e imágenes incriminatorias), sentó un nuevo precedente para una sala del tribunal. Concedió el tiempo necesario para que más de ciento cincuenta mujeres hicieran sus impactantes declaraciones como víctimas, y las televisaron para que todo el mundo las viera. Las jóvenes, que ya no estaban solas cuando expresaron su verdad, sino respaldadas por la fortaleza que da pertenecer a un grupo numeroso y tratadas con una actitud de escucha respetuosa, hablaron con una furia tan legítima que me sentí como si generaciones de Casandras hablaran a través de ellas y se estuvieran resarciendo.

La jueza Aquilina escuchó con atención a todas y cada una de las jóvenes y les ofreció ánimo y consuelo. Antes de darles paso, señaló que les estaba dando a aquellas mujeres la oportunidad de que al fin las escucharan, ya que, cuando habían informado de los abusos del doctor Nassar en el pasado, las habían ignorado o tomado por mentirosas. Y al explicarle a Nassar por qué le exigía que escuchara a las víctimas, le dijo: «Pasar cuatro o cinco días escuchándolas es una minucia, teniendo en cuenta las horas de placer que ha obtenido a su costa y que les ha destrozado la vida». Lo que más me impactó, lo que me dejó sin aliento, fue la forma en que la magistrada respondió a muchas de las mujeres, intentando reparar, en aquel mismo lugar e instante, la herida de que no las hubieran creído.

Tras el testimonio de Aly Raisman, ganadora de varias medallas de oro olímpicas, Aquilina le dijo: «Soy una adulta. Estoy escuchando. Siento que hayamos tardado tanto, pero te aseguro que todas las palabras que habéis dicho y que diréis tanto tú como tus hermanas supervivientes se están tomando en cuenta para la sentencia». A otra víctima le dijo: «Aleja esas pesadillas. Él ya no está. Tus palabras sustituyen a lo que él te ha hecho». A otra que se planteaba el suicidio, le aconsejó: «El único que estaría mejor si tú no estuvieras aquí sería el acusado. Por favor, quédate con nosotros. Quédate con tu familia. Tus hijos te necesitan».

En la seguridad y la dignidad de la sala del tribunal de Aquilina, aquellas chicas y mujeres expresaron su verdad. Se dirigieron a Larry Nassar, que estaba sentado y esposado a solo unos cuantos metros. Algunas lloraron, otras gritaron, otras casi susurraban mientras hablaban de cuando, en plena noche, Nassar llamaba a la puerta de su habitación de hotel en los Juegos Olímpicos; de cómo les tocaba los pechos y les penetraba el ano y la vagina con las manos desnudas mientras estaban tumbadas boca abajo en la camilla de una sala de exploración; de que eran solo crías, algunas de nueve, doce o quince años; de cómo les destrozó la carrera deportiva, les provocó ideas suicidas y les causó angustia tanto a ellas como a sus familias.

La gimnasta Jordyn Wieber formó parte del equipo que ganó la medalla de oro en los Juegos Olímpicos de 2012. Fue la primera en testificar. Contó que el doctor Nassar había empezado a prepararla para el abuso cuando tenía ocho años. «Nadie nos protegía para evitar que se aprovecharan de nosotras —declaró—. A nadie le preocupó jamás si estaban abusando sexualmente de nosotras o no.» Aly Raisman abundó en sus palabras: «Tus abusos empezaron hace treinta años. Pero ese no es más que el primer incidente del que tenemos noticia. Si a lo largo de todos estos años un solo adulto nos hubiera escuchado y hubiera tenido el valor y el carácter necesarios para actuar, esta tragedia podría haberse evitado [...]. Ni el equipo nacional de gimnasia de Estados Unidos ni el Comité Olímpico Estadounidense se han puesto en contacto conmigo para expresar su pesar, ni para apoyarme o preguntar: ¿cómo es posible que haya pasado algo así? ¿Cómo crees que podemos ayudarte?».

Amanda Thomashow, atleta universitaria, declaró: «Lo denuncié. La Universidad Estatal de Michigan, la universidad a la que me sentía unida y en la que confiaba, tuvo la osadía de decirme que no entendía la diferencia entre una agresión sexual y un procedimiento médico». Jamie Dantzscher, gimnasta y medallista olímpica, dijo: «Me atacaron en las redes sociales [...]. La gente no me creía, ni siquiera quienes yo pensaba que eran mis amigos. Me llamaron mentirosa, puta, e

74

incluso me acusaron de inventarme todo eso solo para llamar la atención».

Una deportista tras otra, todas ellas se alzaron y hablaron. En cada uno de sus discursos percibí la indignación y el tono con los que me imagino que Casandra debía de hablar tras años de ser tomada por mentirosa y denigrada a pesar de que sus palabras demostraban ser ciertas. Igual que, a lo largo del tiempo, a millones de mujeres nos han desacreditado, nos han ignorado, nos han faltado al respeto y nos han hecho sufrir por decir verdades incómodas, inoportunas. Sin embargo, esta vez, bajo las palabras de dolor, sentí que un viento nuevo iba cobrando fuerza. Cuando Aly Raisman se levantó para hablar, sopló entre sus palabras como una tormenta: «A lo largo de estos treinta años, cuando las supervivientes daban la voz de alarma —dijo mirando a Larry Nassar con fijeza—, los adultos, uno tras otro, muchos de ellos en posiciones de autoridad, te protegían y les decían a todas las supervivientes que no pasaba nada, que no estabas abusando de ellas. De hecho, muchos adultos hacían que convencieras a las supervivientes de que estaban exagerando o de que se habían equivocado. Es como si volvieran a violarte [...]. Imagínate cómo es sentir que no tienes ni poder ni voz. Bueno, ¿sabes qué, Larry? Yo tengo las dos cosas, poder y voz, y no he hecho más que empezar a usarlas. Todas estas mujeres valientes tienen poder, y usaremos nuestra voz».

El último día del juicio, la jueza Aquilina leyó en voz alta la carta que Larry Nassar le había enviado la noche anterior. En ella culpaba a las chicas de ser hipócritas y vengativas. También sacaba a relucir un famoso proverbio de la literatura inglesa y se lo dedicaba a sus acusadoras: «No hay mayor peligro que el de una mujer despechada». Cuando la jueza leyó aquellas palabras, la sala prorrumpió en exclamaciones, pero a mí no me sorprendieron. Yo llevaba tiempo impregnándome de reacciones como la de Nassar, procedentes de todas las épocas y de todos los rincones del mundo. Me alegré de que utilizara aquella vieja cita. Tenemos que oírlas hoy, en tiempo real, porque solo entonces entenderemos el poder que siguen ejerciendo. Solo entonces las sustituiremos por nuestras propias palabras, como las que la jueza Aquilina dirigió a las supervivientes al final del juicio: «Dejad vuestro dolor aquí y salid y haced cosas magníficas».

EL HECHIZO
DE GALATEA

Suben a la gente a un pedestal
y esperan que su actitud sea siempre perfecta.
Luego, cuando esa gente mete la pata, la derriban.
Yo meto la pata a menudo.
Consideradme ya derribada.

ROXANE GAY

EN LA MITOLOGÍA griega y romana, Venus (a la que los griegos llamaban Afrodita) era la diosa del amor, la belleza, el placer y la procreación. Pero también era una diosa colérica y vengativa. Sentía muchos celos, en especial de sus hermanas diosas y de las mujeres mortales. Hay muchas historias de Venus y sus peleas con otras féminas. A lo mejor es que los hombres que elaboraron las narraciones griegas y romanas sentían la misma fascinación retorcida por las «peleas de gatas» que muchos de los actuales.

Entretejida en los viejos mitos se halla la dudosa idea de que a las mujeres no les caen bien las demás mujeres ni se fían de ellas, la de que rara vez se apoyan las unas a las otras y la de que se pasan la vida compitiendo por conseguir la atención y la aprobación de los hombres. Esta no ha sido mi experiencia general con mis hermanas, mis amigas y mis compañeras. Sin duda, existen los conflictos y la competencia entre mujeres, del mismo modo que existen los conflictos y la competencia entre los humanos de todo tipo. Entre los hombres se dan muchísimo. Sin embargo, cuando ellos compiten, hay un aura de respetabilidad, de espíritu deportivo, el famoso tropo de la «banda de hermanos»*. Incluso cuando lo hacen en un campo de batalla como adversarios, los nobles guerreros admiran el espíritu del otro. Por el contrario, cuando las mujeres tienen un conflicto, el estereotipo se aleja mucho del noble guerrero. Más bien se trata del de las chicas malas, las zorras, las criticonas, las abejas reina. Cuando las mujeres compiten, cuando intentamos superar a otra persona (a otra mujer o, Dios no lo quiera, a un hombre), palabras como *ambiciosa* y *resuelta* adquieren un matiz negativo, de acusación.

En su poema narrativo *Metamorfosis*, el poeta romano Ovidio cuenta la historia de Pigmalión y Galatea, que comienza con un ejemplo de la ira de Venus y de su ánimo punitivo contra las mujeres desobedientes. Cuando un grupo de mujeres de la isla de Chipre se niega a venerarla como corresponde, Venus las convierte en prostitutas (lo cual, en mi opinión, no hace sino confirmar que el relato lo concibió un hombre). Ovidio escribe:

Como castigo, a causa de la ira de la divinidad, dice la tradición que fueron las primeras en prostituir su cuerpo y su

---

* Verso de William Shakespeare en *Enrique V*, en la arenga del día de San Crispín.

belleza; y como la vergüenza las abandonó y se les coaguló la sangre del rostro, con una pequeña alteración se convirtieron en duras piedras.

Cuando la maldición de Venus se hace efectiva y las prostitutas comienzan a ejercer en la calle, un famoso escultor chipriota llamado Pigmalión decide rehuir a todas las mujeres. Le repugnan no solo las putas de su ciudad, sino también la «censurable» sexualidad de las mujeres en general. Se retira a su taller y esculpe una estatua de marfil, una chica preciosa, blanca y casta que no posee ninguno de los defectos de las mujeres de carne y hueso.

Como Pigmalión había visto que pasaban sus años de manera censurable, ofendido por los vicios que la naturaleza concedió con suma profusión a la mente femenil, vivía soltero, sin esposa, y por largo tiempo estaba sin compañera de lecho. Mientras tanto, esculpió felizmente con maravillosa habilidad un marfil blanco como la nieve y le dio una forma de mujer imposible de encontrar al natural, y concibió un gran amor por su obra.

Cuanto más tiempo dedica Pigmalión a tallarla, más perfecta se vuelve la escultura a sus ojos, hasta que su belleza eclipsa a la de cualquier mujer que haya pisado la tierra. Y, al final, cuando termina su creación, Pigmalión está enamorado. El que desdeñaba a las mujeres reales por fin ha dado forma a una imagen digna de su mirada.

Y todavía no confiesa que es marfil, [le da besos, cree que se los devuelve, le habla, la toca] sino que cree que sus dedos se hunden al tocar sus miembros y teme que le salgan en la carne marcas lívidas por haberla apretado.

Le pone nombre a su estatua: Galatea, que significa «la que es blanca como la leche». Le lleva regalos, le declara su amor, la tumba en su lecho y la abraza. La cubre con magníficos tejidos, la adorna con joyas en los dedos, en las orejas, en torno al cuello. Pigmalión está tan enamorado de su escultura que le ruega fervientemente a Venus que transforme su creación en una mujer real para poder casarse con ella. Halagada por la devoción del escultor y conmovida por su deseo de una mujer virtuosa, Venus hace que Galatea cobre vida. Y Pigmalión no pierde el tiempo...

> Era de carne y hueso [...] notó la doncella los besos que le daban y enrojeció y, elevando hacia el cielo una mirada temerosa, vio al mismo tiempo el cielo y a su amante. La diosa asiste a la boda que ella misma provocó; y ya se habían juntado por novena vez los cuernos de la luna hasta llenar su círculo, cuando aquella parió...

A lo largo de la historia, los artistas han pintado y los autores han interpretado de diversos modos el mito de Pigmalión y Galatea. También abundan versiones modernas en obras teatrales, películas, en la televisión y en las redes sociales. Piensa en el personaje desaliñado y de clase baja de Eliza Doolittle en *My Fair Lady*, a quien el profesor Henry Higgins transforma en todo lo que a lengua y habla, vestido y saber estar se refiere. El profesor solo la considera merecedora de su amor después de llevar a cabo un enorme esfuerzo para transformarla en una «lady». También está la prostituta pobre de la película *Pretty Woman*, Vivian Ward, a la que el adinerado hombre de negocios Edward Lewis convierte en una nueva y mejorada (y digna de casarse con él) versión de sí misma. Hay innumerables películas, libros y un aluvión de programas de telerrealidad sobre cambios de imagen que perpetúan el concepto de que el árbitro y modelador de la belleza y el comportamiento femenino aceptables es el hombre, o el mercado, o la cultura en general.

El tema no se repite solo en las historias de Cenicientas ficticias. Fíjate en las mujeres reales que te rodean; analiza tu propia historia con franqueza. ¿Por qué seguimos preocupadas por una idea arbitraria de lo que hace que una mujer sea hermosa, deseable desde el punto de vista sexual o merecedora de amor? ¿Por qué sacrificamos nuestra comodidad, tiempo, dinero, autenticidad e incluso nuestra salud para estar a la altura de imágenes corporales inalcanzables? ¿Por qué contenemos nuestras emociones, acallamos nuestra voz, limitamos nuestra ambición? ¿Por qué narices continuamos bajo el hechizo de Galatea?

Hacerte estas preguntas es el primer paso para romper el embrujo. Y nosotras, las mujeres, unidas, somos las únicas capaces de romperlo. Porque somos, más que nadie, las que nos tragamos el mito. De nosotras depende decir que no, que no somos las hijas de Galatea, «blanca como la leche» y cincelada en marfil para la mirada masculina. Seamos mujeres jóvenes que se enfrentan a problemas relacionados con la belleza y la atracción sexual, o mujeres más mayores obsesionadas con permanecer delgadas y parecer jóvenes; somos nosotras quienes tenemos el poder de despertar del trance, de recuperar nuestro cuerpo, nuestro tono de piel, nuestros rasgos, nuestro color de pelo, altura y peso, y de amarnos tal como somos.

No es una tarea fácil. No es sencilla ni para las mujeres jóvenes, ni para las maduras, ni para las ancianas. Es especialmente complicado para las mujeres cuya etnia, raza y sexualidad las catalogan en la «otredad». El arquetipo físico de Galatea está por todas partes, desde en las imágenes que inundan las revistas y todo tipo de medios, hasta en los maniquíes de las tiendas y en las modelos de pasarela tan jóvenes, pálidas y delgadas que su salud corre peligro. La mujer del pedestal no se parece en nada a la mayoría de nosotras. Si seguimos comparándonos con esa imagen, viviremos en la cárcel de nuestra propia obsesión con la delgadez, la firmeza, la blancura y la eterna infantilidad femenina. Algunas nos matamos de hambre para estar delgadas o nos odiamos cuando no lo estamos. O nos inyectamos un veneno para tensar o aclarar la piel, o pasamos por el quirófano para alterar el contorno de nuestro precioso rostro y la curvatura de nuestras formas naturales. Mujeres de todas las edades, razas y condiciones sociales llevamos ropa que nos dificulta la respiración, como las señoras encorsetadas de la época victoriana, y zapatos que nos limitan como si fuéramos muchachas chinas de otra época con los pies vendados.

Una lección histórica interesante: la tradición china de vendar los pies comenzó en el siglo VII y no se ilegalizó hasta principios de la década de 1900. El proceso de modificar el pie de una mujer para conseguir que midiera unos ocho centímetros era un calvario que provocaba un dolor atroz. Los hombres chinos consideraban que los pies vendados, conocidos como pies de loto, eran eróticos, al igual que los andares inestables, desvalidos, de las mujeres que se sometían a ese proceso incapacitante. Se calcula que, solo en el siglo XIX, se les vendaron los pies a unos dos mil millones de mujeres. Volvemos la vista con horror hacia una mutilación y una subyugación así, pero ¿cuánto hemos avanzado en realidad? ¿Acaso los estándares contemporáneos de belleza y sensualidad no siguen haciendo daño a las mujeres? Yo terminé destrozándome las rodillas y teniendo que operármelas tras años de caminar por aceras de hormigón con botas de tacón de ocho centímetros. ¿Por qué lo hacía? ¿Por qué continuamos haciendo cosas que dañan y traicionan nuestro cuerpo?

Una cosa es cuidarnos mediante hábitos de alimentación saludables y ejercicio, disfrutar llevando ropa bonita, arreglándonos el pelo y acicalándonos de formas que nos hagan sentir guapas, sexis, poderosas o como quiera que deseemos sentirnos. Y otra muy distinta es ser esclavas de la fantasía cultural de qué aspecto debería tener una mujer, cómo debería hablar y cómo debería ser.

Como excomadrona, organizadora de congresos y escritora, he dedicado mi vida profesional a investigar la forma en la que las mujeres podríamos liberarnos del hechizo de Galatea en aras de nuestro bienestar psicológico y físico. Nunca he sido de las que solo aprenden «sobre» las cosas, así que también he probado personalmente una gran cantidad de terapias curativas. Aunque muchas me han resultado útiles, lo que he sacado de todas ellas, y lo que más vale la pena compartir, es lo que llamo «la primera ley de la sanación». Sin ese primer paso, la auténtica salud y la autoestima positiva nunca arraigan de verdad.

La primera ley de la sanación: «Queremos cuidar de las cosas que amamos».

El primer paso para derribar a Galatea del pedestal de Pigmalión es amar tu cuerpo tal como es ahora. Amar tu cara, tu piel, tu cuerpo, tu talla y tu edad. Primero amarlo, y después dejar que tu autocuidado surja de forma natural a partir de ese amor y respeto que sientes hacia la persona que eres, no hacia la persona que deberías ser a ojos de otros. «Queremos cuidar de las cosas que amamos.» La mayoría de nosotras lo hacemos al revés: «Amaré mi cuerpo si es más delgado, si no tengo los muslos flácidos, si cambio mi aspecto:

la nariz, el pelo, la piel, los pechos, el cuello, la barriga». Hacemos dietas o ejercicio, o compramos productos con la esperanza de que, quizá algún día, lleguemos a amar lo que vemos en el espejo. Vemos el cuerpo como si fuera un problema que resolver, como si hubiera algo esencialmente erróneo en él y de nosotras dependiera mortificarnos hasta ser dignas de amor. Y como la motivación para cuidarlo proviene del exterior, del estándar de aceptabilidad de otras personas, no podemos aplicar la primera ley de la sanación.

Mientras deseemos intercambiar el cuerpo que tenemos por el de la chica perfecta del pedestal, no recuperaremos nuestra verdadera belleza ni nuestra sensación de valía. Mientras vinculemos nuestra sensación de poder y talento a la forma en que nos ven desde fuera, mantendremos vivo el hechizo de Galatea.

La actual imagen de Galatea es para volverse loca. Envía un mensaje contradictorio en cuanto a quién deberíamos parecernos y a cómo deberíamos actuar: se supone que debemos tener una cintura minúscula y un culo respingón, llevar sujetadores que nos levanten los pechos y marquen el canalillo, ir por ahí dando tumbos con unos tacones que alarguen y eroticen la pierna, y hacer todo lo posible por eliminar los signos de la edad. Nos llaman mojigatas si no somos lo bastante sexis, y putas si nos pasamos de la raya. Se supone que debemos encontrar el punto exacto entre ser sensuales y modestas, accesibles y reservadas, vulnerables y luchadoras. Jugar a ese juego consume demasiado tiempo y creatividad. Imagina que dejáramos de hacerlo. Imagina que dedicases más energía a estar a gusto con quien eres y menos a albergar la esperanza de tener el aspecto y el comportamiento exactos que se supone que debes tener justo cuando los debes tener, a angustiarte porque no lo conseguirás nunca. Y todo eso mientras, en lo más profundo de tu ser, te sientes fatal por tu tipo de cuerpo, tus rasgos faciales, tu tono de piel, tu cintura, tu culo y tus tetas.

A lo mejor te sientes bastante satisfecha con tu aspecto, pero, en ese caso, formas parte de un club exclusivo. Según una campaña de investigación llamada The Real Truth About Beauty: Revisited («La verdad sobre la belleza real», según se tradujo en la página web española de Dove, la empresa que la financió), solo el cuatro por ciento de las mujeres se consideran bellas, y la ansiedad relacionada con el aspecto aparece a edades tempranas. Al noventa y dos por ciento de las chicas adolescentes les gustaría cambiar algo de su apariencia, y el peso corporal ocupa el primer puesto de la lista. Seis de cada diez chicas están tan preocupadas por su aspecto que incluso se abstienen de participar plenamente en la vida diaria: desde no ir a nadar y no practicar deporte, hasta no acudir al médico o a clase, o incluso no manifestar sus opiniones.

Yo tengo más de sesenta años y Galatea sigue atormentándome. Aunque he avanzado mucho, todavía puedo caer bajo su embrujo y ansiar un yo que no es el mío, sobre todo en lo que se refiere al envejecimiento del cuerpo. Hace poco me operaron para quitarme una piedra del riñón. Tardé muchas semanas en recuperarme del todo. Durante la mayor parte del tiempo no tuve apetito y, en consecuencia, adelgacé los cinco kilos que siempre estoy intentando perder. Fue casi ridículo que el dolor de la piedra en el riñón se convirtiera en un recuerdo vago al compararlo con el placer de volver a entrar en mis viejos pantalones. Esto me ha ocurrido tantas veces a lo largo de la vida que hasta le he puesto nombre: la dieta del trauma. Sea lo que sea lo que provoca que pierdas el apetito (tener el corazón roto, una enfermedad, una

pérdida, la ansiedad), el resultado siempre se agradece...
¡Delgadez! Eso sí, no mucho después, vuelvo a mi punto de
partida. Cualquiera diría que a estas alturas ya tendría que
haber entendido que mi tipo de cuerpo no está hecho para
los pantalones de la talla treinta y ocho, si lo que necesito
para mantenerme en ella es un trauma.

Estoy cansada de hallarme bajo el hechizo de Galatea.
Para mí, desprenderme de su influencia está muy relacionado con liberarme de mi obsesión con la delgadez y mi
resistencia al envejecimiento, y, en lugar de eso, amar tal
como es la forma en la que tengo la suerte de vivir. Para otras
mujeres, romper el embrujo estará relacionado con dejar
atrás otro tipo de sentimientos agotadores, autoinvalidantes,
relativos a su cuerpo y su comportamiento. Hay muchas
formas de bajarse del pedestal de Galatea, de rechazar el
mito de la forma femenina pálida, cincelada, perfecta y convertirse en una mujer humana orgullosa, única, que no se
avergüenza de sus imperfecciones e idiosincrasia. Tal como
escribe la autora Roxane Gay: «Suben a la gente a un pedestal y esperan que su actitud sea siempre perfecta. Luego,
cuando esa gente mete la pata, la derriban. Yo meto la pata
a menudo. Consideradme ya derribada».

LOS MEJORES LIBROS

¿Por qué pensamos que las historias de los hombres
son de importancia universal mientras
que de las historias de las mujeres
se piensa que son solo sobre mujeres?

JUDE KELLY

NACÍ EN UNA familia de lectores. Leer era nuestro deporte. Algunos de mis recuerdos de la infancia más potentes y tangibles están relacionados con la lectura: llorar cuando Carlota la araña salvó a Wilbur el cerdo en la novela de E. B. White; escuchar con atención a mi madre en los viajes familiares mientras ella nos leía en voz alta *Franny y Zooey*, de Salinger, y mi padre conducía; pasarme unas vacaciones de verano casi enteras acurrucada en la hamaca de un porche leyendo *Lo que el viento se llevó* y *Matar a un ruiseñor*. Para mí, una visita a la biblioteca municipal era una experiencia cumbre, los Juegos Olímpicos de la lectura. Todavía veo los escalones musgosos y desgastados que llevaban al viejo edificio de piedra al que mi madre nos llevaba a las cuatro hermanas todas las semanas cuando éramos pequeñas. Huelo el aire polvoriento, distingo la luz tenue que entraba de soslayo por las ventanas estrechas y oigo el silencio sagrado que imponía la única bibliotecaria, cuyas gafas de ojos de gato colgaban de la cadena que llevaba en torno al cuello.

Cuando construyeron la biblioteca nueva en el centro de la ciudad, las cosas mejoraron aún más. Me entregaron mi propio carné y me concedieron libertad absoluta entre las estanterías iluminadas por lámparas fluorescentes. Olía a limpio y a papel, como un día de otoño eterno. Recuerdo lo independiente que me sentía deambulando entre las hileras de libros, pasando la mano por los lomos de los volúmenes, deteniéndome ante un título fascinante. Cuando pienso en los libros que escogía, es como si me dieran los resultados de un test de personalidad: sacaba en préstamo novelas sobre relaciones humanas, hijos y familias, otras culturas y acontecimientos históricos. Leía libros de Laura Ingalls Wilder y Madeleine L'Engle. Leí *El jardín secreto* y *Un árbol crece en Brooklyn*. Me sentía atraída por libros que trataban sobre la amistad y el romance, el amor y la pérdida, la belleza y la valentía, el duelo y la muerte. Libros con un lenguaje rico y personajes con los que pudiera identificarme, que me hicieran creerme fuerte y visible, y que me hicieran sentir menos sola en mis preguntas y mis miedos.

En los últimos años de la educación primaria, descubrí a Jane Austen y a las hermanas Brontë en las estanterías de mis padres. A veces no entendía muy bien aquellos libros, pero disfrutaba sumergiéndome en el mundo adulto de las relaciones complejas. No tenía ideas preconcebidas respecto a lo que debía leer, ni opiniones acerca de lo que les gustaba a los demás, ni me avergonzaba de los distintos tipos de libros que me encantaban. Jamás me interesaron las historias sobre conquistas, guerras, deportes o viajes heroicos. No tenía nada contra ellos, simplemente no había química entre nosotros.

Teniendo en cuenta que mi madre era profesora de Lengua y una esnob literaria, le agradezco que en aquellos primeros años me permitiera desarrollar mis propios gustos literarios con libertad. No entré en contacto con el concepto de «literatura» hasta que llegué al instituto y me pusieron en una clase avanzada de Lengua. Al parecer, las personas inteligentes leían la *Ilíada* y la *Odisea*. Admiraban las obras de León Tolstói, Marcel Proust y Miguel de Cervantes; memorizaban fragmentos de *Hamlet* y *Moby Dick*; asegura-ban amar el *Ulises* de James Joyce (aunque lo más probable es que ni un solo alumno del instituto hubiera entendido jamás de qué trataba el libro).

¿Y qué pasaba con los libros que me gustaban a mí, los que hablaban de relaciones íntimas, amistades femeninas y catarsis emocionales? Mejor no mencionarlos en mi clase de Lengua Avanzada. Aunque estuvieran muy bien escritos, eran *chick lit* para chicas. ¡Pero es que yo era una chica! Y aquel canon dominado por hombres me aburría. A pesar de que me leía los libros y hacía los trabajos, sentía poca afini-dad con muchos de los personajes o con los asuntos que los motivaban. En mi conciencia surgían vagas preguntas acerca de por qué debía importarme un marinero obsesionado con una ballena blanca, o un hombre que cargaba contra molinos de viento y combatía contra dragones imaginarios. ¿Y por qué avergonzaban a Hamlet por llorar la muerte de su padre? ¿Esa pena no sería una reacción mejor que la ven-ganza, o al menos una reacción igual de interesante? Y si se consideraba que *Hamlet* era la mejor obra de teatro del canon occidental, entonces, ¿por qué había solo dos mujeres en el reparto: la madre deshonrada de Hamlet, la reina Gertrudis, y Ofelia, su novia trastornada?

Recuerdo haber sacado a relucir en clase el famoso verso que Hamlet le dice a su madre, «Fragilidad, tu nombre es mujer», y haber cuestionado su legitimidad. Mi profesor —un hombre bajo, pálido como un fantasma, con la cara llena de marcas de acné y que, de modo incongruente, respondía al nombre de señor King— restó importancia a mis preocupaciones diciendo con aire melancólico que, en efecto, en tiempos de Shakespeare las mujeres eran frágiles. «Siguen siéndolo —continuó—. Solo que se niegan a reconocerlo. Fingen que pueden ser igual de fuertes que los hombres.» Quise contestarle que a mí el que me parecía frágil era Hamlet: temeroso de decir lo que pensaba, de plantar cara, de hacer cualquier cosa hasta que fue demasiado tarde. Al menos Ofelia hizo algo, aunque ese algo fuera quitarse la vida.

Más adelante, cuando nos mandaron leer *Ana Karenina*, quise preguntarle al señor King por qué el suicidio parecía ser la única alternativa posible para las mujeres que se encontraban en una situación difícil. Los hombres de los relatos de Tolstói hacían viajes emocionantes o se ponían a prueba en la esfera pública cuando la situación se complicaba, mientras que las mujeres o se quedaban en casa o se quitaban la vida. Pero el señor King y los alumnos intelectuales de la clase de «los listos» me intimidaban demasiado como para expresar mis preocupaciones. Supuse, sin más, que no era lo bastante sofisticada para apreciar la literatura de verdad.

Con el tiempo, me volví más selectiva con lo que leía y con lo que me parecía sincero en cuanto a quién era yo, lo que me importaba y cómo podría vivir mi vida. Tardé mucho tiempo en ganar confianza en mis propias elecciones, en decidir que no, que Hemingway no me conmovía; que los relatos de guerra eran horrendos, y que sí importaba que *Lolita* fuera una novela sobre abuso infantil.

En la universidad pude escoger asignaturas en las que leíamos libros de otros países y culturas, y también obras escritas por mujeres que hablaban sobre mujeres. Aun así, aquellas por las que se medían todas las demás seguían siendo las mismas que había leído en el instituto. De acuerdo, las cosas han cambiado desde entonces. Gracias a un esfuerzo ingente, se han incluido en los planes de estudio a autoras y a escritores que no son de raza blanca. Sin embargo, busca en internet «los mejores libros de todos los tiempos» o «las mejores novelas del mundo» y échales un vistazo a las listas contemporáneas. He recogido y fusionado diez listas de ese tipo (procedentes de universidades, revistas literarias, librerías y bibliotecas) y he aquí los resultados. Las quince mejores novelas del mundo:

1. *En busca del tiempo perdido*, de Marcel Proust.
2. *Don Quijote*, de Miguel de Cervantes.
3. *Ulises*, de James Joyce.
4. *El gran Gatsby*, de F. Scott Fitzgerald.
5. *Moby Dick*, de Herman Melville.
6. *Hamlet*, de William Shakespeare.
7. *Guerra y paz*, de León Tolstói.
8. *Odisea*, de Homero.
9. *Cien años de soledad*, de Gabriel García Márquez.
10. *La divina comedia*, de Dante Alighieri.
11. *Los hermanos Karamázov*, de Fiódor Dostoievski.
12. *Madame Bovary*, de Gustave Flaubert.
13. *Las aventuras de Huckleberry Finn*, de Mark Twain.

14. *Lolita*, de Vladimir Nabokov.
15. *Ilíada*, de Homero.

Y aquí va la lista de los quince libros que más se eligen hoy en día como lecturas obligatorias en los institutos estadounidenses:

1. *El Señor de las Moscas*, de William Golding.
2. *El gran Gatsby*, de F. Scott Fitzgerald.
3. *1984*, de George Orwell.
4. *El guardián entre el centeno*, de J. D. Salinger.
5. *La letra escarlata*, de Nathaniel Hawthorne.
6. *Matar a un ruiseñor*, de Harper Lee.
7. *Rebelión en la granja*, de George Orwell.
8. *Romeo y Julieta*, de William Shakespeare.
9. *De ratones y hombres*, de John Steinbeck.
10. *Hamlet*, de William Shakespeare.
11. *Cumbres borrascosas*, de Emily Brontë.
12. *Macbeth*, de William Shakespeare.
13. *Un mundo feliz*, de Aldous Huxley.
14. *Odisea*, de Homero.
15. *Las aventuras de Huckleberry Finn*, de Mark Twain.

Estos son los libros en los que los jóvenes aprenden lo que significa ser humano; sin embargo, la perspectiva de las historias que se cuentan en ellos es predominantemente masculina, o, como mínimo, es la perspectiva de cierto tipo de hombre y de sus experiencias, luchas, corporalidad, deseos y valores. Nos referimos a ellos como «los mejores libros», mientras que las novelas y las memorias que reflejan las experiencias, las luchas, la corporalidad, los deseos y los valores de las mujeres se clasifican dentro de una categoría propia en las librerías, literatura femenina, como si el género sociocultural fuera un género literario. Se las critica por su falta de «prosa poderosa» y por centrarse demasiado en las «relaciones» (lo cual, al parecer, es un delito contra la literatura).

Muchas veces oigo a mujeres que se subestiman por leer libros que consideran *chick lit*. Pero como pregunta la crítica literaria Jenny Geras, «¿Acaso hay ahí fuera millones de hombres inteligentes sintiéndose culpables por leer a John Grisham?». O, en palabras de la novelista superventas Jennifer Weiner: «A veces la gente adopta un cierto tono de desprecio cuando habla sobre memorias escritas por mujeres. Cuando los hombres cuentan un cierto tipo de historia, todo el mundo dice cosas como: "Mira qué valiente está siendo". Cuando las mujeres tratan temas como el sexo o el aborto, los comentarios son más bien: "¡Uf, qué exhibicionista! Demasiada información para mi gusto…". ¿Quieres hacer que el mundo ponga el grito en el cielo? Sé mujer… Luego, levántate y di: "Esto que he creado, esto que hice como mujer, para otras mujeres, es valioso".».

Si en alguna ocasión hay una novela «clásica» escrita por una mujer que consigue entrar en las listas de los mejores libros de todos los tiempos suele ser o de Virginia Woolf o de George Eliot (que en realidad era una mujer que escribía bajo el seudónimo de un hombre para asegurarse de que sus obras se tomaban en serio). Todo elogio hacia Woolf y Eliot es poco: en aquella época tuvieron que ser muy valientes para escribir con la intención de encontrar su verdadera voz y estilo. Esto también es válido en el caso de las hermanas Brontë y de Jane Austen, por nombrar solo a unas cuantas, porque, en verdad, solo se recuerda a esas cuantas. Por suerte, en las listas del siglo xx empezaron a aparecer mujeres novelistas, escritoras como Harper Lee, Toni Morrison,

Maya Angelou e Isabel Allende. Y en el siglo XXI la prolife-ración de autoras está siendo impresionante; sus obras empiezan a figurar en algunas de las listas más progresistas. (En la tercera parte de este libro, en el capítulo titulado «Dale un giro al guion», propongo distintos métodos para que todos influyamos en la creación de nuevas listas.)

Pero, aun así, una búsqueda en internet revela que las cosas no han cambiado mucho en el último par de siglos. Los críticos suelen atribuir esta falta de equidad a la carencia histórica de autoras. «¿Qué queréis que hagamos? —parecen decir—. Las mujeres no escribían en aquella época.» Tenemos que preguntar: ¿por qué? ¿Por qué ha habido tan pocas autoras destacadas a lo largo de la historia? ¿Por qué seguimos dejando a las mujeres fuera del canon? Los historiadores seña-larán hacia las normas sociales de las distintas épocas que imponían a las mujeres los estrictos papeles de madre y cui-dadora de la familia. Explicarán que, en comparación con los hombres, la educación de las mujeres era mucho más limitada y que a menudo eran analfabetas. Aunque todo eso es cierto, esas no son las razones que más curiosidad me despiertan. Me interesa más la observación que Virginia Woolf hizo en 1929 en *Una habitación propia*. En ella se lamenta de que hayan sido los hombres quienes a lo largo de los siglos han escogido qué valores deben prevalecer, elevando algunos y degradando otros, llevando a culturas enteras a creer en la superioridad de lo que Woolf llamaba valores masculinos. Escribe, por ejemplo: «El fútbol y el deporte son "importan-tes" […]. Este libro es importante, el crítico da por descontado, porque trata de la guerra. Este otro es insignificante porque trata de los sentimientos de mujeres sentadas en un salón».

Jude Kelly, la aclamada directora teatral británica, dijo en una charla TED:

Dejad que os hable de *Hamlet*. «Ser o no ser. Esa es la cuestión.» Pero no mi cuestión. Mi cuestión es: ¿por qué cuando era joven me enseñaron que ese era el ejemplo por antonomasia del dilema y la experiencia humanos? Es una gran historia, pero es una historia sobre el conflicto masculino, el dilema masculino, la lucha masculina [...]. Tenemos que estar preparadas para revisar todos nuestros libros y nuestras películas, todas nuestras obras favoritas, y decir: en realidad esto está escrito por un artista masculino, no por un artista. Tenemos que ver que muchas de esas historias están escritas desde una perspectiva masculina. Y no pasa nada, pero entonces las mujeres tienen que tener el cincuenta por ciento de los derechos de la representación, la película, la novela, el lugar de creatividad.

Un buen método para mensurar la ubicuidad de la perspectiva masculina disfrazada de perspectiva humana es fijarse en los Premios Nobel. Se conceden en seis categorías: Literatura, Medicina, Química, Paz, Física y Economía. Puede hacerse un recorrido de lo que somos como especie, lo que valoramos, en qué empleamos nuestra energía y nuestros recursos y cuáles son nuestras prioridades, objetivos y sueños siguiendo el desarrollo de esta escala. Hasta el año 2018, los Premios Nobel se han otorgado a ochocientos cincuenta y tres hombres y cincuenta y una mujeres en total. Desde 1901 se han concedido ciento diez Premios Nobel de Literatura, y solo catorce de ellos han ido a parar a mujeres. El Premio Nobel de Medicina lo han ganado ciento noventa y ocho hombres y doce mujeres; el de Química ha recaído sobre ciento setenta y cinco hombres y cinco mujeres; el Premio Nobel de la Paz, sobre ochenta y nueve hombres, diecisiete mujeres y veinticuatro organizaciones; el de Física se ha concedido a doscientos seis hombres y dos mujeres, y el Premio Nobel de Economía a cincuenta hombres y una mujer.

El mundo habría sido distinto, y mejor, si las mujeres hubieran tenido el mismo peso en el desarrollo de la literatura, la medicina, la química, la física, la paz y la economía. Mejor no porque las mujeres sean mejores, sino porque somos más de la mitad de la humanidad y representamos más de la mitad de lo que significa ser humano. Si logras convencerme de lo contrario, tendrían que darte un Premio Nobel.

CONOCE
SU NOMBRE

Dime a lo que atiendes
y te diré quién eres.

JOSÉ ORTEGA Y GASSET

HACE POCO PASÉ la noche en casa de una amiga en Nueva York y a la mañana siguiente me levanté temprano para poder ir caminando por Central Park a una reunión en Midtown. Entré en el parque por la Quinta Avenida con la calle 67 y enseguida me topé con una gran escultura de bronce. Ya había pasado por delante de ella muchas veces, pero nunca me había parado a observarla con detenimiento. Era un precioso día de otoño y no tenía prisa, así que en esa ocasión sí que me detuve, me acerqué y leí la inscripción que había en la base del monumento: «Séptimo Regimiento Nueva York / Centésimo Séptimo Infantería Estados Unidos / a su memoria / 1917-1918». La Primera Guerra Mundial. Un monumento a los caídos. Siete imponentes soldados, todos ellos hombres jóvenes con casco y una bayoneta en las manos, uno de los cuales lleva en brazos a un hermano agonizante, ensangrentado.

Mientras permanecía delante de la escultura, asimilé todo el panorama: los árboles otoñales, las mujeres y los hombres que se apresuraban hacia el trabajo, las niñeras que empujaban carritos, el zumbido y los bocinazos del tráfico en la calle. Pensé: «Qué interesante, qué extraño que la humanidad distinga la guerra como la única forma de valentía que conmemorar». Seguí caminado y poco después llegué a la Grand Army Plaza, la entrada al parque por la calle 59. Allí, alzándose por encima de la multitud de transeúntes, había una escultura de William T. Sherman, general de la Unión durante la guerra de Secesión, montado a caballo y guiado por un ángel. Sherman es una figura histórica algo polarizada. Es conocido por liberar al Sur del Ejército Confederado, y también se le atribuye la total destrucción de Atlanta durante su famosa marcha hacia el mar, así como otras tácticas de tierra quemada durante la guerra de Secesión. Empleó esa misma filosofía militar como comandante general de las guerras Indias. Sus políticas incluyeron el establecimiento de las primeras reservas, la ejecución de los que se oponían a la reubicación y la estrategia de matar de hambre a los pocos indios de las llanuras que continuaron practicando el nomadismo mediante la erradicación masiva de las manadas de búfalos.

Una vez más, me detuve a contemplar aquella escultura. Es complicado no prestarle atención. El general Sherman, su caballo y el ángel, están bañados por completo en oro de veinticuatro quilates. Es una obra de arte preciosa, creada por el famoso escultor estadounidense Augustus Saint-Gaudens. Me senté en un banco, estudié la escultura y me pregunté: «¿Por qué, de entre todas las personas del mundo, es el general Sherman el que se alza para siempre en Central Park a lomos de su caballo dorado? ¿Y por qué ocurre lo mismo en todos los lugares del mundo?».

Da igual donde estés: en París junto al Arco del Triunfo; en Volgogrado, Rusia, contemplando la inmensa estatua de la Madre Patria; en Camboya, en las ruinas del templo cuyos muros de kilómetros de longitud acogen representaciones de batallas religiosas, o en la Explanada Nacional de Washington, la capital de Estados Unidos. Con independencia de en qué lugar de este planeta te encuentres, parece que ya hace mucho tiempo que se decidió que serían los guerreros quienes glosarían la historia, y que el valor, la osadía y la fuerza se asociarían con la disposición para luchar y morir, para poner tu vida en peligro por tu etnia, tu religión o tu país.

Cuando era pequeña, esto era algo que me llamaba la atención. ¿Por qué en el colegio nos obligaban a memorizar las fechas de una larga lista de batallas y guerras o los nombres de los hombres que inventaron la bomba atómica, pero no los de las personas que crearon cosas como la lavadora, los paneles solares o las píldoras anticonceptivas? No cabe duda de que estos descubrimientos (todos los cuales contaron con la participación de inventoras o inversoras, por cierto) también cambiaron el curso de la historia. ¿Quién escogió el conflicto violento como la actividad humana que debía ser encumbrada por encima de todas las demás? Más adelante, cuando estudiaba Magisterio en la universidad y hacía prácticas en un colegio de un barrio marginal, me planteé la siguiente pregunta: «¿Y si junto a las tumbas de mármol de los soldados desconocidos hubiera también monumentos a los innumerables profesores ignorados que educan a nuestros hijos, los mantienen a salvo y los preparan lo mejor que pueden para ser buenos ciudadanos?».

Cuando me hice comadrona y fui testigo del valor de las parturientas, me pregunté: «¿Y si a lo largo de los siglos también se les hubiera encargado a los escultores que, al lado del monumento de un guerrero que sujeta a su compañero ensangrentado, representaran a una mujer fuerte, noble y, sí, ensangrentada, dando a luz a un bebé?». ¿Es una idea absurda, gore, asquerosa? ¿Por qué? La sangre es sangre, tanto si se derrama en el campo de batalla, durante la agonía de una persona joven, como en la sala de partos, mientras nace una vida nueva. A ver, soy una persona realista: sé que el comportamiento humano puede volverse tan perverso que, si se le permite llegar a un punto crítico, es necesario ponerle freno mediante algún tipo de fuerza. Pero eso no quiere decir que tengamos que celebrar la violencia como prácticamente la única definición de ser valiente y heroico. ¿Qué le ocurre a la conciencia humana cuando memorizamos fechas de batallas, pasamos junto a monumentos a los soldados caídos y cantamos himnos con versos en los que se cuelan bombas que estallan en el aire?

José Ortega y Gasset, el filósofo español del siglo XIX, dijo: «Dime a lo que atiendes y te diré quién eres». Hemos prestado mucha atención a la violencia y los guerreros. Busca en internet «los diez acontecimientos más importantes de la historia de Estados Unidos». Yo lo hice. En la primera página, los diez acontecimientos eran guerras, ataques o asesinatos. La segunda lista, igual. La tercera lista incluía la llegada del Apolo a la luna y nueve incidentes violentos. ¿En serio? ¿Son estos los acontecimientos por los que queremos que nos conozcan? «Dime a lo que atiendes y te diré quién eres.» Dime lo que nos sucedería como cultura si, justo al lado del Monumento a Lincoln, se alzara una escultura de Rosa Parks, y la señorita Parks fuera tan grande y valiente como el comandante en jefe. O si al lado del Monumento a los Veteranos de Vietnam hubiera un muro similar con miles de nombres de personas que se han concentrado en otras . formas de abordar los conflictos, como, no sé, ¿la comunicación, el perdón, la mediación? ¿En trabajar a favor de la justicia para que las condiciones económicas y sociales que engendran el malestar se transformen antes de que este explote? ¿Y qué me dices de monumentos a los pioneros de la salud mental que están ayudando a la gente a sanar sus heridas internas antes de que les inflijan heridas externas a otros? «Dime a lo que atiendes y te diré quién eres.» ¿No hay también personas que crean refugios para quienes sufren malos tratos en casa, para que sus hijos no recreen el ciclo de la violencia? ¿Y los que velan por nuestra cultura, las niñeras, los asistentes de atención médica domiciliaria y los sanitarios especializados en cuidados paliativos. ¿Y qué hay de los granjeros y los ecologistas, los ciudadanos de a pie que alimentan y proporcionan techo, trabajo y esperanza a otros?

Hay veintinueve esculturas en Central Park y ni una sola honra a mujeres históricas. En algunas de ellas aparecen ángeles con forma femenina o niñas que bailan, y hay una de Alicia en el País de las Maravillas y otra de Mamá Oca. No es que tenga nada en contra de los ángeles, de las niñas que bailan o de los personajes de ficción, pero me alegré cuando me enteré de que, en 2014, una organización llamada Monumental Women («Mujeres Monumentales») lanzó una campaña para que se construyera el primer monumento de Central Park que representara a mujeres reales. Gracias a su persistencia, la New York City Public Design Commission («Comisión de Diseño Público de Nueva York») terminó aprobando una escultura en honor de Susan B. Anthony, Elizabeth Cady Stanton y Sojourner Truth. Será la primera en los ciento sesenta y seis años de historia de Central Park en la que aparecerán mujeres reales y que celebrará la mayor revolución no violenta de la historia de Estados Unidos: el movimiento sufragista femenino. ¿No será maravilloso para las niñas y los niños pequeños pasear por el parque, ver esas imágenes y preguntarles a sus padres: «¿Quiénes son esas señoras? ¿Qué hicieron? ¿Cómo lo hicieron?». «Dime a lo que atiendes y te diré quién eres.»

En diciembre de 2012, solo unas semanas después de la masacre que se produjo en el colegio de primaria Sandy Hook de Newtown, Connecticut, me invitaron a dar una conferencia en un foro para los vecinos que estaban sumidos en la conmoción y la pena. Una madre cuyos hijos asistían a aquel colegio había leído mi libro *Broken Open* y pensó que el mensaje que transmitía podría servir de bálsamo para los habitantes de Newtown. El mensaje del libro es que, si durante las épocas difíciles nos mantenemos abiertos en lugar de volvernos duros y resentidos, es posible que continuemos estando a flote, que encontremos la manera de sanar y que, con el tiempo, consigamos llegar a una orilla nueva, a una nueva vida. Puede que incluso utilicemos el dolor para crecer y para mejorar nuestro mundo lastimado. Le dije a la madre que me invitó que lo más seguro era que todavía fuera demasiado pronto para que las personas que estaban sufriendo un trauma y una pérdida tan graves se plantearan cualquier cosa que no fuera cómo conciliar el sueño por las noches, cómo dar un doloroso paso tras otro o cómo respirar. Aun así, insistió en que fuera, así que acepté la invitación.

Desde entonces, he mantenido el contacto con muchos de esos familiares y amigos de Newtown. Los he observado con gran admiración mientras, una y otra vez, decidían mantener el corazón abierto y no solo encontrar el camino hacia una nueva normalidad, sino también utilizar el dolor para alimentar algo bueno. Para honrar a sus hijos a pesar de que los lloran todos los días. Hace poco volví para dar otra charla, esta vez por invitación de dos de los padres, que han fundado una organización de investigación y activismo en nombre de su hija: la Fundación Avielle.

Avielle tenía solo seis años cuando el pistolero le arrebató la vida. Voy a llamarlo el «pistolero», porque no quiero honrar su nombre mencionándolo aquí. «Dime a lo que atiendes y te diré quién eres.» Nunca quise saber cómo se llamaba. Dejó una estela de trauma y tristeza a su paso. La onda expansiva de su violencia sigue causando estragos. Pocas semanas después de mi última visita a Newtown, supe que el padre de Avielle se había suicidado, lo cual demuestra una vez más que la violencia engendra más violencia y que el ciclo continúa.

¿Cómo romperlo? Una manera de hacerlo es cambiar aquello a lo que atendemos: qué hechos enaltecemos y qué nombres conocemos. Hay muchos nombres venerables de personas que se enfrentan a la adversidad con amor y optimismo que jamás aparecen en las noticias. Por el contrario, nos bombardean con los nombres de quienes hacen daño. Soy adicta a las noticias. Todos los días leo, veo y escucho el flujo constante de historias negativas. Opino que es mi responsabilidad mantenerme informada.

A lo largo de la historia, los ciudadanos desinformados, con la cabeza en las nubes, han permitido que los déspotas con motivaciones ocultas y los que incitan al odio llenen sus comunidades y países de tergiversaciones. Una población informada es la base fundamental de la democracia, pero... si lo único que hacemos es sumergirnos en las historias de malas personas que hacen cosas malas a los demás y al planeta, nos hundiremos bajo el peso de un relato parcial. Nos sentiremos solos y en desventaja numérica, cuando en realidad, en este preciso momento, hay una enorme cantidad de gente que hace cosas increíblemente imaginativas, bondadosas y valientes. Por eso intento consumir a diario una dieta equilibrada de noticias. Tal vez te toque rebuscar las historias esperanzadoras, pero están ahí, escondidas a simple vista. Una vez que las encuentres, te sentirás tan nutrido que necesitarás más, y querrás compartirlas e incluso implicarte en ellas. Tendrás menos tiempo para las historias desagradables, las malintencionadas, las destructivas. Desearás seguir una dieta de creatividad y esperanza, una dieta de sabiduría. No querrás llenarte la cabeza de programas de televisión violentos y de películas que en realidad son videojuegos de tiros con pretensiones. Te cansarás de los superhéroes que siguen respondiendo a la violencia con más violencia. Querrás saber los nombres de un tipo distinto de superhéroes.

Desearás conocer su nombre: Antoinette Tuff. ¿Lo conocías? Deberías. Era la contable de un colegio de primaria de Atlanta e impidió que se produjera otro tiroteo masivo en el centro escolar. ¿Cómo lo hizo? No recurrió a las armas, no amenazó con más violencia. A pesar de que tuvo muchas oportunidades de escapar, permaneció en una sala pequeña mientras se comunicaba de manera calmada con un asaltante armado y perturbado de veinte años. Pasó más de una hora hablándole con el corazón en la mano, convenciéndole para que no utilizara su fusil de asalto tipo AK-47 contra los centenares de niños que había justo al otro lado de la puerta. «No te sientas mal, cariño —le dijo según la grabación de su llamada a la policía—. Todos sufrimos. Mi marido acaba de dejarme tras treinta y tres años de matrimonio —le contó al atribulado joven—. Tengo un hijo con discapacidades múltiples. Si yo puedo superar las malas épocas, tú también.»

Después, cuando le preguntaron cómo había sido capaz de hacerlo, la mujer contestó que había practicado lo que su pastor llamaba anclaje. Primero te anclas en tu fuerza interior y luego dejas que la empatía y la compasión marquen el camino. «Solo le dejé claro que no estaba solo —respondió—. No paré de repetirle: "Cariño, no queremos que mueras hoy. Tu sitio está aquí, con nosotros. Suelta las armas. No dejaré que nadie te haga daño".» Y eso fue exactamente lo que ocurrió. El chico soltó las armas y Antoinette guio a los miembros del equipo de intervención de la policía para que entraran con tranquilidad y se lo llevaran. Anclarse en la fuerza al servicio de la compasión evitó una tragedia nacional. Sin embargo, mientras que las historias violentas continúan apareciendo en las noticias durante años, los medios presentaron la única acción que en ese momento resultó efectiva —y que podría financiarse y enseñarse— como una noticia tierna que olvidaron al cabo de unos días. Antoinette Tuff. Anclada en la fuerza y la compasión. Conoce su nombre.

Malala Yousafzai. Puede que ya la conozcas, pero hay que tenerla en la punta de la lengua. Es la chica a la que los talibanes le pegaron un tiro en la cabeza por su insistencia en ir al colegio y por animar a otras niñas de Pakistán a hacer lo mismo. El día de su decimosexto cumpleaños, en un discurso ante la ONU, Malala habló del amor y la educación como los únicos remedios para el odio y la violencia. Terminó su extraordinario discurso diciendo: «Los talibanes me pegaron un tiro en la frente. También dispararon a mis amigas. Creyeron que las balas nos silenciarían, pero fracasaron. Del silencio surgieron miles de voces. Los terroristas pensaron que cambiarían mis objetivos y detendrían mis ambiciones. Sin embargo, en mi vida no cambió nada salvo esto: la debilidad, el miedo y la desesperanza murieron. Y nacieron la fuerza, el poder y el valor». Malala. Anclada en la fuerza y la compasión. Consciente de otro tipo de poder. Conoce su nombre. Cada vez que alguien saque a relucir una noticia en la que aparezca el famoso nombre de un asesino, de un delincuente o de un cargo electo que hace daño a diario, di el nombre de Malala. Cuenta su historia.

Tammy Duckworth. Hay muchísimos motivos para conocer su nombre y contar su historia. Es una veterana condecorada con el Corazón Púrpura que perdió ambas piernas en la guerra de Irak, en el otoño de 2004, cuando su helicóptero recibió el impacto de una granada propulsada por un lanzacohetes portátil. Fue la primera mujer discapacitada de la historia en ser elegida para la Cámara de Representantes de Estados Unidos, la segunda mujer asiático-americana en ser elegida para el Senado y la primera senadora en dar a luz mientras ostentaba el cargo. Sobre esto último, declaró: «Ya era hora. Es increíble que hayamos tenido que esperar hasta 2018 para que ocurriera. Es algo que dice mucho de la brecha de representación que existe en nuestro país». Desde la cama del hospital, después de dar a luz, comenzó a abogar por la ampliación de las bajas de paternidad y maternidad escribiendo estas palabras: «La crianza no es solo una cuestión femenina, es una cuestión económica que afecta a todos los progenitores, mujeres y hombres por igual. Por duro que resulte compatibilizar las demandas de la maternidad con ser senadora, no puede decirse que esté sola o que sea la única madre trabajadora, y mis hijos no hacen sino reforzar mi compromiso con mi labor y con la defensa de las familias trabajadoras de todo el país».

Diez días más tarde entró con su silla de ruedas en la cámara del Senado de Estados Unidos para asistir a una votación, con un bebé recién nacido en el regazo. Justo la noche antes, el Senado había votado unánimemente a favor de cambiar las normas de admisión para permitirle a la senadora Duckworth llevar a su hijo al trabajo. Este es mi motivo favorito para conocer el nombre de Tammy Duckworth: fue la primera persona, mujer u hombre, en votar en la cámara del Senado con su bebé en brazos. Siempre valiente a la hora de enfrentarse a las reglas arcaicas que disminuyen el poder de las mujeres, Duckworth fue fundamental para cambiar las normas de admisión, y eso les permitió, tanto a ella como a otras madres y padres que además son senadores, poder llevar a sus hijos al Senado para no perderse votaciones importantes. También introdujo la Friendly Airports for Mothers Act («Ley de aeropuertos amables para madres») que obliga a los grandes aeropuertos a ofrecer salas de lactancia para las madres que viajan. Está decidida a cambiar la historia de la maternidad, la paternidad y el trabajo.

Cuando vi la imagen de la senadora Duckworth entrando en el Senado en su silla de ruedas, se me saltaron las lágrimas. Aquella imagen contaba una historia nueva. Una madre discapacitada, asiático-americana y lactante que estaba haciendo su trabajo y que lo hacía de manera apasionada, excelente, vehemente y orgullosa.

«Dime a qué atiendes y te diré quién eres.»

Busco en las noticias, y busco en mi ciudad y en mi lugar de trabajo, nombres a los que prestarles atención para que podamos cambiar el relato de quiénes somos. Quiero conocer los nombres de personas ancladas en la fuerza y la compasión. «Nunca me ha interesado el mal [...] —afirmó Toni

Morrison—, pero me asombra la atención que se le presta hasta al último de sus susurros.» Depende de nosotros negarle al mal la atención que busca. Depende de nosotros exigir historias de amor y justicia, leerlas y verlas, validarlas y elevarlas. Prestar atención a las mujeres y a los hombres que están ejerciendo el poder de una forma distinta y conocer sus nombres.

SALIR DE LA CUEVA

Eran mucho más que un grupo
de tíos cazando bisontes.

DEAN SNOW

HACE UNOS CUANTOS años, mi marido y yo viajamos a la región del Périgord, en Francia, y a sus preciosos valles fluviales y riscos, en los que nuestros antepasados cromañones dibujaban sus historias en los muros de cuevas de piedra caliza. Siempre había querido visitar esas cuevas y examinar las pinturas prehistóricas que se dice que tienen entre diez mil y treinta y cinco mil años de antigüedad. Había visto las imágenes en revistas y libros: representaciones de panteras, mamuts lanudos, rinocerontes y caballos. Las siluetas de cuerpos femeninos talladas en la piedra. Los símbolos misteriosos rayados en la pared. Las huellas de las manos. Las de los artistas, nuestros primeros narradores.

Hay todo tipo de teorías respecto a este arte: que fueron los cazadores quienes pintaron esos animales para rogar por una caza abundante, o que quizá fuesen obra de los primeros guerreros, que narraban historias de supervivencia en una tierra salvaje y peligrosa. Algunos arqueólogos creen que los artistas eran los chamanes que se adentraban en la profundidad de las cuevas para hacer rituales y entrar en contacto con el mundo espiritual. Dejaron en las paredes las primeras representaciones de la búsqueda de significado por parte de nuestros ancestros: los restos de una religión, conjeturan algunos, que giraba en torno a la fertilidad, la maternidad y la naturaleza. Había una cosa en la que los académicos y los arqueólogos de campo estaban de acuerdo: en que los artistas prehistóricos eran hombres.

Un día, sentada en la sala de espera del dentista, estaba hojeando un ejemplar de la revista *National Geographic* y me topé con un artículo cuyas primeras frases decían: «Los autores de las huellas rupestres eran en su mayoría mujeres, lo que desmonta la teoría de que los primeros artistas eran hombres. Según un nuevo estudio, las mujeres son las autoras de la mayoría de las pinturas rupestres conocidas, acabando así con la idea, asumida por muchos expertos, de que los artistas eran principalmente hombres». El artículo se centraba en el trabajo de Dean Snow, un arqueólogo de la Universidad del estado de Pensilvania, cuya investigación estaba financiada por el National Geographic Society's Committee for Research and Exploration («Comité para la investigación y la exploración de la Sociedad National Geographic»).

Según el artículo, Snow «analizó las huellas de manos encontradas en ocho cuevas de Francia y España. Así, tras comparar la longitud de algunos dedos, ha determinado que el 75% de las huellas eran femeninas. "Durante mucho tiempo se ha pensado que eran obra de hombres", afirma Snow […]. "Ha habido muchas suposiciones injustificadas sobre quiénes fueron los autores y por qué"». Pero Snow sugería que las mujeres estaban implicadas en todos los aspectos de la vida prehistórica: desde la caza hasta el hogar y el ritual religioso. «Era mucho más que un grupo de tíos cazando bisontes», declaró.

¡Ya no cabía duda! Ahora sí que tenía que ir a Francia a ver las cuevas. Así que eso fue precisamente lo que mi marido y yo hicimos. Nos alojamos en un hotelito de montaña con vistas a una ciudad antigua en la que se encontraban las aguas calmadas de los ríos Vézère y Dordogne. Pasamos una semana explorando las cuevas (y comiendo platos franceses y bebiendo vino tinto). Visitamos grutas grandes y pequeñas, algunas públicas, otras ubicadas en la propiedad de un granjero. Cuando entras en el interior fresco de una cueva, durante un instante, todo está a oscuras. Entonces el guía del yacimiento o el granjero encienden una luz y de repente has viajado hasta treinta y cinco mil años atrás, a una época en la que los mamuts y los rinocerontes vagaban por el paisaje. Allí, en las paredes, están esos símbolos misteriosos, las huellas de manos, los pechos y los abdómenes abultados de las mujeres embarazadas y las representaciones artísticas de animales.

Por la noche, tras beber vino de una calidad (y en una cantidad) que nunca consumíamos en casa, le leía en voz alta a mi marido textos sobre la población de cromañones que en su día pintó los muros de las cuevas que habíamos visitado aquel día. Al parecer, todo lo que habíamos aprendido de los «hombres de las cavernas» en el colegio o viendo *Los Picapiedra* era parcial y engañoso. ¿Quiénes eran aquellas personas que se adentraban en lo más profundo de unas cavernas que parecían un vientre materno para pintar historias sobre su imbricada relación con la naturaleza y los animales, el nacimiento y la muerte? La imagen que me había formado, la de unos hombres bastos y peludos que llevaban cachiporras y gruñían alrededor de una hoguera, no encajaba con las imágenes de los muros de las cuevas. ¿Y qué pasaba con las mujeres de las cavernas? No parecía que nadie las mencionara nunca. ¿Por qué nos habían hecho creer que nuestros antepasados no eran más que unos seres violentos obsesionados con la supervivencia, la protección y la conquista? ¿Qué pasaba con las madres y las cuidadores, las artistas, las místicas y las curanderas cuyas manos habían pintado y moldeado el arte de las cavernas? Las huellas de sus manos estaban en las paredes, pero las cromañonas no habían conseguido llegar a nuestros libros de historia.

En una guía turística de la región leí lo siguiente:

Los cromañones rendían culto a una serie de diosas que estaban asociadas con la fertilidad de la tierra, así como a la luna y las estrellas. Hace quizá 20 000 años, en Laussel, Francia, sobre la entrada de una catedral subterránea, tallaron en piedra caliza la imagen de una gran diosa vinculada a la luna. Estaba pintada con el color de la vida y la fertilidad: el rojo sangre. Aún conserva la mano izquierda apoyada sobre el vientre de embarazada, mientras que en la derecha sujeta los cuernos de la luna creciente, que tiene grabadas trece líneas, el número de ciclos lunares del año solar. Era una diosa de la vida, asociada a los misterios de los cielos y a los poderes mágicos de la luna, cuyo ciclo de veintinueve días es probable que correspondiera con el ciclo menstrual que regía el útero fértil de la mujer cromañón.

No es solo que las primeras narradoras hubieran sido mujeres, sino que, además, muchas de sus historias hablaban de ellas: de su cuerpo, sus valores, la validez de lo que hacían, sabían y era importante para ellas. ¿Por qué la plenitud de la conciencia de nuestros antepasados se había quedado recluida en las cuevas? Como en el caso de muchos de los relatos de la historia, y sobre todo en los que se centran en los primeros humanos y en los pueblos indígenas, lo que se ha resaltado es nuestra heredada naturaleza violenta, belicosa, como si necesitáramos esa trama para reforzar el andamiaje de nuestro acuerdo de «es lo que hay». Pero ¿qué hay de las historias sobre el primerísimo instinto humano de cuidarnos unos a otros, de criar, de cocinar y amamantar, de amar y crear? ¿Por qué se pasaban por alto esas supuestas tramas triviales y no se contaban junto con los relatos de guerra? ¿Por qué no se presentaban como aspectos críticos de la travesía humana a través del tiempo? ¿Por qué esas historias se han quedado en las cavernas... Y no solo en esas cuevas prehistóricas, sino en las salas olvidadas de todas las épocas?

Me hice esa pregunta todos los días durante aquel viaje, mientras recorríamos en coche una campiña en la que los artefactos arqueológicos del curso de la historia humana están estratificados en los pueblos de las riberas de los ríos. En la arquitectura adviertes la influencia cambiante de distintos pueblos: celtas, romanos, árabes, normandos, britanos. Encuentras pruebas de períodos de relativa paz y prosperidad, y de épocas de guerra, hambruna y revueltas. En una aldea nos detuvimos en el jardín de una sencilla iglesia de piedra que tenía una escultura de la Virgen María. Al otro lado del río se veía un castillo altísimo, situado sobre una colina, fortificado para protegerse contra las invasiones. En el jardín de la iglesia, una placa rendía homenaje a las personas que habían muerto durante la peste negra, que aniquiló al sesenta por ciento de la población europea. ¿Cómo era en realidad la vida de la gente en cada una de aquellas épocas? ¿Cómo eran las relaciones, los matrimonios, las dinámicas entre los hombres y las mujeres, entre los amigos y familiares? ¿Qué comía y creaba la gente, qué les despertaba curiosidad y miedo? ¿Qué se les pasaba por la cabeza a las personas reales? Todo lo que sabía de historia europea tenía que ver con guerras y reyes, rutas comerciales y luchas de poder entre religiones, familias reales y tiranos. ¿Por qué solo conocíamos y nos importaban esos aspectos de la vida humana?

Estando en aquel jardín medieval tuve una experiencia similar a esas visiones que dicen que te llegan en el lecho de muerte, cuando toda tu vida te pasa por delante de los ojos y por fin consigues unir todas las piezas. En aquel caso, fue la marcha de la historia lo que desfiló ante nosotros. Vi lo que había conseguido entrar en los libros de historia y lo que habían dejado fuera. Entendí que lo que los occidentales modernos creemos que «es lo que hay» en verdad no es más que un fragmento de tiempo, un pedazo de toda la historia. Al entrar en las cuevas, al ver las huellas de las manos de las primeras narradoras y sus imágenes de mujeres fértiles y animales danzarines, cobré conciencia instintivamente de que la historia puede ser una ventana distorsionada hacia el pasado, la perspectiva de quienes tienen el poder de contarla. Y aquello me recordó una vez más la oportunidad que tenemos de contribuir al cambio de la narrativa.

El último día del viaje nos encontramos una pequeña granja en una carretera secundaria. En el patio, un cartel manuscrito rezaba PEINTURES RUPESTRES. Llamamos a la puerta de la casa y nos abrió un anciano encorvado. Nos enseñó una foto maltrecha de las pinturas y nos dijo cuánto costaba visitarlas. Cuando le pagamos, el hombre cogió un abrigo y una linterna y nos hizo un gesto para que lo siguiéramos. Nos agarró de la mano y nos guio hacia el otro lado del campo arado que había detrás del granero. Olía a tierra, a sudor y a alcohol, y me dijo algo entre dientes acerca de *je ne sais quoi*, porque apenas entiendo el francés.

Llegamos a la boca de una cueva pequeña. El granjero nos explicó algo y nos empujó a mi marido y a mí hacia la entrada. Dentro, la oscuridad era absoluta, el ambiente era frío y húmedo. De repente, aquel hombre buscó mi brazo a tientas en la oscuridad, tiró de mí hacia él, me puso las manos en los pechos y restregó su cuerpo contra el mío. Me quedé paralizada. Intenté decir algo, pero me había quedado sin voz. Antes de que me diera tiempo a recuperarla, el hombre me apartó y encendió la linterna. Se acercó a mi marido y después señaló un par de imágenes de caballos apenas visibles; parecía que sus hijos las hubieran grabado en la piedra caliza y blanda.

Asqueada y con sensación de claustrofobia, agarré a mi marido de la mano y nos dirigimos dando tumbos hacia la salida de la cueva. Una vez fuera, mientras volvíamos a cruzar el campo camino del coche, le conté lo que había ocurrido. Quiso volver y cantarle las cuarenta al hombre, pero yo solo quería marcharme de allí. He pensado muchas veces en ese momento en la cueva del granjero, y en que podría haberse convertido en la única historia que contara sobre el viaje al Périgord. No obstante, no quiero recordar solo un fragmento de una historia mayor. No quiero que lo peor de la humanidad destaque sobre la belleza y la bondad. Quiero recordar la comida y el vino deliciosos que la pareja que regentaba nuestro hotel nos ofrecía todas las noches cuando regresábamos de nuestras aventuras. Quiero recordar lo concienzudamente que la región protege el arte de las cuevas. Quiero recordar y contar la historia de los mercados de flores, de la recolección de la castaña, del cuidado de los árboles, de los niños en el patio del colegio, de los amantes en la plaza del pueblo, de las viñas, los girasoles y las cortinas de encaje de nuestra habitación.

Aquel viaje cambió algo en mi interior. Empecé a imaginarme cómo serían las cosas hoy en día si toda la historia hubiera conseguido salir de las cuevas, si las voces y los valores de las primeras narradoras hubieran prevalecido, o al menos se hubieran incluido. ¿Y si nuestros mitos y relatos didácticos hubieran tenido el propósito de inculcar a la humanidad que nutrir y amar eran las máximas señales de fortaleza? ¿Y si la necesidad de cuidar de los niños y de la naturaleza y los unos de los otros hubiera sido elegida como la tarea más importante de cualquier sociedad? ¿Y si el marcador de la virilidad hubieran sido los cuidados en lugar de la conquista? ¿Y si se les hubieran garantizado los recursos a las personas con más capacidad para pacificar, sanar y crear, en vez de a los que tenían fuerza bruta y predilección por la violencia?

Al final del artículo sobre la investigación de Dean Snow, el arqueólogo que analizó las huellas de las manos de las artistas cromañonas, el propio Snow afirma que su trabajo suscita preguntas que los arqueólogos se pasarán años debatiendo. También dice que la pregunta que más veces le hacen es por qué razón aquellas artistas plasmaron las huellas de sus manos en las paredes. «No lo sé —responde—, pero una posibilidad es que simplemente quisieran afirmar "esto es mío, lo he hecho yo".» Cuando pienso en la historia humana que más necesita actualizarse, llego a la conclusión de que es la historia del poder, que examino en la segunda parte de este libro. Ha llegado el momento de que las mujeres cambiemos esa historia, de que plasmemos las huellas de nuestras manos para decir: «esto es mío, lo he hecho yo».

SEGUNDA PARTE

HISTORIAS SOBRE EL PODER

Si percibimos que las mujeres no están totalmente
integradas dentro de las estructuras del poder,
está claro que es el poder lo que debemos redefinir,
no a las mujeres.

MARY BEARD

PODER. SE HA abusado tanto de él que parece una palabrota. Pero ¿qué es en realidad? El poder es una fuerza natural, y es algo que todos queremos: la energía, la libertad, la autoridad de ser quienes somos, de contribuir, de crear. *Dominación* y *control* se han convertido en sinónimos de poder; sin embargo, este no tiene que llegar a costa de los demás; no tiene que oprimir para expresar. Los impulsos de subyugar, castigar o aniquilar son versiones corruptas del poder.

Todos queremos brillar cuanto nos sea posible. Es como si llegáramos a este mundo portando una chispa que ansía que la aviven hasta convertirse en una llama de individualidad auténtica. No hay nada intrínsecamente dominante en ese deseo puro de brillar, nada que deba absorber todo el oxígeno y extinguir las demás llamas. Existe un modo de mostrar el yo brillante de una persona sin apagar la luz de otra. Existe una manera de ejercer el poder distinta a la forma en que hemos llegado a definirlo.

Llevo toda mi vida explorando, investigando y viviendo cuestiones relacionadas con el poder, sobre todo con las mujeres y el poder. Es probable que el origen de ello se encuentre en el hogar de mi infancia, en el que la mayoría éramos mujeres: madre, abuela, tía abuela, hermanas, y mi padre, el único hombre, el sol del sistema familiar cuya autoridad eclipsaba la de todas las demás. Soy la segunda de cuatro hijas, y por motivos que nunca llegué a entender, era la inconformista. Ya de pequeña era consciente del poder exclusivo que nuestra casa llena de niñas y mujeres le otorgaba a mi padre. Me molestaba que mi madre —mi inteligente, ambiciosa y hermosa madre— apoyara los delirios de superioridad de mi padre. Al menos yo creía que lo eran. Me resultaba bastante obvio que el sistema estaba amañado a favor de uno solo de nosotros, por la mera razón de cuál era su género. Nunca he entendido por qué mi madre toleraba las humillaciones de mi padre. O por qué se esperaba de ella que participara en los intereses, proyectos y aventuras de su marido, mientras que él se burlaba de los suyos. Y de los nuestros. Se daba por hecho que haríamos cualquier cosa que él quisiera hacer, sin preguntar, sin protestar. Cualquier plan que «las chicas» pudieran plantear, desde eventos escolares hasta actividades sociales, eran estúpidos e intrascendentes a ojos de mi padre. Me moría de ganas de alejarme de toda aquella injusticia.

Después resultó que me encontraba con la misma dinámica determinada por el género allá donde fuera: en la universidad, en mis círculos sociales y, sobre todo, en el trabajo. Aunque había sido una de las fundadoras de mi organización, parecía que la desigualdad de género fuese el aire que todos respirábamos, y entonces sentía el mismo resentimiento que había experimentado de niña. Mis prioridades se infravaloraban, y lo más frecuente era que se pusieran trabas a mi capacidad para influir en las decisiones y presupuestos importantes. Atribuía parte de la situación al hecho de que yo era una mujer y, por lo tanto, mis colegas masculinos no me tomaban en serio. Pero a medida que iban pasando los años empecé a darme cuenta de que, para cambiar la historia del poder en mi mundo, iba a tener que llevar a cabo algunos cambios en mi persona. Iba a tener que sacar a la luz mi poder personal: mi fuerza interior, mi dignidad, mi autoestima. Es más fácil decirlo que hacerlo. Mi auténtico poder estaba oculto bajo capas y más capas de inseguridad, de rabia inexplorada e inexpresada y de un montón de problemas más.

En primer lugar, estaba la cuestión de querer caerle bien a todo el mundo. Me había tragado la idea de que, como mujer, una parte de mis funciones laborales consistía en ser simpática, agradable y caer bien «en todo momento». Me daba miedo que los demás dejaran de tener una buena opinión sobre mí si expresaba lo que en realidad pensaba demasiado a menudo, o si ejercía mucha presión para lograr lo que consideraba que era mejor —para la organización, para otros miembros de la plantilla y, Dios no lo quiera, para mí—. Oía que me susurraban advertencias antiguas al oído: «¡Mira lo que le pasó a Eva! Acuérdate de Casandra. No seas como ellas. Sigue siendo pequeña, no abras la boca, sé buena».

Luego estaba el problema del «síndrome de la impostora». ¿Quién era yo para exigir nada? ¿Qué sabía yo de dirigir un negocio? El Instituto Omega se había convertido en una organización compleja. Más de veinticinco mil personas asistían a nuestros programas todos los años. Organizábamos centenares de talleres, conferencias, formaciones y retiros encabezados por algunos de los pensadores más importantes del mundo. Por descontado, los hombres con los que trabajaba también abrigaban sus propias inseguridades, y no cabe duda de que tenían la misma falta de experiencia que yo y eran igual de propensos al error. No obstante, por alguna razón, ellos se sentían con derecho a alzar la voz a favor de aquello en lo que creían. Seguían su intuición, defendían sus argumentos, conseguían lo que querían. Cuando yo intentaba hacer lo mismo, se me acusaba de ser una llorona, o de ser quejica o manipuladora. Se menospreciaban mis prioridades porque eran idealistas, triviales y no tan importantes como yo creía que eran.

La mayor parte del tiempo yo ni siquiera formaba parte de la conversación, porque me cansaba de participar en un juego que no me resultaba natural. No me identificaba con aquellas reglas de combate. Quería conversar para entender los distintos puntos de vista. No pretendía imponerme. Ese no era el juego al que quería jugar. Pensaba que si todos nosotros aportábamos nuestras respectivas fortalezas, reconocíamos nuestras debilidades y nos complementábamos los unos a los otros, todos aprenderíamos, creceríamos y contribuiríamos al florecimiento del negocio. Si todos cedíamos y transigíamos cuando era necesario, podríamos compartir el poder. Pero daba la sensación de que yo era quien cedía y transigía la mayor parte de las veces: en mis prioridades, mi salario, mi título, mi papel. Aunque enterraba la rabia lo más hondo que podía, esta siempre emergía a la superficie en estallidos infructuosos y manipulaciones subrepticias.

En aquel momento no tenía palabras con las que expresarlo, pero ahora sé qué estaba sucediendo: era una mujer que intentaba sobresalir y contribuir dentro de un sistema creado por y para los hombres. Era como las mujeres de todo el mundo en todo tipo de entornos laborales. Gastábamos tanta energía e inteligencia intentando meter un pie en aquella vieja sala que, para cuando conseguíamos entrar, nosotras habíamos cambiado, pero las estructuras continuaban siendo las mismas. «Si percibimos que las mujeres no están totalmente integradas dentro de las estructuras del poder —escribe la historiadora Mary Beard—, está claro que es el poder lo que debemos redefinir, no a las mujeres.»

Sin embargo, ¿cómo se cambia una estructura mientras vives bajo su tejado? No lo sabía, y tampoco sabía dónde buscar inspiración o ayuda. Estaba más que cansada de los libros de autoayuda empresarial que animaban a las mujeres a darlo todo para avanzar en su carreta, a dejar atrás sus instintos y necesidades y a embutir su autenticidad en un personaje demasiado opresivo. Y no era solo en el ámbito empresarial. En el mundo de la política, de la religión, del activismo, en el académico, en el deportivo, en el del entretenimiento: en efecto, las mujeres empezaban a estar presentes en más ámbitos, pero el precio para su persona, sus valores, sus familias, era altísimo. Claro está, el coste para la persona y para la familia de las mujeres trabajadoras ya era alto antes de la afluencia actual al mercado laboral. Sin embargo, con cada vez más mujeres entre la población activa, las desigualdades que salían a la palestra también eran cada vez más evidentes.

Por ejemplo, ¿por qué si las mujeres estaban compartiendo la carga de trabajo «fuera» de casa no se esperaba que los hombres compartieran la carga laboral «dentro» del hogar? ¿Y por qué se seguía pagando menos a las mujeres que a los hombres por desempeñar el mismo puesto de trabajo? ¿Por qué las labores que realizaban muchos hombres se valoraban más que los trabajos que hacían muchas mujeres? Los fontaneros cobraban más que las asistentes de atención médica domiciliaria, los funcionarios de prisiones cobraban más que las maestras. ¿Y a quién le importaba que las actrices consiguieran papeles en las películas más taquilleras si los guiones seguían incluyendo las mismas persecuciones en coche y los mismos tiroteos de siempre? A mí todo aquello me parecía más una victoria de un sistema de valores desequilibrado y de una visión incompleta de la vida que un triunfo del empoderamiento de las mujeres. ¿De verdad era eso lo mejor que podíamos hacer?

Yo sabía que podíamos hacer más. Que yo podía hacer más, pero no sabía cómo, sobre todo porque me sentía aislada en mi frustración. Por eso, en 2002, convoqué una conferencia de mujeres en el Instituto Omega. La idea se me ocurrió mientras estaba haciendo otra cosa, que era la historia de mi vida en aquel entonces, y la historia de la vida de las mujeres desde siempre: personas multitarea que se encargan tanto del trabajo remunerado como del no remunerado. Para entonces me había divorciado, vuelto a casar y tenía tres hijos adolescentes. Una noche, ya tarde, estaba en casa doblando una montaña de ropa limpia, una actividad que siempre me ha resultado reconfortante. Cualquiera que haya lavado la ropa de una familia sabe lo que acecha al final de la pila: un montón de calcetines desparejados. ¿Adónde han ido sus parejas? Es como un *kōan* zen: ¿dónde se ha metido el otro calcetín? Un *kōan* no tiene una respuesta verdadera, y el misterio de los calcetines tampoco, así que me limitaba a formar pares aleatorios y a formar bolitas con ellos, dando por sentado que mis hijos jamás se percatarían de la diferencia.

Aquella noche, mientras emparejaba lo imparejable, pensaba en una batalla recurrente que tenía en el trabajo, en una que muchas mujeres estaban viviendo entonces y siguen viviendo ahora: yo era una fuerza creadora en mi organización, y, sin embargo, ni el sueldo ni el reconocimiento que recibía eran proporcionales a ello. Aunque la ausencia de paridad salarial era profundamente injusta y muy significativa, lo que me preocupaba aún más era mi propia incomodidad, mi vergüenza, incluso, en cuanto al problema del poder. Los viejos mensajes acerca de las mujeres y el poder me resonaban en la cabeza como un gong antiguo que seguía vibrando desde el pasado y me hacían cuestionarme mi valía: advertencias para que permaneciera callada o para que introdujera mis palabras con una justificación; argumentos antiguos que me decían que el papel de la mujer era mantener la paz, suavizar egos, desempeñar una labor emocional. Esfuerzos que, sin embargo, eran invisibles y no remunerados. Solo tenía una vaga idea de lo que estaba ocurriendo. Por lo tanto, decía que sí cuando quería decir no. Me encargaba de trabajos que no me correspondían. No decía lo que sabía porque no me fiaba de lo que sabía: que mi manera de hacer las cosas, mis intuiciones, mis prioridades eran válidas; que era una persona valiosa y debía recibir un sueldo acorde a ello. Mis intentos de explicar todo esto eran débiles y a menudo tenían el efecto de desempoderarme aún más. De todas formas, si la única manera de reclamar poder era convertirme en aquellos que me estaban negando lo que me merecía, tampoco lo quería.

Las mujeres y el poder… Qué tema tan complejo. En eso estaba pensando mientras, sentada en la casa silenciosa, doblaba los calcetines. En algún recodo de mi mente sentí la presencia de millones de mujeres más que estaban experimentando problemas parecidos y a las que aquellas dos palabras las inquietaban tanto como a mí. Mujeres y poder. Eran como los calcetines, estaban desparejadas. Eran un *kōan* en busca de una respuesta.

Mientras subía la cesta con la ropa limpia al piso de arriba, pronuncié las palabras en voz alta. Me puse nerviosa al oírme susurrándolas. Aunque en casa no había nadie más que mi marido y mis hijos, todos dormidos, me daba miedo que alguien me oyera y pensara que era una mujer que quería poder. Entonces se me ocurrió. Vaya, sería una conferencia magnífica. Unir esas dos palabras para preguntarnos por qué el emparejamiento resultaba tan problemático. Pronunciar en voz alta las preguntas que las mujeres llevaban toda una eternidad formulándose: ¿qué es exactamente el poder? ¿Quién consigue tenerlo, usarlo, definirlo? ¿Puede compartirse? ¿Se corrompe siempre? ¿Puede una persona ostentar el poder sin violencia y dominación? ¿Son capaces las mujeres de dar inicio a una época en la que el poder se ejerza de otra forma? ¿Podemos hablar de todo esto?

Empecé a comentar el asunto con las escritoras y oradoras que acudían al Omega de manera regular. Mantuve conversaciones con mitólogas, psicólogas, feministas, biólogas, neuro-investigadoras, monjas, artistas y líderes empresariales. Presté más atención a la incomodidad, así como al creciente valor que albergaba en mi interior y que también mis amigas, mis colegas y las mujeres que aparecían en las noticias atesoraban en su interior, ya que todas teníamos que vérnoslas con el poder femenino y su expresión. Al final, entretejí todas esas hebras en la primera conferencia sobre el tema celebrada en el Omega, que llevó el sencillo título de «Mujeres y poder».

Mis colegas y yo (nota importante: dos de ellos eran hombres abiertos de mente que nos apoyaron mucho) invitamos a unas cuantas oradoras cuyo trabajo representaba el valor que las mujeres iban a necesitar no solo para reclamar el poder, sino también para redefinirlo. Entre ellas se contaban Anita Hill, cuyo testimonio ante el Congreso recordaba a la historia de Casandra, y Eva Ensler, creadora de la revolucionaria obra teatral *Los monólogos de la vagina*. Imaginé que la conferencia atraería a unas cincuenta personas. Aparecieron varios centenares. Al año siguiente volvimos a ofrecerla, esta vez emparejando a madres fundadoras del movimiento feminista con oradoras más jóvenes. Se agotaron las plazas. Al año siguiente celebramos la conferencia en Nueva York, y asistieron dos mil mujeres de todo el mundo.

Desde entonces he organizado muchos encuentros y he hablado en otros que exploraban los temas de las mujeres y el poder, las mujeres y la paz, las mujeres y el trabajo, las mujeres y los hombres. He escuchado historias, he reunido información y estadísticas, y he aprendido a ejercer el poder de manera distinta gracias a líderes, artistas, activistas y toda clase de personas: desde una astronauta de la NASA hasta una monja revolucionaria, pasando por mujeres situadas en posiciones opuestas en torno al debate sobre el aborto, y mujeres y hombres que dialogan para cambiar la historia juntos. Sus relatos, sus experiencias, sus luchas y victorias han inspirado a muchas personas, yo entre ellas, para redoblar esfuerzos a la hora de reclamar nuestro verdadero estilo de poder con el objetivo de llevar a cabo un cambio real en nuestras esferas de poder.

Como personas ajenas a ejercer la autoridad durante la mayor parte de la historia documentada, ahora las mujeres tenemos la ventaja de intervenir y cuestionar varios supuestos básicos: que la dominación y la violencia son necesarios para mantener el orden; que los hombres están divina o biológicamente predeterminados para liderar, y que el guerrero fuerte y silencioso debe ser reverenciado mientras que la cuidadora emocional y comunicativa es de segunda fila. ¿De verdad queremos romper el techo de cristal solo para acabar en esa vieja historia? Si nos limitamos a eso, lo único que conseguiremos será más de lo que ya no funciona. ¿O quizá, mientras ganamos influencia en el hogar, en el trabajo y en el mundo, nos conviene sacudir los cimientos de la historia entera? Mientras las mujeres reclamamos el poder —mientras nos convertimos en protagonistas de las historias que dan forma a nuestro mundo—, debemos repetirnos estas preguntas: ¿poder con qué propósito? Influencia, ¿por qué? Ascensos, dinero, liderazgo, ¿con qué fin?

¿Para qué estamos utilizando nuestro poder?

LA VIEJA HISTORIA
DEL PODER

La gran fuerza de la historia deriva del hecho
de que la llevamos dentro, de que nos controla
sin que nos demos cuenta [...]. La historia
está presente literalmente en todo lo que hacemos.

JAMES BALDWIN

CADA VEZ QUE escribo algo, un artículo, un discurso o un libro, me ocurre lo mismo que a muchas personas antes de lanzarse a un proyecto creativo. Me bloqueo. Dudo de mí misma. Empleo las habituales estrategias de evitación: «investigo» en internet, cuando en realidad estoy haciendo mezclas musicales en Spotify o comprando utensilios de cocina. Cocino. Como. Una de mis formas favoritas de procrastinar mientras no escribo es limpiar el coche, el frigorífico, los armarios.

Un verano, alrededor de un mes antes de la conferencia «Mujeres y poder» de aquel año, intentaba concentrarme en escribir un discurso sobre la redefinición del poder. De repente me asaltó una repentina necesidad de limpiar el sótano de nuestra casa. Lo tenía pendiente desde hacía años, pero es un sitio frío y húmedo y da un poco de miedo, así que había dejado que los objetos se amontonaran: juguetes y recuerdos antiguos, ordenadores viejos, botas de invierno y sillas rotas, cajas de cartón cada vez más mohosas.

Aquel era un momento perfecto para abordar aquel caos, ya que mi marido, que no quería tirar nada, estaba fuera de la ciudad y no podría obstaculizar mi tendencia a deshacerme de las cosas inservibles. Tenía grandes expectativas de llenar un contenedor mientras evitaba escribir. Mi idea de pasármelo bien. Bajé las escaleras y contemplé las montañas de trastos y las pilas de cajas. Primer paso: abrir todas las cajas, determinar su contenido y separar lo desechable de lo salvable.

Le quité la cinta de embalaje a la primera. Estaba llena de libros de mi hijo pequeño. Acababa de graduarse en el St. John's College, también conocido como la Universidad de los Grandes Libros. A lo largo de cuatro años, todos los alumnos leen los mismos cien libros, el canon del pensamiento occidental, a los que los estudiantes suelen referirse como «el currículo del hombre blanco muerto».

Cogí el primer libro de la caja. Era *El príncipe*, de Nicolás Maquiavelo, escrito en 1532.

«No lo abras —me dije—. No te metas en ese berenjenal.»

Sabía que mi plan de limpieza se acabaría si me ponía a leer cualquier cosa en el sótano: un ejemplar viejo de la revista *National Geographic*, el manual de la lavadora o *El príncipe*. Aun así no pude evitarlo. No lo había leído nunca. Sabía que Maquiavelo abogaba por un estilo de liderazgo que rehuía la moralidad y la empatía. Conocía su cita acerca de que el fin justifica los medios. Pero ¿por qué ese libro formaba parte del plan de estudios del St. John's? ¿Por qué era uno de los cien mejores libros del canon occidental? Abrí *El príncipe* por una página aleatoria. Me topé con esta frase: «Surge de esto una cuestión: si vale más ser amado que temido, o temido que amado. Nada mejor que ser ambas cosas a la vez; pero puesto que es difícil reunirlas y que siempre ha de faltar una, declaro que es más seguro ser temido que amado». Caray. «Qué fuerte —pensé—. Esa es precisamente la razón por la que debemos ejercer el poder de manera distinta. A lo mejor conviene que me lea esto.» Hojeé las páginas hasta que llegué a otro consejo inquietante: «Es preferible ser impetuoso y no cauto, porque fortuna es mujer, y se hace preciso, si se la quiere tener sumisa, golpearla y zaherirla». Marqué esa página y cerré *El príncipe* de golpe.

El siguiente libro de la página era *Política*, de Aristóteles. Lo abrí y les eché un vistazo a las primeras páginas. Aquel libro clásico también contenía comentarios escandalosamente misóginos sobre el poder y el liderazgo. Lo puse encima de *El príncipe* para estudiarlo con más detenimiento. Luego continué hurgando en la caja: *Ensayos escogidos* de Karl Marx; *La riqueza de las naciones*, de Adam Smith, y un montón de libros más escritos por hombres blancos muertos: Platón y Plutarco, san Agustín y san Pablo, Thomas Hobbes, John Locke y los padres de la democracia estadounidense. Abrí todos los volúmenes y leí párrafos y páginas enteras. Era como si me hubiera encontrado con la prueba genealógica del ADN del poder patriarcal. «Para que luego digan de la caja de Pandora —me dije—. ¡La caja peligrosa era esta!»

Saqué otro libro. Era grueso, con la cubierta de un intenso color rojo. *Las 48 leyes del poder*, de Robert Greene. Lo reconocí; había aparecido en las listas de los más vendidos de hacía unos cuantos años. Lo abrí por el prefacio y leí las primeras líneas:

> En general, la sensación de no tener poder sobre la gente y los acontecimientos es insoportable para nosotros —cuando nos sentimos impotentes, nos sentimos abatidos—. Nadie quiere menos poder; todo el mundo quiere más. En el mundo de hoy, sin embargo, es peligroso parecer demasiado ávido de poder, decir abiertamente lo que se va a hacer para obtenerlo. Tenemos que parecer justos y decentes. Así que necesitamos ser sutiles: agradables, pero astutos; democráticos, pero arteros.

Al principio pensé que el autor estaba de broma. A lo mejor era una parodia, un texto que los alumnos de St. John's leían como una desconexión cómica. Sin embargo, cuando seguí leyendo me di cuenta de que Greene hablaba completamente en serio.

Había una mecedora vieja, en la que había dado de mamar a mis hijos, en un rincón del sótano. Le faltaba una de las patas, pero aun así la arrastré hasta colocarla debajo de una bombilla desnuda. Cuando me senté en aquella mecedora desequilibrada no se me escapó lo absurda que le habría parecido la escena a cualquier otra persona. Una mecedora de lactancia rota, un sótano con moho, una mujer leyendo un libro titulado *Las 48 leyes del poder*.

Greene había compilado siglos de pensamiento en un solo manual, había citado y sintetizado las obras de los «maestros del poder», según él mismo los llamaba, desde Maquiavelo a Mao Zedong, desde Sun Tzu a Sócrates. Entre sus cuarenta y ocho leyes se incluían las siguientes: Ley 2: No confiar demasiado en los amigos y saber utilizar a los enemigos; Ley 4: Decir menos de lo necesario; Ley 7: Conseguir que otros hagan el trabajo y llevarse el mérito; Ley 17: Mantener el suspense. Manejar el arte de lo impredecible; Ley 20: No comprometerse con nadie; Ley 42: Golpear al pastor para que se dispersen las ovejas.

Me quedé anonadada. De repente me sentí de lo más ingenua. ¿Aquello significaba que había un método para la locura del abuso de poder? ¿Por qué a mí no me había llegado aquella información?

Antes de que me diera cuenta, ya era media tarde. Me había pasado el día en el sótano, hablando conmigo misma, doblando esquinas de páginas, examinando aquella única caja de libros. Volví a meterlos todos en su sitio y los subí escaleras arriba. Le pasé un trapo a cada uno de ellos, empezando por *El príncipe*, vacié una estantería de la habitación donde escribía y los coloqué en orden cronológico. Aquel fue el final de mi proyecto de limpieza y el inicio de una profunda zambullida en la historia del poder. Mientras leía los libros que había rescatado del sótano, recordé que a lo largo de los siglos ha sido un tipo concreto de persona, un tipo concreto de hombre, quien ha contado los relatos sobre el poder, y que si queremos cambiar esa historia tenemos que conocer sus orígenes y propósito, sus vencedores y perdedores, sus reglas explícitas e implícitas. Así que me dispuse a leer sus textos sagrados: las «historias sobre el origen» y los «mejores libros» del poder.

Empecé con *El arte de la guerra*, un antiguo tratado que data del siglo v a. e. c. Es probable que esta obra del general chino Sun Tzu sea la más universalmente citada cuando se trata de definir y utilizar el poder. En los últimos tiempos, la comunidad empresarial ha desempolvado el libro y ha incorporado su filosofía y estrategias a los manuales sobre liderazgo y los memes pegadizos. En el libro, las palabras *guerra* y *liderazgo* son intercambiables, ya que, según Sun Tzu, «para mantener el orden, un líder debe prever que tendrá que hacer la guerra».

Las dos palabras clave más recurrentes en *El arte de la guerra* son *miedo* y *engaño*. Esas eran las tácticas que Sun Tzu instaba a utilizar a los líderes, porque, decía, en el mundo de un líder solo había dos tipos de personas: los súbditos y los enemigos. Escribió: «Si te tienen miedo, te respetarán. Si te aman, es posible que te respeten. Pero si no te tienen miedo, no te amarán ni te respetarán jamás». Y también esto: «Finge estar en inferioridad y alimenta su arrogancia. Toda guerra está basada en el engaño».

Miedo, engaño, arrogancia, ataque, aniquilación… Estas son las estrategias del poder según Sun Tzu, y no solo para el poder militar, sino para todo empeño en cualquier ámbito, desde el hogar hasta los mercados, pasando por la corte del rey.

Para mí, leer *El arte de la guerra* fue como ser una mosca en la pared del vestuario del poder. Experimenté muchos momentos de «ajá» al relacionar la cara de líderes concretos —pasados y presentes, políticos y personales— con los comportamientos y estrategias que Sun Tzu promovía. Lo mismo me sucedió al leer *El príncipe*, el otro libro esencial para la definición predominante de poder.

Nicolás Maquiavelo lo escribió en 1532. Algunos dicen que introdujo una idea nueva en la cultura occidental: la de que la moralidad no tiene cabida en el terreno del liderazgo. No obstante, en realidad Maquiavelo no hizo más que reflejar de manera sincera lo que llevaba siglos ocurriendo. «Ya ha de sentirse presente que un príncipe […] no puede observar todas las cosas gracias a las cuales los hombres son considerados buenos, porque, a menudo, para conservarse en el poder, se ve arrastrado a obrar en contra de la fe, la caridad, la humanidad, la religión y el orden.» Se hizo eco de la filosofía de Sun Tzu con esta directiva: «Los hombres tienen menos cuidado en ofender a uno que se haga amar que a uno que se haga temer [...]; pero el temor es miedo al castigo que no se pierde nunca».

Maquiavelo creía que todos los hombres harían bien en desarrollar el carácter de un príncipe. Ya fuera en casa, como cabeza de familia, ya fuera dirigiendo un negocio o un país. Afirmó con valentía lo que otros, sobre todo los líderes religiosos de la época, fingían aborrecer: que un líder saldrá adelante siendo egoísta, en lugar de preocupándose por los demás; que es más efectivo castigar que ser compasivo, y que la sinceridad no tenía verdadera cabida en los salones del poder. «Es mejor —dijo Maquiavelo—, que un hombre rompa sus promesas si mantenerlas impide su éxito.»

Mientras avanzaba en mi viaje a través de la caja de libros del sótano —desde China hasta Japón, pasando por Grecia, Roma, Europa y América—, me llamaron la atención unas cuantas cosas como, por ejemplo, el énfasis en la dominación y la agresión, el vínculo entre liderazgo y guerra, y la inexistencia de las voces y las preocupaciones femeninas. Me sorprendí haciéndome las siguientes preguntas: ¿cómo serían hoy las cosas para la humanidad si las mujeres hubieran contribuido a las teorías e historias acerca de lo que significaba ser una persona poderosa? ¿Y si las habilidades que las mujeres han desarrollado a lo largo de los siglos se hubieran venerado tanto como las de los hombres? ¿Y si su inteligencia emocional, su naturaleza relacional, su papel como cuidadoras, sanadoras, madres y maestras se hubiera respetado, se hubiera buscado y entretejido en la historia del poder?

Desde luego, habría un problema si las mujeres hubieran sido las únicas narradoras, las únicas en marcar las pautas y definir la realidad. Pero si sus voces se hubieran buscado y valorado por igual, habría otros relatos para equilibrar los que hablan de matar dragones y librar guerras. El héroe no sería solo el que se marchaba a las cruzadas y a correr aventuras. Si las mujeres también hubieran sido protagonistas de las historias didácticas de la sociedad, las espadas clavadas en rocas y las bombas que estallan en el aire no habrían sido más alabadas que educar a los hijos y cuidar el huerto. Acciones como la violación y el saqueo, la violencia y la fuerza bruta, jamás se habrían asociado con «el viaje del héroe». La cultura no veneraría solo al tipo fuerte y silencioso, también sería atractivo ser hablador, valiente para llorar, noble para sentir y empatizar.

Si eso hubiera ocurrido, la historia del poder habría sido más equilibrada, más inclusiva, no sería una «historia única», en palabras de la autora Chimamanda Ngozi Adichie. Ella afirma: «La historia única crea estereotipos, y el problema de los estereotipos no es que sean falsos, sino que están incompletos, hacen que una historia se convierta en la única historia». La historia única del poder no ha hecho daño y ha marginado solo a las mujeres. Se arrincona a cualquiera que no esté a la altura de los estereotipos, y cualquier valor que esté fuera del ámbito de la vieja historia del poder se considera débil.

La historia única del poder, el exceso de un sistema de valores y la exclusión de otros, ha puesto en aprietos a la humanidad. No es tan sencillo como empoderar a las personas que se han quedado al margen de la historia. Necesitamos historias nuevas que surjan a partir de valores distintos. Necesitamos maneras nuevas de lidiar con problemas pertinaces que llevan tiempo acuciándonos: la violencia y la guerra, la degradación medioambiental, el exceso de población, la desigualdad económica, el racismo, el sexismo, el hambre, la pobreza.

Esta cita se le suele atribuir a Albert Einstein: «Un problema no puede solucionarse desde la misma conciencia que lo creó». También se le atribuye la siguiente: «La definición de locura es hacer lo mismo una y otra vez y esperar resultados distintos». Pese a que creo a pies juntillas en ambas citas, ninguna de ellas es del físico alemán. El otro día busqué las palabras exactas de Einstein sobre la resolución de problemas insolubles, pero antes de encontrar lo que estaba buscando, me encontré con esto: «No te creas todo lo que leas en internet solo porque tenga al lado una foto mía con una cita». Albert Einstein.

Lo que sí dijo fue lo siguiente: «[encontrar] una nueva forma de pensamiento es esencial si la humanidad quiere sobrevivir y avanzar hacia niveles superiores. A menudo, en los procesos evolutivos una especie debe adaptarse a las nuevas condiciones para sobrevivir. Hoy debemos abandonar la competición y asegurar la cooperación. Este debe ser el hecho central de todas nuestras consideraciones […]. De lo contrario, nos enfrentamos a un desastre innegable».

Teniendo en cuenta su trayectoria como solucionador de unos cuantos problemas cosmológicos complicados, opino que sería inteligente tomarnos en serio las palabras del profesor Einstein cuando nos dice que una nueva forma de pensamiento es esencial si la humanidad quiere sobrevivir y avanzar hacia niveles superiores. ¿Cómo sería el poder si se generara desde una nueva forma de pensamiento? El nuevo pensamiento rechazaría las partes de la cosmovisión de Sun Tzu y de Maquiavelo que glorifican el miedo, el engaño, la arrogancia, el ataque y la aniquilación. Los líderes del nuevo pensamiento serían valientes y decididos, pero entenderían la violencia como la táctica de los cobardes, y la guerra como una falta de imaginación. Buscarían comprender y guiar, en vez de dominar o castigar. Se decantarían por la inclusión y no querrían que los demás los temieran. Creo que Einstein estaría de acuerdo conmigo.

Cuando digo que necesitamos líderes del nuevo pensamiento, no estoy diciendo que necesitemos que sean las mujeres quienes lideren. Todos los géneros son capaces de ser sensatos, abiertos y comunicativos, de dar forma a una nueva historia del poder. No obstante, sí creo que hay muchísimas mujeres que tenemos acceso directo a esa conciencia si confiamos en quienes somos y decimos lo que sabemos.

Puede que las mujeres tendamos hacia esas cualidades, pero eso no es garantía de que vayamos a usarlas cuando las cosas se pongan difíciles, cuando los problemas se compliquen, cuando surjan las crisis y los desacuerdos. Los cambios de conciencia reales y duraderos no se producen sin más. Tenemos que trabajar para lograrlos, en el mundo y dentro de nuestro corazón y nuestra mente. Nadie, ni mujer ni hombre, es inmune a la atracción del viejo relato sobre el poder. Es la única historia que nos han contado, así que todos llevamos dentro nuestra propia versión de Sun Tzu, nuestro propio mini-Maquiavelo. Reconocer esa parte de nuestro yo y amansarla requiere esfuerzo.

El hecho de que a las mujeres no se les concediera la oportunidad de sumar su voz a la narración no quiere decir que no hayamos colaborado con la trama. Y el hecho de que las mujeres tengamos la capacidad de pensar de manera distinta no quiere decir que vayamos a hacerlo. Sí, los estudios muestran que las mujeres han desarrollado instintos más empáticos y colaborativos. Alimentamos las relaciones y las conexiones, tenemos menos probabilidades de recurrir a la violencia para lidiar con el conflicto. Pero cualquier persona alberga en su interior todo un abanico de impulsos y reacciones humanos, algunos nobles y otros no tanto. Todos tenemos instintos bajos: el deseo de manipular o dominar, de ser egoísta y desagradable, de culpar o avergonzar de manera injusta, de pisar a los demás para poder conseguir lo que necesitamos. El egocentrismo no tiene género.

Es fundamental que las mujeres seamos sinceras respecto a ello, que seamos conscientes de nuestra naturaleza y que, al mismo tiempo que intentamos cambiar el mundo que nos rodea, prestemos también atención a nuestro universo interior. Si creemos que se trata únicamente de un «trabajo externo», o si insistimos en que son solo los demás los que tienen que cambiar —los hombres, quienes tienen poder y privilegios, sistemas enteros—, repetiremos la historia, y el mismo poder que tenemos la oportunidad de transformar terminará corrompiéndonos. «Las historias pueden destrozar la dignidad de un pueblo —afirma Chimamanda Ngozi Adichie—. Pero las historias también pueden reparar esa dignidad destrozada.» Si queremos reparar la dignidad de los marginados de la historia única del poder, y si queremos contar una historia más inclusiva e innovadora, debemos dar un paso importante, que es mirar hacia nuestro interior y hacer unas cuantas reparaciones de dentro hacia afuera para redignificarnos y, parafraseando al profesor Einstein, para cultivar una conciencia que sea distinta a la que creó los problemas en un principio. Para ello necesitaremos hacer un autorreflexión sincera y tener la capacidad de autocorregirnos cuando nuestros impulsos de la vieja historia del poder —nuestro mini-Maquiavelo— se activen.

Además de los muy reales y muy persistentes obstáculos del sexismo, el racismo, el clasismo, el proteccionismo y todos los demás impedimentos sociales y estructurales para el empoderamiento de las mujeres, en nuestro interior también existen obstáculos igual de reales y de persistentes. Las mujeres han interiorizado el patriarcado y han generado mecanismos de afrontamiento poco saludables para sobrevivir y prosperar en el marco de las actuales leyes del poder. Si no queremos seguir colaborando con esas leyes, y si queremos ser cocreadoras de una historia nueva, parte de la tarea empieza en el interior, con lo que C. G. Jung llamó el «trabajo con la sombra», un proceso que exploro a continuación.

MUJERES, PODER
Y LA SOMBRA

Quien pugna con monstruos,
mejor es que ponga cuidado
de no convertirse en uno de ellos.

FRIEDRICH NIETZSCHE

DURANTE TODA LA vida he alternado entre ser activista —una persona interesada en sanar y cambiar el mundo que me rodea— y ser *interiovista*, una palabra que me inventé para describir la parte de mi persona que busca el cambio interior, la sanación interior. Nunca he considerado que el activismo y el *interiovismo* sean mutuamente excluyentes. De hecho, se mantienen bajo control el uno al otro. Si nos concentramos solo en luchar contra lo que percibimos como perjudicial «ahí fuera», pasamos por alto el trabajo, muy real, que tenemos pendiente en nuestro corazón, nuestra mente y nuestra vida. Si no prestamos atención a nuestros puntos ciegos, a nuestras proyecciones, a nuestras hipocresías, puede que termine ocurriéndonos aquello contra lo que nos advirtió Friedrich Nietzsche: «Quien pugna con monstruos, mejor es que ponga cuidado de no convertirse en uno de ellos».

Lo vemos todos los días: las mismas personas que hablan sin parar sobre la tolerancia y la inclusividad se vuelven intolerantes y estrechas de miras. Aquellos que promueven los «valores familiares» en público hacen todo lo contrario en su vida privada. Los revolucionarios, tras la revolución, se convierten en los tiranos a los que derrocaron. Y lo vemos en nuestra propia vida. Yo lo veo en la mía. Como cuando proclamo que las mujeres son capaces de cambiar la historia de la humanidad contribuyendo a transformarla en más amable, justa y pacífica, y después soy incapaz de aplicar esas mismas cualidades a mis relaciones diarias en el trabajo y en casa. Aquí es donde entra en juego mi *interiovismo*, cuando este implica asumir la responsabilidad de mis comportamientos, reconocer mi propia naturaleza imperfecta para poder perdonar también las imperfecciones de los demás, predicar con el ejemplo y ser el cambio.

Cuando hablamos de las mujeres y el poder, tenemos que hablar tanto del *interiovismo* como del activismo. *Interiovismo* porque las mujeres cargan en su cuerpo y en su alma con un dolor personal y colectivo que debe curarse desde dentro hacia fuera. Activismo porque, en efecto, en este mundo hay monstruos a los que hay que enfrentarse ya. Hay maldad. Hay crueldad, avaricia e injusticia. Empleo la palabra *activismo* para referirme a cualquier llamamiento al que respondas con el objetivo de enfrentarte a esos monstruos, a cualquier cosa que hagas para servir a una causa mayor que tú. Tu activismo puede consistir en unirte a una campaña política, a un movimiento de justicia social, a la junta escolar, al servicio municipal de bomberos. O en ser padre o madre de acogida, o terapeuta, o una persona que recoge basura en el arcén de una carretera. El activismo es «amor hecho visible», como escribió Kahlil Gibran. Amor a las personas, a los animales y a los árboles, a la comunidad, al país, al territorio y al planeta.

El *interiovismo* es amor a uno mismo. Es ser consciente de que sanarte a ti y sanar al mundo van de la mano. Es una forma de recordar que en ocasiones los monstruos habitan en nuestro interior. A veces los mismos males contra los que queremos luchar en el mundo, los comportamientos desacertados que reprochamos a los demás, están también vivos dentro de nosotros y requieren de nuestra atención, nuestra bondad, nuestra comprensión, nuestra sanación. A veces lo que ansiamos ver cambiado en el mundo es un trabajo interno.

Puede que pienses que por *interiovismo* me estoy refiriendo a una especie de autocuidado relajante. Sin duda, parte del trabajo interno es así. Es bueno y necesario que cuidemos con ternura y bondad de nuestro cuerpo, de nuestro corazón y de nuestro sistema nervioso. Pero aquí estoy hablando de otro tipo de *interiovismo*. Para mí, cobrar conciencia del «monstruo interior» no ha sido precisamente un día de spa. Me ha costado mucho trabajo. El psicólogo suizo C. G. Jung empleaba el término *trabajo con la sombra* para describir esta clase de *interiovismo*.

Hay muchos libros excelentes acerca del trabajo con la sombra. Recomiendo los que escribieron los psicólogos junguianos Robert Johnson y Marion Woodman, y el poeta Robert Bly. Me gusta sobre todo la manera en que el autor Scott Jeffrey resume el trabajo en este fragmento extraído de su manual en línea, «A Definitive Guide to Jungian Shadow Work» («Una guía definitiva para el trabajo con la sombra de Jung»).

Siempre está detrás de nosotros, justo donde no alcanzamos a verla. Bajo cualquier luz directa, proyectamos una sombra. Sombra es el término psicológico para todo aquello que no vemos en nuestra persona. La mayoría hacemos grandes esfuerzos para proteger nuestra autoimagen de cualquier cosa que nos resulte poco halagüeña o desconocida. Todo aquello que negamos de nosotros mismos —cualquier cosa que percibamos como inferior, malvada o inaceptable— se convierte en parte de la sombra. La sombra personal del «yo repudiado».

Así pues, ¿qué ocurre con todo eso que forma parte de nuestro ser y que apartamos de nuestra vista? Todas las cualidades que negamos en nosotros mismos, las vemos en los demás. En psicología esto se llama proyección. Proyectamos en los demás todo lo que enterramos en nuestro interior.

Estas proyecciones psicológicas distorsionan la realidad y crean una espesa barrera entre cómo nos vemos a nosotros mismos y cómo nos comportamos en realidad. La sombra no es un tema popular. ¿A quién le gusta reconocer sus defectos, debilidades, egoísmo, vileza, odio y demás? Sin embargo, explorar nuestro lado sombrío nos ofrece enormes oportunidades de crecimiento y desarrollo.

Me gusta cómo describe la sombra Robert Bly. Se la imagina como un saco que todos nosotros hemos ido arrastrando a nuestras espaldas desde que éramos niños, un saco en el que metemos todo aquello que no queremos ser o que pensamos que no debemos ser. Puede que, por naturaleza, siempre hayas tendido a dirigir, crear o cantar tu propia canción, pero que esos deseos de poder te hayan parecido inapropiados, indecorosos, incluso vergonzosos. Así que finges que no los tienes. Los metes en el saco. Le muestras una cara distinta al mundo, una más recatada y menos imponente. Y luego envidias a los demás o les echas en cara aquello que crees que a ti te falta, cuando en realidad está atrapado en tu saco.

O quizá creas que siempre tienes que ser valiente y duro. Al saco van tus incertidumbres, tus vulnerabilidades, tu ternura y tu ansia de conexión. Por fuera tienes una apariencia invulnerable, independiente, la de un lobo solitario. Pero no eres solo eso. O tal vez tengas heridas y penas sin metabolizar, o rabia, o deseos sexuales reprimidos, emociones primarias, salvajismo. Mejor no mostrar nada de eso. Al saco con ello.

Si desde pequeña te han dicho que las niñas siempre tienen que ser «buenas», es posible que tu saco de sombras contenga la parte de ti que no consideras «buena». Si ser buena significa ser obediente siempre y no llevar nunca la contraria, meterás en el saco tus creencias firmes, tu voz potente, tu voluntad férrea y tu ambición. Si de niña te dijeron que las chicas que «lo buscan» son putas, también embutirás en el saco tu sexualidad saludable. Algunos hombres meten en su saco de la sombra las mismas cosas que las mujeres. Otros guardan otras, sobre todo si de pequeños les dijeron «no llores, tienes que ser duro, compórtate como un hombre, no pierdas la compostura». Esos hombres (y también muchas mujeres) arrastran tras ellos un saco cargado con su sensibilidad y su sinceridad emocional.

La energía de lo que reprimimos es potente. Puede incluso hacernos enfermar de manera literal del corazón, de la cabeza, del cuerpo y de la cultura. El material de la sombra puede escaparse del saco de maneras inesperadas. Reprime el deseo humano y natural de brillar con fuerza, de influir y crear, y emergerá como manipulación, mezquindad o resentimiento. Encierra en tu saco de la sombra una naturaleza sensible, repudia todo aquello de ti que la sociedad califique de «débil», «blando» o «femenino», y esas cualidades humanas reprimidas mutan y desaparecen. Se convierten en el miedo a la intimidad, en la obsesión por tener razón, en nada más y nada menos que misoginia y un carácter abusivo.

Por eso Jung animaba a la gente a sacar a la luz las partes escondidas del ser, a entenderlas, reconocerlas, admitirlas y transformarlas. Bajo la luz, lo que está distorsionado tiene la oportunidad de sanar y de volver a su naturaleza pura. Bajo la luz, podemos asumir la responsabilidad de los problemas que solemos proyectar en los demás. El trabajo con la sombra ha sido la labor *interiovista* más efectiva que he llevado a cabo. Muchas veces me ha parecido más valiente que las tareas de activismo en las que he participado.

Es mucho más sencillo dejar en el saco las partes reprimidas de nuestra persona, menos intimidante que echarle la culpa de los problemas a otra persona o a otra cosa. Sin embargo, es posible que en algún momento oigamos voces procedentes de nuestro saco de la sombra. En lugar de ignorarlas o de ahogarlas en trabajo, alcohol o comida, o en cualquiera de las inteligentísimas estrategias de evitación que utilicemos, el trabajo con la sombra nos pide que nos demos la vuelta, abramos el saco y examinemos lo que hay dentro.

Yo le he puesto otro nombre. Lo llamo «sanear mis mierdas». Utilizar un lenguaje llano para describir los procesos psicológicos desmitifica lo que puede que parezca complejo, pero en realidad es bastante sencillo. Puedes abrir tu saco y explorar lo que te lastra mientras formulas unas cuantas preguntas. Estas son las que yo me he hecho sobre mi sombra en lo referente a las mujeres y el poder. ¿Hasta qué punto se debe mi falta de empoderamiento en el trabajo a que no quiero que la gente piense que tengo poder? ¿Me resulta más sencillo hacerme la víctima que salir del armario del poder?

¿Deseo caer bien más de lo que deseo contar mi verdad? ¿Es menos arriesgado culpar a los demás que tener que defender lo que me merezco? ¿Estoy dispuesta a reconocer que utilizo la agresión indirecta y la manipulación subrepticia para conseguir lo que quiero? ¿Estoy dispuesta a plantarle cara, como dijo Jung, «a aquello que no quiero ser»?

Tardé años en enfrentarme a esas preguntas y en determinar qué partes de mi dilema eran responsabilidad mía —mis mierdas—, y, por tanto, de mí dependía cambiarlas, y qué partes eran estructurales del mundo laboral y estaban embebidas en la cultura en general. ¿De qué partes sería mejor encargarse en la consulta de un terapeuta, cuáles tendrían que abordarse en confrontaciones en el trabajo, y cuáles en las urnas electorales, en las páginas de opinión, en las calles? Nunca he dejado de hacerme esas preguntas y de beneficiarme de las respuestas que descubro en mi interior. Aunque no siempre acierto, lo importante es que siga haciéndomelas.

Como trabajo con hombres, estoy casada con un hombre y soy madre de tres hijos, uno de los trabajos con la sombra más difíciles que he hecho es el de analizar con sinceridad algunas de mis formas merdosas de tratar con los hombres. He aquí una pregunta sobre la sombra con la que debo pelearme constantemente, ¿estoy pidiéndoles a los hombres que sean más vulnerables y comunicativos al mismo tiempo que los mantengo aún anclados a los viejos estándares de la masculinidad? No puedo decirte las veces que he alentado a los hombres de mi vida a ser sensibles, empáticos y vulnerables, y luego, cuando esos mismos hombres muestran signos de debilidad, de falta de confianza o de miedo, no me gusta; los juzgo. Esto no es justo. Confunde a aquellos que están intentando cambiar, los trastoca. Al igual que a las mujeres nos desconcierta que los hombres aseguren apoyarnos para que seamos lo que queramos ser y vayamos adonde queramos ir, pero luego, cuando las mujeres sufren acoso o algún daño, el mensaje se convierta en «Tienes que tener cuidado. No vistas así, no digas eso, no te comportes de esa forma, porque los hombres son como son».

La investigadora, profesora y autora Brené Brown ha sido una de las oradoras habituales del Omega. En una conferencia de «Mujeres y poder», habló acerca de unas sesiones de investigación sobre el tema hombres, vergüenza y vulnerabilidad, que estaba llevando a cabo con varios grupos de ellos. «No estaba preparada —confesó— para oír decir una y otra vez a los miembros de los grupos de entrevistas que las mujeres de su vida (las madres, hermanas, novias, esposas) los critican continuamente por no ser abiertos, vulnerables y cercanos. Pero que cuando se abren, cuando la vulnerabilidad auténtica aparece en ellos, esas mismas mujeres se apartan a causa del miedo o la decepción, o incluso de la aversión. Después de una entrevista con algunos de ellos, mientras volvía a casa en el coche, me di cuenta de que me reconocía en ese tipo de comportamiento. Y de repente pensé: «¡Me cago en la leche! Soy el patriarcado».

Asumir nuestra responsabilidad por la manera en que colaboramos con la vieja historia del poder —las formas en las que sin querer mantenemos vivas las normas del poder patriarcal— es solo un ejemplo de trabajo con la sombra. A pesar de que hace falta valor para enfrentarte a tus mierdas, merece la pena hacerlo, y es un componente fundamental para ejercer el poder de forma distinta.

«Pero, un momento —puede que estés pensando—, ¿por qué tenemos que ser las mujeres quienes hagamos el trabajo con la sombra? ¿No se malinterpretará mi disposición a reconocer mis errores como una debilidad de la que aprovecharse y como la suposición ingenua de que, si yo cambio, los demás también querrán hacerlo? ¿No llevamos ya demasiado tiempo intentando ser nuestra mejor versión? ¿Sintiéndonos culpables cuando no damos la talla y pidiendo disculpas por nuestras imperfecciones? ¿Acaso las mujeres no hemos asumido la responsabilidad de cosas que ni siquiera son nuestras, no hemos atendido a los hombres, no hemos aplacado su ego, no hemos hecho de niñeras de sus sentimientos mientras ellos continúan sacando provecho de su injusta ventaja? ¿Por qué tenemos que encargarnos nosotras del arduo trabajo de transformar el poder antes de que apenas hayamos probado el empoderamiento en casa, en el trabajo y en el mundo?»

Son preguntas que merecen la pena, todas ellas. Es un asunto peliagudo, este de que las mujeres debemos mirar hacia dentro y asumir la responsabilidad por las formas en que colaboramos con las viejas historias sobre el poder y las actuales reglas de combate. Puede parecer injusto, e incluso peligroso, que lo hagamos. Eso es cierto sobre todo en el caso de las mujeres de raza negra, lesbianas y trans, de las mujeres que trabajan en industrias predominantemente masculinas, de cualquier mujer con sistemas familiares anclados en el patriarcado o con relaciones controladoras y de maltrato. Aun en el caso de que una relación no sea de maltrato, tener una pareja con una actitud reticente, defensiva, puede convertir el trabajo con la sombra en una cuestión arriesgada. Ahí es cuando es bueno buscar ayuda, llevar a cabo este trabajo en entornos seguros, de apoyo, como en la consulta de un psicólogo, en terapia de pareja o con grupos de mujeres que se enfrentan a problemas similares. Pero no puedo ensalzar lo suficiente la importancia de examinar con sinceridad todo nuestro ser, tanto la luz como la oscuridad, a pesar de lo difícil y perturbador que puede resultar. Lo cierto es que somos capaces de trabajar en nosotras mismas mientras defendemos la justicia y el cambio. Y sostengo que hacer ambas cosas es más efectivo que realizar solo una de ellas.

La psicoanalista junguiana Marion Woodman dijo: «Cada vez que nos negamos a aceptar que algo forma parte de nosotros, proyectamos ese algo sobre los demás. Una proyección es como una flecha que sale volando de tu conciencia y encuentra su objetivo en alguien del exterior [...]. Jung señaló que nuestras proyecciones son como tesoros que creemos que pertenecen a otras personas y que deseamos con todas nuestras fuerzas para nosotros. Apartarnos de nuestras proyecciones nos permite reclamar esos tesoros».

Quiero que las mujeres reclamemos el tesoro de nuestro propio poder. Quiero que dejemos de creer que otras personas poderosas tienen algo especial que a nosotras nos falta. Quiero que dejemos de proyectar, particularmente sobre los hombres, eso que «deseamos con todas nuestras fuerzas para nosotras» y que, en lugar de eso, desenterremos nuestro propio estilo de poder y después nos asociemos con ellos para llevar a cabo el tipo de cambios que mejorará la vida de todo el mundo.

CICATRICES

Las puertas que conducen al mundo
del Yo salvaje son pocas pero valiosas.
Si tienes una profunda herida, eso es una puerta;
si tienes un cuento muy antiguo, eso es una puerta [...].
Si ansías una vida más profunda, colmada y sensata,
eso es una puerta.

CLARISSA PINKOLA ESTÉS

LA LETRA ESCARLATA, de Nathaniel Hawthorne, ocupa el quinto puesto en la lista de las lecturas obligatorias más frecuentes en los institutos de Estados Unidos que incluí en la primera parte. La historia transcurre en el siglo XVII y está ambientada en Boston, Massachusetts, en el seno de una comunidad muy unida en la Nueva Inglaterra puritana. Comienza cuando a Hester Prynne, una preciosa joven a la que Hawthorne describe como parecida a la Virgen María, la sacan de la cárcel del pueblo con su hija pequeña en brazos y la letra «A» de «adulterio» bordada en el pecho con hilo de color escarlata. La noticia corre de boca en boca entre sus conciudadanos: el marido de Hester ha desaparecido en el mar, ella ha tenido una aventura y ha dado a luz a una criatura fuera del vínculo del matrimonio. Y, por si eso no fuera lo bastante vergonzoso, la joven reconoce su infamia sin reservas.

A ojos de los puritanos de Boston, Hester ha cometido un pecado imperdonable, tan grave como el pecado original de Eva. No solo ha roto las reglas, sino que además les cubre las espaldas a los dos hombres de su vida, puesto que jamás revela la identidad de su marido, que al final regresa al pueblo, y mantiene en secreto el nombre de su amante, que resulta ser el pastor de la iglesia. A medida que la trama avanza, los temas del sexo y la religiosidad, la venganza y la culpa, la obediencia y la libertad hacen que Boston se convierta en un hervidero.

No sé cómo hablan del libro los profesores actuales, pero cuando yo lo leí por primera vez en el instituto, me indujeron a creer que la moraleja de la historia era esta: que el sexo extramarital era un pecado, que alguien pagaría por ello y que ese alguien solía ser una mujer. Mi entorno estaba lleno de chicas que en ese momento estaban perdiendo la virginidad y ocultándoles secretos a sus padres. Sí, todas estábamos más liberadas de lo que lo había estado Hester Prynne, aunque sabíamos lo que ocurriría si nos pillaban. Nos humillarían, nos llamarían putas, nos quedaríamos embarazadas. Llevaríamos la letra escarlata.

Me habría olvidado por completo de *La letra escarlata*, y desde luego no habría vuelto a leerlo si no hubiera vivido mi propia experiencia a lo Hester Prynne: un divorcio complicado y la soledad y la inseguridad de la maternidad en solitario. La noche que le conté que iba a divorciarme, mi madre se quedó horrorizada. Estaba preocupada por mí y eso me conmovió. Pero parecía estar aún más preocupada por lo que diría la gente de su pueblecito, y eso me puso furiosa.

Le dije que me daba igual lo que pensaran los demás (cosa que era mentira). Le dije que tanto mi marido como yo habíamos sido infieles, que el matrimonio llevaba mucho tiempo muerto y que querer ser feliz, ser amada y ser yo misma no era un pecado.

—¡Hablas con la misma desvergüenza que Hester Prynne! —exclamó, como si Hester fuera su vecina de al lado.

—¿A qué te refieres? —pregunté—. No me acuerdo de ese libro.

—Léetelo —sentenció mi madre.

Así que le hice caso y volví a leérmelo. En esa ocasión, sentí cierta afinidad con la protagonista. Me vi reflejada en algunas partes de su historia. Cuando mi madre y mis hermanas se mostraron tan profundamente reprobadoras como las mujeres de Boston, busqué inspiración en la independencia osada de Hester. Cuando la vergüenza hacía que me sintiera como si llevase una letra escarlata en el pecho, me fijé en que ella lucía la suya con una dignidad imperturbable. Cuando me enfrentaba a hostilidades y coacciones en el trabajo, me armaba de valor e intentaba encontrar mi lugar en lo que a menudo parecía el Boston del siglo XVII. Y, cuando me parecía imposible afrontar la maternidad en solitario, recurría a Hester. A pesar de su trauma, era una buena madre y protegía a su hija con uñas y dientes.

«Esta decisión te dejará marcada para siempre, como una cicatriz», me había advertido mi madre. Y tenía razón. Pero, como Hester Prynne, y como su letra escarlata, mi cicatriz terminaría por convertirse en nada más y nada menos que en lo que me liberó. Años más tarde, después de la muerte de mi madre y de haberme convencido de que ya había superado el dolor del divorcio, tuve una experiencia con una cicatriz literal, una cicatriz en mi cuerpo, que arrojó luz sobre

154

la fase Hester Prynne de mi vida y me ayudó a liberarme del peso de la falta de confianza en mí misma y de la vergüenza que tantas cargamos durante demasiado tiempo.

Estaba dirigiendo una conferencia en el Omega. Eve Ensler, la activista y dramaturga que se hizo famosa por *Los monólogos de la vagina*, y mi socia en la organización de las primeras conferencias de «Mujeres y poder», estaba dando una charla. Salí de entre bastidores y ocupé mi asiento junto a los centenares de mujeres que habían asistido. Eve estaba hablando de una cicatriz que tenía en el cuerpo, de cómo se la había hecho, de qué significaba para ella y de cómo recurría a su presencia para recordar las lecciones que había aprendido durante una época difícil de su vida. Luego nos pidió que cerráramos los ojos y pensáramos en una cicatriz que tuviéramos en nuestro cuerpo. Que posáramos los dedos sobre ella y acariciáramos su contorno para recordar las historias engastadas en nuestra piel. ¿Cómo había llegado allí aquella cicatriz?, preguntó Eve. ¿Qué habíamos aprendido? ¿Qué mensaje transmitía aquel tatuaje?

Me llevé inmediatamente los dedos al muslo para buscar la cicatriz apenas palpable que me había dejado una herida de hacía muchos años. Metí la mano por debajo de la cinturilla del pantalón y fui bajándola por el lateral de la pierna hasta encontrar lo que buscaba. Cuando rocé el trozo de piel abultada, me vino a la cabeza la historia de mi matrimonio y mi divorcio, como si la estuviera leyendo en un libro.

Me vi a los diecinueve años, recién llegada a la universidad. Era inmadura para mi edad, inocente en cuanto al amor y el sexo, no tenía claro ni quién era ni quién quería ser. Estaba muy involucrada en los movimientos antibelicistas y a favor de los derechos civiles de la época, pero también me inquietaban la rabia y la violencia que pasaban desapercibidas y que iban filtrándose en el discurso y en las manifestaciones. Dudaba en secreto del lenguaje machuno, de la agresión malintencionada y de todo aquello en lo que los chicos jóvenes que lideraban el embate se parecían a los hombres del otro bando a los que injuriaban. ¿Cómo iba a ser posible que un proceso tan poco pacífico llegase a generar paz? ¿De verdad estaba hecha para ser activista? Aunque estas preocupaciones bullían en mi interior, era reacia a ponerlas sobre la mesa en las reuniones o con mis amigos. No habrían hecho sino sacar a la luz mi escaso compromiso con la causa y mi falta de claridad y de agallas.

Así que, en lugar de eso, empecé a leer las palabras del doctor Martin Luther King Jr. Su asesinato todavía estaba reciente en el imaginario colectivo estadounidense. Muchos amigos míos habían reaccionado a su muerte con una oleada de activismo más radical. Otros tomaron una dirección distinta, atraídos por la filosofía de la no violencia de King. Yo no había sino empezado a tomar conciencia de aquellas dos fuerzas que pugnaban en mi interior: la buscadora de justicia que quería combatir los males del mundo y la buscadora de sabiduría, que quería aceptar la responsabilidad de esos mismos males en su corazón para cambiarse a sí misma en vez de intentar cambiar a los demás, para «ser la paz», tal como había dicho el mentor del doctor King, Mahatma Gandhi.

Un día, en la primavera de mi primer año en la universidad, me uní a un grupo de amigos activistas que estaban construyendo ilegalmente un «parque del pueblo» en un solar vacío que era propiedad de la Universidad de Columbia. El parque era un símbolo de la lucha estudiantil contra los planes de la universidad, que pretendía construir un edificio de oficinas en aquel terreno. Llevábamos varias semanas recogiendo trastos y acarreándolos hasta allí, cualquier cosa, desde agujas desechadas hasta un sofá infestado de ratas. En aquel momento estábamos amontonados en la caja de una camioneta vieja, apiñados entre montones de tierra, palas y otras herramientas, mientras volvíamos de hacer acopio de mantillo en una granja del norte del estado. De lo que no me acuerdo es de cómo encontramos una camioneta en la ciudad de Nueva York.

Pero sí recuerdo esto: mientras traqueteábamos por las calles llenas de baches de Harlem, caí en la cuenta de que ninguno de nosotros, todos universitarios bienintencionados, conocíamos a la gente que vivía junto al solar vacío. ¿Querrían ellos el parque? A lo mejor eran partidarios de los planes de la universidad. Quizá lo mejor fuera que el barrio se librase de aquel terreno peligroso, repleto de droga. No se lo habíamos preguntado.

Les eché un vistazo a las personas que viajaban conmigo en aquella camioneta: chicos vestidos con vaqueros negros y chaquetas de cuero negras, chicas con el pelo largo y faldas cortas. Los conocía a todos menos a uno. Tenía los ojos marrones, una mirada penetrante y el pelo de color caoba recogido con un pañuelo azul. ¿Quién era? Me daba la sensación de que era distinto a los chicos del ámbito político con los que me había estado relacionando. Lo miré y él me miró. Sentí una conexión profunda. Unos instantes más tarde, la camioneta frenó de golpe. Las herramientas, que viajaban sueltas en la caja del vehículo, salieron despedidas hacia delante. Una de ellas, una piqueta que habíamos utilizado para cavar en el suelo rocoso, se me clavó en la pierna.

El dolor fue tan intenso que grité. El chico de los ojos marrones se acercó a mi lado.

—No te quites el pico —dijo, y me agarró la mano—. Perderás mucha sangre.

—¡Pero es que duele!

—Ya lo hago yo —continuó—. Estudio Medicina.

Lo observé mientras, con mucho cuidado, me sacaba de la pierna la punta de la piqueta con sus dedos afilados. Se quitó el pañuelo de la cabeza y lo sujetó haciendo presión sobre la herida. Luego examinó la piqueta.

—Creo que se ha desprendido un trozo de metal y que se te ha quedado metido debajo de la piel. Vente a mi apartamento, intentaré sacártelo.

—Eso debes decírselo a todas —repliqué.

—No, solo a las que se han clavado una piqueta —dijo entre risas.

Y aquel fue el comienzo de nuestra relación. Fui a su apartamento. Tras intentar extraer la esquirla de metal, me limpió la herida y me puso una venda.

—Creo que la he sacado entera.

Aquello me impresionó. No obstante, lo que me llamó la atención aún más fue el cojín para meditar, redondo y negro, que vi en un rincón de su dormitorio.

—¿Para qué sirve eso? —pregunté. No había visto nada parecido en la vida.

—Es un *zafu* —contestó el estudiante de Medicina—. Un cojín de meditación zen.

Empecé a meditar con él en un centro zen de la ciudad. Íbamos hasta allí en autobús, mientras nos leíamos el uno al otro libros de Suzuki Roshi y Carlos Castaneda. Nos fuimos a vivir juntos, nos casamos, tuvimos hijos y fundamos el Instituto Omega. Hacíamos un muy buen equipo con su visión y mi creatividad; su capacidad para correr riesgos y mi planificación minuciosa; su seguridad en sí mismo y mi necesidad de ganarme su aprobación. Todo esto formó parte del proceso de nuestro matrimonio y de la organización que construimos juntos.

Eso era lo que recordaba mientras permanecía sentada en el auditorio principal del Omega, acariciando la cicatriz, escuchando a Eve Ensler. «Preguntadle a la cicatriz qué lecciones contiene para vosotras», dijo. Me apreté la pierna. Desde lo más profundo de mi ser, emergieron más imágenes. Vi los buenos tiempos y las dificultades, las promesas hechas y rotas. Lo que cada uno de nosotros le aportaba al otro y lo que reprimimos. La ruptura final tras catorce años de vida compartida.

Volví a rozar la cicatriz y recordé que, durante todos los años que duró mi matrimonio, la cicatriz se me infectaba, se hinchaba, se ponía de color escarlata y después se curaba y aplanaba. Entonces, una noche de verano, justo antes de que firmáramos el divorcio, estaba sola en mi recién alquilado y destartalado apartamento. Los niños iban a pasar la noche con mi casi exmarido. Sufría por nuestros hijos, me sentía sola sin ellos, me daba miedo no ser capaz de ser una buena madre soltera. Me daba vergüenza que nuestro matrimonio no hubiera durado, me sentía culpable por mi parte de responsabilidad en su conclusión. Me sentía insegura respecto al trabajo y aterrorizada por mi situación económica. ¿Quién era yo sin mi marido? ¿Sería capaz de gobernar el barco de mi propia vida?

De repente, sentí un hormigueo en la cicatriz del muslo. Me levanté el bajo del vestido de tirantes esperando notar la molestia delatora de la infección, pero en esa ocasión, asomando por encima de la piel, había un fino fragmento de metal. Me quedé de piedra. «Creo que la he sacado entera», me había dicho. Pues parecía ser que no. Al final de nuestra relación, la esquirla de metal se había liberado. ¿Qué significaba aquello?

Y aquí estaba yo ahora, en una sala de conferencias, años después de que la esquirla hubiera conseguido salir, sentada entre cientos de mujeres, tocándome la cicatriz, mi letra escarlata, y preguntándome todavía qué significaba. Si algún extraño hubiera entrado en el auditorio en aquel momento, no habría sabido qué pensar de aquella escena. Estábamos en silencio, con los ojos cerrados, tocándonos diferentes partes del cuerpo. Algunas mujeres lloraban, otras le daban palmaditas a su cicatriz y hablaban consigo mismas. Yo no dejaba de susurrarme: «¿Qué significa? ¿Qué significa?». Me pasé el fin de semana llevándome la mano al muslo, pensando en aquel trozo de metal que había penetrado en mi cuerpo justo en el inicio de una relación que definiría la primera parte de mi vida adulta, y que había salido cuando mi matrimonio estaba llegando a su fin.

La conferencia terminó, pero yo seguía pensando en la cicatriz. Mientras volvía a casa en el coche, pasé por delante del edificio al que los niños y yo nos mudamos justo después del divorcio, una mansión enorme y desvencijada construida en la década de 1780 que después se dividió en apartamentos. Mi coche se desvió casi por arte de magia hacia el largo camino de entrada. El edificio me pareció aún más lúgubre de lo que lo recordaba. Pensé en la época en la que viví allí con mis hijos aún pequeños, abrumada por la culpa y el miedo, intentando fingir por su bien que era fuerte.

Aparqué, me bajé del coche, abrí la enorme puerta de entrada y subí las escaleras. Cuando llegué al apartamento, las emociones antiguas me asaltaron de nuevo: la vergüenza por haber roto una familia, la culpa por arrastrar a mis hijos hacia un caos que era responsabilidad mía. Me toqué el muslo y le pregunté a la cicatriz: «¿Es este? ¿Este es el mensaje? ¿Que ya puedo dejar pasar la culpa?». Pero no, no parecía tratarse de eso. Casi me daba la sensación de que la cicatriz se estuviera riendo de mí: «¿Todavía no te has librado de eso? ¿De esa culpa y esa vergüenza añejas? Venga ya, tus hijos son adultos, les diste una buena base, están bien».

Entonces, ¿cuál era el mensaje? ¿Qué significaba?

Y, en ese momento, lo supe. Allí plantada, al final de la escalera, en un pasillo oscuro, por fin comprendí algo importante: que aunque la esquirla de la piqueta había salido de mi cuerpo, mi exmarido no. Después de tantos años, seguía llevándolo de un lado a otro dentro de mí y aún buscaba su aprobación. No nos veíamos casi nunca, ambos habíamos vuelto a casarnos. A primera vista, estábamos divorciados. Tenía los documentos legales que lo demostraban y aquella esquirla de metal de algún otro juzgado más místico. Había avanzado mucho en la búsqueda de mi propia voz y en mi confianza en ella, y también a la hora de utilizarla en el trabajo y como autora. Sin embargo, todavía me dejaba arrastrar por la necesidad de que alguien ajeno a mí me validara. Precisamente él. Seguía valorando sus opiniones por encima de las mías, todavía buscaba legitimarme en su mirada, como si, sin su aprobación, el concepto de mí misma que con tanto esfuerzo me había formado no tuviera sentido. Lo mantenía vivo dentro de mí, una esquirla de hambre y rabia. Y no se trataba solo de él. Aquel fragmento de metal contenía la historia de mi infancia y las historias de todas las edades, las historias que me impiden vivir, como dice Clarissa Pinkola Estés, «una vida más profunda, colmada y sensata».

Las puertas que conducen al mundo del Yo salvaje
son pocas pero valiosas.

Si tienes una profunda herida, eso es una puerta;
si tienes un cuento muy antiguo, eso es una puerta.
[...]
Si ansías una vida más profunda, colmada y sensata, eso
es una puerta.

Volví a acariciarme la cicatriz. «Sí —me dijo—. Sí. Esto. Puedes acabar con esto ahora mismo. Con esta necesidad de que otra persona te vea para que seas real, para que seas válida. Nunca fue tarea de tu marido concederte tu sentido de la valía personal. Era tarea tuya reclamarlo y apreciarlo, valorarlo y confiar en él. Ha llegado el momento de que seas tu propia fuente de dignidad y poder. Deja de necesitar que sea él. Deja de culparle por no dártelo. Perdónate por tardar tanto tiempo en llegar a este lugar. Perdónalo a él por su papel en esta historia. Libera toda esa energía herida. Luce tu cicatriz como un distintivo de tu crecimiento y sigue con tu vida.»

Bajé las escaleras y volví a mi coche. Durante el trayecto hacia mi casa, pensé en todas las compañeras con las que había estado aquel día. Sentí curiosidad por los mensajes que habrían desvelado. Pensé en las mujeres a lo largo de los siglos, en las cicatrices de su piel y las historias que llevaban con ellas. Pensé en Hester Prynne y en la letra «A» roja que lució en el pecho hasta la última página de *La letra escarlata*. Pensé en cómo transformó sus años de culpa y castigo en compasión y empatía. En cómo cuidaba de los enfermos y actuaba como confesora de otras mujeres que desafiaban las normas puritanas. Al final del libro, muchos de los habitantes de Boston que habían denigrado a Hester la veían como un ángel de la caridad y habían cambiado gracias a la integridad y a la capacidad de perdón de la protagonista. Hawthorne escribe que la letra escarlata que antes simbolizaba el adulterio se convirtió en «el símbolo de su vocación». «Estaba siempre tan dispuesta a ayudar en todo, tenía tanta capacidad para comprender y compadecer, que mucha gente rehusaba interpretar el significado de la letra "A" en su sentido original. Decían que significaba "Aptitud"; tal era la fuerza de Hester Prynne, tal el vigor de su femineidad.»

ELOGIO
DE LOS PADRES

Las mujeres no van a ser iguales fuera del hogar
mientras los hombres no sean iguales dentro de él.

GLORIA STEINEM

CRECÍ EN UNA casa de mujeres; crie una casa de niños. Me encantaba ser una niña; me encanta ser una mujer. Y siempre me ha encantado estar con mujeres: como hija, hermana, suegra, amiga, comadrona o compañera de trabajo.

También me encantan los niños: mis hijos, sus amigos y ahora mis nietos. Me encantan los hombres. Me he casado con dos (no a la vez) y he trabajado junto a ellos toda mi vida. Muchas veces me he sentido como una antropóloga en mi propia casa, observando el comportamiento y las costumbres del otro sexo. En el trabajo se parecía menos a la antropología y más a una prueba de fuego larguísima. Ahí fue donde por fin identifiqué mi propio estilo de poder y el valor de decir mi verdad.

La mayor parte de lo que se ha escrito y se ha investigado acerca de las mujeres y el poder tiene que ver con cambiar las dinámicas en los puestos de liderazgo y en el entorno laboral. Pero los cambios que más me maravillan y me ilusionan hoy en día son los que se están produciendo en el hogar.

Gloria Steinem ha hablado en varias conferencias de «Mujeres y poder». A una de ellas acudió acompañada por su nuevo marido, David Bale, con el que se había casado hacía tan solo un año. La prensa le había dado muchísima importancia al hecho de que Gloria Steinem, la famosa feminista que tan a menudo había cuestionado la institución del matrimonio, hubiera acabado casándose a los sesenta y seis años. Cuando un periodista la acusó de cambiar de parecer, ella contestó: «No he cambiado yo, ha cambiado el matrimonio. En Estados Unidos hemos pasado treinta años modificando las leyes del matrimonio. Si me hubiese casado cuando se suponía que debía casarme, habría perdido mi nombre, mi residencia legal, mi calificación crediticia, muchos de mis derechos civiles. Eso ya no es así. Es posible formar un matrimonio igualitario».

Mientras paseábamos por el campus del Omega, le pregunté a Gloria qué era lo que la había impulsado a querer casarse con David. Lo primero que me dijo, antes de hablarme de su carrera profesional o de su trabajo como activista medioambiental y por los derechos de los animales, fue que había criado a sus cuatro hijos como padre soltero y abnegado.

«Tiene el corazón más grande que cualquier otro hombre que haya conocido en mi vida —aseguró—. Y la prueba de ello es cómo ha criado a sus hijos. Eso es lo que me atrajo de él: su corazón, su manera de educar, sus prioridades.»

Le dije a Gloria que a mí me pasaba lo mismo y compartí con ella la historia de cómo conocí a mi segundo marido. Él había ido al Omega para asistir a un taller impartido por la autora Jean Shinoda Bolen, que acababa de publicar un libro titulado *Las diosas de cada mujer*. Era el único hombre en una clase con doscientas participantes. Me dijo que estaba intentando desarrollar su «lado femenino» porque no tenía práctica en la intimidad que requería ser el progenitor principal de su hijo de cinco años. Aquello me intrigó. Un tipo de Texas, jugador de baloncesto y empresario, que quería ser un padre más entregado y un hombre más abierto desde el punto de vista emocional. Aquello me resultó sexy y atractivo, e inusual.

El discurso inaugural que Gloria pronunció aquel año se centró en la división del trabajo en el hogar. Dijo: «Las mujeres no van a ser iguales fuera del hogar mientras los hombres no sean iguales dentro de él. Mientras las mujeres trabajadoras tengan que desempeñar también las labores de cuidados de los niños y de la familia en el hogar, tendrán dos trabajos en lugar de uno. Y lo que quizá sea aún más importante, los hijos crecerán creyendo que solo las mujeres proporcionan amor y cuidados, y que los hombres no tienen esa capacidad. Es fundamental lograr una sociedad en la que los hombres críen a los hijos en igual medida que las mujeres».

Eso fue en 2002. Desde entonces, a lo largo y ancho del mundo, con diferentes grados de velocidad y consecución, veo que los hombres van convirtiéndose en parejas igualitarias dentro de casa. Veo la evolución de la estructura de la familia, la expansión de los papeles de madre y padre y el cambio del reparto de las tareas; lento, pero cambio al fin y al cabo. Llevo esperando esas transformaciones desde que era una niña, afectada como estaba por la desigualdad de género en el hogar en el que me crie. Mi padre era un hombre de su generación, de la generación grandiosa, como se la llama, porque fue la única que creció durante la Gran Depresión y luchó contra los nazis en la Segunda Guerra Mundial. No obstante, también fue la generación de los hombres que nunca hablaron sobre la guerra, que nunca procesaron el trauma, que siempre mantuvieron la compostura como se suponía que debían hacer los hombres. Y eso hizo mi padre. También mantuvo la distancia emocional con sus cuatro hijas. Era quien ganaba el sustento y quien imponía la disciplina, porque eso era lo que se esperaba de los padres en aquella época. No hacía labores del hogar, no cocinaba ni comparaba, rara vez jugaba con nosotras, no asistía a las funciones escolares ni conocía a nuestros amigos. Ese era el papel de mi madre (a pesar de que ella también trabajaba fuera de casa). Ninguno de los dos, fieles a los valores de la generación grandiosa, hablaba con el otro sobre lo que sentían en relación a sus respectivos papeles en la familia y las responsabilidades divididas según el género.

Hace tiempo que mi marido y yo estamos llevando a cabo un experimento científico para intentar revertir la impronta que ambos recibimos de niños. El experimento es el siguiente: coge a dos personas criadas por padres de la generación grandiosa. Colócalos en la placa de Petri de lo que se conoce como una familia ensamblada (un nombre muy poco apropiado, si lo que te sugiere es un encaje perfecto). Dales a ambos una vida profesional ajetreada, sumérgelos en una forma de ver la vida basada en la igualdad de género y observa los resultados.

Junto con la felicidad de encontrar pareja tras un divorcio difícil en ambos casos, en la placa de Petri de nuestro matrimonio empezaron a burbujear hasta rebosar todo tipo de problemas subterráneos, como el privilegio masculino inconsciente y la rabia femenina reprimida y oscura. Problemas como la culpa y la vergüenza, el estrés y la frustración. Pero, afortunadamente, también añadimos unos cuantos ingredientes que muchas personas de nuestra generación (y todavía más de las generaciones que nos siguen) hemos tenido la suerte de adquirir: el compromiso de escuchar y comunicarnos, el valor de examinar nuestras sombras y el deseo de revisar los papeles que habíamos heredado. Y, quién lo iba a decir, pasen y vean los milagros y meteduras de pata diarios mientras la mujer y el hombre avanzan pasito a pasito hacia un matrimonio y una vida doméstica distintos de los de sus padres.

Mi marido se crio en el oeste de Texas, en un rancho de ganado. Era el típico chico estadounidense con personalidad de tipo A en la década de 1950: deportista y el que mejores notas sacaba del instituto. Recibió una beca universitaria de baloncesto y luego se especializó en Derecho. A veces miro a este tío que marcaba ganado y asistía a rodeos y pienso que a lo mejor tengo más en común con alguien de otro planeta. Sé que él opina lo mismo de mí: una feminista de Nueva York, una *hippie* en el instituto, una chica cuyo concepto de los deportes competitivos eran los juegos de mesa. Sin embargo, para cuando nos conocimos, las tribulaciones del divorcio y de la crianza en solitario habían reducido la importancia de esas diferencias. Nos conocimos cuando estábamos a punto de «rompernos para abrirnos». ¿Abrirnos a qué? En el caso de mi marido, a las cualidades que no había desarrollado de niño ni de joven. Es una persona que define el hecho de ser padre soltero como una implacable clase magistral de inteligencia emocional. En mi caso, el divorcio y la crianza en solitario me guiaron hacia la autoconfianza, la firmeza y la responsabilidad financiera, aspectos de mi personalidad que habían permanecido latentes en mi interior, ocultos bajo las expectativas culturales, de la misma manera que las cualidades de mi marido habían permanecido sin ejercitarse y dormidas dentro de él. Ambos habíamos llevado a cabo varias transformaciones complejas de dentro afuera.

Puede que ya conozcas este chiste acerca de los cambios de dentro afuera:

Pregunta: ¿Cuántos psiquiatras se necesitan para cambiar una bombilla?
Respuesta: Uno. Pero la bombilla tiene que querer cambiar.

Los seres humanos podemos cambiar, aunque solo si queremos hacerlo, y solo si trabajamos en ello. Desde hace más de cien años, las mujeres no han parado de presionar para conseguir cambios. ¿Por qué? Porque queríamos. Queríamos votar, necesitábamos trabajar. Queríamos estar a salvo en nuestra casa y en la calle. Ser fuertes en nuestro cuerpo, tener una voz propia. Queríamos dignificar nuestro verdadero ser para poder crear arte, explorar, inventar, liderar. Queríamos convertirnos en personas conocedoras de los usos de un mundo que se nos había negado. Y queríamos dar a luz a un tipo de mundo distinto.

Ahora bien, tanto las mujeres como los hombres tienen que querer cambiar si pretendemos modificar la historia, sobre todo la historia de quién cría a los hijos, quién cuida del hogar, de los padres mayores y del bienestar emocional de la comunidad. Para cambiar esa bombilla, los hombres de este siglo van a tener que querer cambiar tanto como lo quisieron las mujeres en el siglo pasado. Tendrán que interpretar ese cambio no como un deber, sino como un beneficio que aportará cosas buenas a su vida y a las de todos.

Tal vez parezca que los viejos papeles están demasiado arraigados para que llevemos a cabo el tipo de cambios que estoy sugiriendo aquí. Pero soy una optimista evolutiva. En el campo de la neurología existe un fenómeno denominado neuroplasticidad dependiente de la experiencia. En lenguaje más llano, quiere decir que el cerebro aprende a partir de nuestras experiencias y, de hecho, cambia su estructura basándose en la información que fluye por él. Así aprenden los niños, y actualmente los neurocientíficos están demostrando que el cerebro conserva su plasticidad, su maleabilidad, a lo largo de toda nuestra vida. Los estudios muestran que, incluso tras sufrir una apoplejía u otro trauma, el cerebro puede reorganizarse y crear nuevos circuitos neuronales.

Esto es una buena noticia para el cambio de la bombilla. Los surcos neuronales profundos, también conocidos como antiguos sistemas de creencias, pueden evitarse incluso en el caso de las personas y las culturas más rígidas, y, al mismo tiempo, se pueden crear nuevos circuitos, nuevas formas de pensar. Lo que veo que está sucediendo ahora mismo en la vida familiar y en los matrimonios de las personas gais y hetero es una prueba de la continua evolución de la especie humana. He estado sentada en primera fila observando las distintas formas en las que la siguiente generación, la de mis hijos, ha ido creando nuevos circuitos neuronales en el cerebro colectivo de nuestra cultura.

Hace unos cuantos años, acompañé a mi hijastro y a mi nuera mientras tenían a su primer bebé. Durante el parto, él hizo todo lo posible por involucrarse en el proceso, excepto empujar para sacar a la criatura. Después, utilizó una aplicación móvil para ayudar a su esposa a cogerle el truco a dar el pecho. Se oía un «bip» en su móvil y entonces decía: «Cariño, creo que ahora tienes que cambiar al pecho izquierdo». Hizo lo mismo con su segunda hija, y desde entonces ha formado parte de la vida de sus niños de un modo que es un ejemplo vivo de neuroplasticidad. No es mi intención hacer que esto parezca fácil. No lo es para los padres, ni para las madres, ni para las relaciones parentales o los hijos. La cultura no está cambiando a la misma velocidad que algunas familias. Necesitamos circuitos neuronales nuevos no solo en hombres y mujeres concretos. La estructura del lugar de trabajo y las prioridades de la cultura también tendrán que cambiar, pero muchas veces los grandes cambios del mundo comienzan con las personas que tienen la valentía de hacer esos cambios en su casa. Como dijo Gloria Steinem: «Las mujeres no van a ser iguales fuera del hogar mientras los hombres no sean iguales dentro de él».

Mi hijo mayor y su esposa comparten los roles de sostén económico de la familia, amos de casa y padres. Para mí, estar con ellos es una revelación que rompe con los estereotipos, aleccionadora y prometedora. Desde el momento en que mi hijo se convirtió en padre, se mostró tan afectuoso, atento e intuitivo como cualquier madre que yo hubiera conocido. Una vez cometí el error de decirle:

—Eres una buenísima mamá.

Él me contestó:

—No soy mamá. Soy padre. Eso es lo que hacen los padres.

Desde aquel momento, soy muy consciente de que la sociedad honra a las madres e ignora a los padres. Casi todos los artículos de revistas, blogs o libros sobre crianza están dirigidos a las madres y las alaban. Tras observar a mi hijo, sé que los padres pueden ayudar a criar a los hijos, deben hacerlo y tienen lo que se requiere para ello. En el fondo todos tenemos la capacidad de cuidar, sacrificarnos, enseñar, amar... Todas las cualidades que por lo general les atribuimos a las madres. Ahora estoy inmersa en una cruzada por incluir la palabra *padre* en todo momento y lugar donde la vea excluida.

Hace poco fui a la fiesta de cumpleaños de mi nieto. Me senté con uno de los padres mientras este ayudaba a su hija de tres años a tranquilizarse tras un berrinche y al mismo tiempo le cambiaba el pañal a su bebé. Su mujer estaba en el porche, charlando con los adultos. Mientras aquel papá consolaba a su hija, sacó un pañal de la bolsa con una mano y sujetó al bebé que se retorcía con la otra, y después, con total seguridad, le limpió el culete con toallitas y le puso el pañal limpio.

—Sabes que lo que estás haciendo es revolucionario, ¿no? —Aquel padre me miró con cara de desconcierto, así que se lo expliqué—: Bueno, quizá parezca que lo único que estás haciendo es cambiar un pañal con caca y calmando a una niña pequeña, pero yo opino que es igual de importante que lo que hace cualquier activista social, artista o cargo electo por intentar cambiar el mundo. De hecho, creo que la paternidad plena y entregada puede salvar el mundo. Como mínimo, les enseñará a tus hijos cómo se es un hombre de verdad.

El joven me miró, sonrió y dijo:

—No es más que nuestra forma de hacer las cosas. Pero gracias. Gracias por ver lo que estamos haciendo. Gracias por ver lo que estoy haciendo.

Admiro a los hombres que están cambiando delante de nuestras narices, a los que están nadando contra la corriente de los siglos y convirtiéndose en su yo humano más pleno. Sin embargo, también debo reconocer el papel de la esposa de aquel joven, la que estaba en el porche durante la fiesta de cumpleaños. No le pidió a su marido que le cambiara el pañal al bebé. Esperaba que lo hiciera. No se disculpó por estar fuera pasándoselo bien mientras él «hacía de canguro». Más bien al contrario, creía en la capacidad, el derecho y la responsabilidad de un hombre a la hora de ser un cuidador emocionalmente inteligente, al igual que él cree en la capacidad, el derecho y la responsabilidad de ella a la hora de ganarse la vida y expresar su personalidad plena.

También tengo que brindar mi reconocimiento a las parejas del mismo sexo que están redefiniendo la maternidad, la paternidad y la vida familiar. Carlos Ball, escritor y profesor de Derecho en la Rutgers University, escribe lo siguiente:

Mi pareja masculina y yo criamos a nuestros dos hijos y los cuidamos de tal manera que resulta indistinguible de lo que la sociedad espera tradicionalmente de las madres. Los consolamos cuando se hacen daño, ya sea física o emocionalmente. Les hacemos la comida y limpiamos su habitación. Hacemos magdalenas cuando cumplen años y las llevamos al colegio para que puedan celebrarlo con sus amigos. Los abrazamos y besamos tan a menudo como nos dejan. Los animamos a explorar sus pasiones, no solo las del béisbol y el fútbol, sino también las de tejer y tocar el piano […]. Puede resultar tentador pensar que mi pareja y yo hacemos de madres de nuestros hijos porque en nuestra casa no hay progenitora femenina. Pero conocemos a hombres heterosexuales casados que hacen por sus hijos lo mismo que nosotros hacemos por los nuestros […]. Gran parte de la sociedad continúa aferrándose a la idea de que los progenitores masculinos son incapaces de criar y cuidar a sus hijos de la misma forma en que lo hacen las progenitoras femeninas. La hipótesis dominante es que las madres están más comprometidas que los padres con la crianza. Lo que no reconocemos es que la idea de que las mujeres son más capaces dentro del hogar va de la mano con la teoría de que son menos capaces fuera de él. Asegurar que las madres son mejores progenitoras debería ser tan problemático como defender que los hombres son mejores abogados y médicos.

Cuando nació mi nieto más pequeño, tuvieron que ingresarlo en la unidad de cuidados intensivos neonatales (UCIN) durante un par de días por problemas respiratorios. Mientras mi nuera se recuperaba de la experiencia de un parto traumático, mi hijo acampó en una UCIN y no se apartó de su bebé en ningún momento. Una noche, ya tarde, antes de marcharme del hospital para dormir unas horas, vi a mi hijo sentado muy cerca del moisés en el que su niño diminuto estaba conectado a varias máquinas que pitaban y parpadeaban. Lo oí cantarle al bebé, y aquello me llenó de orgullo. Pero cuando rompí a llorar fue cuando me di cuenta de que el bebé tenía la manita aferrada a uno de los dedos de mi hijo. No lloré solo de cansancio y preocupación, sino también de admiración y agradecimiento hacia mi hijo y su esposa, y hacia todos los hombres y mujeres que están haciendo el duro y agotador trabajo de enmendar siglos de desigualdad.

Antes de sumirme en un sueño irregular, pensé en que, para algunas mujeres y algunos hombres, en determinadas partes del mundo, las cosas están avanzando hacia la libertad y la igualdad a la velocidad de la luz. Sin embargo, a lo largo y ancho del planeta, del país, de la ciudad, todavía se defienden, tanto para las mujeres como para los hombres, normas de género injustas y a menudo incomprensibles, y para ello se recurre a todos los medios posibles, desde el miedo hasta las violaciones y la guerra. Hay abismos de desigualdad y desequilibrio en todas partes, desde los abusos más atroces hasta la perplejidad generalizada que las mujeres y los hombres experimentamos en nuestro trabajo y en nuestra vida doméstica juntos. Se necesitarán generaciones para cincelar en nuestro cerebro y en nuestra cultura los cambios profundos y perdurables que ansiamos. Se necesitará que todos y cada uno de nosotros trabajemos en nuestro rincón del mundo, y que nunca olvidemos a quienes luchan por los derechos humanos básicos, la dignidad y la seguridad.

EJERCER EL PODER
DE MANERA DISTINTA

Considero que la represión del principio femenino
es el mayor problema del planeta,
y dado que el planeta se ha convertido
en una aldea global, el poder por sí solo
ya no va a funcionar. Nos destruiremos.

MARION WOODMAN

DURANTE LAS PRIMERAS conferencias de «Mujeres y poder»,
me encontré con cierta oposición al empleo de la palabra
poder. No me sorprendió. Muchas de las mujeres sentadas
entre el público y también de las que subían al escenario
asociaban esa palabra con el ego, la dominación y la violencia. Fuera cual fuese su edad, su raza, su país de procedencia
o el trabajo que desempeñasen, enseguida decían que no se
consideraban poderosas y que no querían poder.

Para una de las conferencias, ampliamos el tema a mujeres, poder y paz. ¿Podíamos las mujeres utilizar el poder que
por fin estábamos obteniendo para fomentar la paz en el
mundo? Decidimos invitar a todas las mujeres vivas ganadoras

del Premio Nobel de la Paz a hablar sobre ello. Puede que estés pensando: «¿Para qué tantas oradoras en una sola conferencia?». Eso mismo pensé yo cuando se nos ocurrió la idea, ¿podíamos permitirnos llevarlas a todas y subirlas al escenario? Luego lo investigué. En el momento en que se celebró aquella conferencia, solo dieciséis de las ciento cuatro personas galardonadas con el Premio Nobel de la Paz eran mujeres. Siete seguían vivas. Los países de origen de dos de ellas, Irán y Birmania, les tenían prohibido viajar a Estados Unidos. Solo quedaban cinco mujeres: Jody Williams, estadounidense; la guatemalteca Rigoberta Menchú; Wangari Maathai, de Kenia; y Betty Williams y Mairead Corrigan, irlandesas. Corrigan no podía asistir, de manera que quedaban solo cuatro. Y aun así se necesitó un esfuerzo considerable para llevar a aquellas cuatro mujeres hasta un centro de retiro, situado junto a una carretera rural del norte del estado de Nueva York, para debatir el tema mujeres, poder y paz.

La primera noche de la conferencia, Pat Mitchell, la renombrada periodista que, entre otras cosas, había sido la primera directora ejecutiva y presidenta de la PBS, la red de televisión pública de Estados Unidos, entrevistó a Jody Williams. Jody recibió el Premio Nobel de la Paz en 1997 por su trabajo en la Campaña Internacional para la Prohibición de las Minas Terrestres. En cuanto Jody subió al escenario descalza y Pat, como acto de solidaridad, se quitó los zapatos y los lanzó hacia los bastidores, me di cuenta de que iba a ser un intercambio franco y directo. La primera pregunta que Pat le hizo a Jody se centró en el poder: de dónde surgía el suyo, cómo accedía a él, cómo lo utilizaba.

—Dejemos algo claro desde el principio —contestó Jody—: no me gusta la palabra *poder*. No me considero poderosa. No quiero poder.

Pat se quedó de piedra.

—A ver, has estado en zonas de guerra —le dijo—. Les has plantado cara a terroristas y tiranos. Has cruzado campos minados, puede que incluso descalza, para llamar la atención sobre los peligros a los que las personas se enfrentan a diario. Has movilizado equipos por todo el mundo y ganaste el Premio Nobel de la Paz por tus esfuerzos para prohibir las minas terrestres como armas de guerra, pero ¿no te consideras poderosa?

—No, no me gusta esa palabra, *poder* —repitió Jody.

Para ella, era sinónimo de fuerza bruta y egolatría. Argumentó que no había hecho aquello por lo que le habían otorgado el premio por su propio poder, sino más bien porque era lo que había que hacer.

Entonces Pat le dijo algo a lo que he vuelto muchas veces:

—No creo que esos impulsos sean mutuamente excluyentes, Jody. Estás hablando del estereotipo imperante del poder. Pero es posible hacer lo correcto y ser poderosa. Ambas cosas pueden ser ciertas. Todas estamos buscando acceder a ese tipo de poder en algún sitio, de alguna forma. No al viejo estilo de poder, no al poder sobre otra persona, sino al de cambiar la realidad de nuestra vida o de la vida de la gente que nos rodea. ¿Estamos de acuerdo, entonces, en que hay un poder bueno? No hay mejor sensación que la de acceder a ese poder. Si alguna vez lo sientes, y ves que una vida o que tu comunidad mejora, se convierte en un poder que quieres volver a experimentar.

Sin embargo, Jody no dio su brazo a torcer, un rasgo por el que, con toda probabilidad, había terminado ganando un Premio Nobel de la Paz. Pat y ella no se pusieron de acuerdo en aquel punto, pero para muchas de nosotras la definición de poder de Pat se convirtió en la nuestra: un poder que no esté al servicio de la fuerza bruta y la egolatría, ni alimentado por un orgullo peligroso o por la violencia, sino un «poder bueno», un estilo de poder fuerte y potente y, al mismo tiempo, no destinado al autoengrandecimiento. Un estilo que tiene en cuenta los sentimientos y las contribuciones de los demás, que puede cambiar la vida de las personas para mejor.

Mientras Jody y Pat charlaban, eché un vistazo en torno al auditorio y me di cuenta de cuánto ingenio humano se había necesitado para hacer correr la voz y reunirnos a todas en una sola sala —lenguaje, libros y vídeos; coches, aviones y teléfonos móviles—, y pensé en la vastedad de la inteligencia y la imaginación de nuestra especie. ¿Por qué no hemos aplicado esa inteligencia a cambiar la historia del poder, de cómo lo conseguimos, de cómo lo compartimos o acaparamos, del uso o el abuso que hacemos de él? ¿Cuándo llegaría Jody Williams a sentirse cómoda utilizando la palabra *poder*?

He dedicado años a organizar conferencias sobre esas cuestiones. Me he empapado de investigaciones sobre por qué las mujeres suelen ser el más empático de los géneros; sobre por qué, en las situaciones de estrés, las mujeres normalmente «cuidan y ofrecen amistad», mientras que los hombres recurren con más facilidad a estrategias de «lucha o huida»; sobre por qué las mujeres muestran con mayor frecuencia aprecio por los esfuerzos de los demás y buscan soluciones a los problemas mediante la comunicación; por qué incluyen en lugar de dominar. Por qué, cuando las niñas y las mujeres están educadas y empoderadas, la vida del resto de la población también mejora. Y por qué cuando las mujeres asumen el liderazgo en las familias, las empresas, las ciudades y los países, problemas como el cuidado de los niños, la sanidad y la educación pasan al primer puesto de la lista de prioridades.

Hay muchos estudios que demuestran todo esto, investigaciones de sociólogos y neurólogos, análisis empresariales y estadísticas gubernamentales. Aunque hay que recordar que los trabajos de investigación se basan en medias estadísticas. Por ejemplo, las investigaciones señalan que los hombres son más altos que las mujeres. Sin embargo, siempre habrá mujeres más altas que algunos hombres. Por lo tanto, de igual manera que se ha demostrado que las mujeres suelen ser, por ejemplo, más empáticas, no cabe duda de que existen hombres que empatizan mejor que algunas mujeres. Pero, en efecto, se han hecho bastantes estudios que revelan denominadores comunes en los instintos, el comportamiento y el liderazgo de las mujeres.

He estudiado los argumentos naturaleza/crianza, las investigaciones neurológicas y la erudición feminista, y todo ello es fascinante y legítimo, pero, en conjunto, solo demuestra la hipótesis «tanto como» sobre las diferencias de género: tanto la naturaleza como la crianza, tanto la estructura cerebral como el condicionamiento social, tanto la biología como la sociedad han contribuido a las diferencias entre los hombres y las mujeres. No obstante, para ser del todo sincera, debo decir que a mí ya no me importa saber por qué, según la media, las mujeres comparten ciertas formas de ser, de relacionarse, de comunicarse y de liderar. Me interesa más saber cómo las mujeres podemos reclamar con orgullo y firmeza lo que tenemos dentro y sacarlo a un mundo ansioso de auténtico poder femenino.

Cada vez que me oigo pronunciar esa expresión, «auténtico poder femenino», en mi cabeza comienza a disputarse un partido de tenis de mesa. «¿De verdad existe un estilo de poder específicamente femenino?», me pregunto. «Sí, claro que sí —contesto—. Échales un vistazo a los estudios.» «Ya, pero ¿qué me dices de ya sabes quién en el Congreso, o de esa pirada de la junta escolar?», pregunto. «Ya lo sé, ya —me respondo—, pero esa mujer no es más que un retroceso.» Me digo que vamos a tener que pensar en el largo plazo. Que muchas de las mujeres que cruzan las puertas del poder terminan jugando según las reglas antiguas. Conseguir entrar en el viejo sistema de los chicos y permanecer en él es bastante complicado. Hacer cambios mientras se está ahí dentro... lo es aún más. Las primeras mujeres les abrirán las puertas a otras, a las mujeres que quieren ejercer el poder de manera distinta.

Eso es lo que me digo. A veces me lo creo, aunque luego pienso en mis propias vueltas a las andadas con los viejos juegos del poder, y la conversación de tenis de mesa continúa hacia uno y otro lado de la red de mi mente. Es mejor jugar al tenis de mesa con otra persona, así que le planteé este tema del auténtico poder femenino a Pat Mitchell. Si hay alguien que haya visto a todo tipo de personas, mujeres y hombres, en todo tipo de situaciones de poder, esa es Pat. Ha entrevistado a centenares de líderes mundiales y empresarios, ha trabajado para distintos jefes y líderes y ha dirigido a grupos de personas en la CNN, en la PBS y en otras organizaciones. Muchas veces recurro a ella cuando necesito un baño de realidad.

Pat me escuchó con paciencia durante un rato, pero luego me interrumpió.

«¿Sabes qué? —me dijo—. ¿Podemos dejar ya de hacer esa pregunta sobre el estilo de liderazgo femenino? Los estudios están más que claros. Hay diez o veinte años de investigaciones desarrolladas por escuelas de negocios, gobiernos y neurocientíficos, y todas ellas muestran sin lugar a dudas que las mujeres ejercen el poder de una forma distinta. Por supuesto, hay excepciones debidas a todo tipo de razones históricas y culturales. Pero dejemos de concentrarnos en ellas. Dejemos de cuestionarnos lo que sabemos que es cierto. Hay cientos de estudios empíricos que codifican las formas de liderazgo de las mujeres. No tenemos por qué seguir sacando a relucir una y otra vez los datos que demuestran que nuestra larga exclusión de las estructuras de poder tradicionales nos ha obligado a hacer las cosas de otro modo: a ser más colaborativas la mayoría de las veces, a ser menos proclives a la corrupción, a actuar instintivamente para suplir el déficit de empatía, a buscar soluciones más sensatas al conflicto. Dejemos a un lado el objetivo de hacerlo perfecto y sustituyámoslo por la confianza en que podemos hacerlo de forma distinta.»

A continuación presento una lista extraída de mis investigaciones (sobre todo del trabajo de Barbara Annis, directora ejecutiva de Gender Intelligence Group, y de Riane Eisler, escritora e historiadora cultural), que compara cómo se ha ejercido el poder «a la vieja usanza» con cómo las mujeres (y todas las personas) son capaces de hacerlo de otra manera. Ejercer el poder de otra forma no significa rechazar todos los aspectos del paradigma antiguo. Lo que buscamos es el equilibrio. Ninguna de las dos columnas de esta lista es buena o mala por completo. Me gusta el adagio que aprendí del filósofo Ken Wilber, «trasciende e incluye». Trasciende las partes destructivas de la vieja historia e incluye las que funcionan bien cuando se combinan con los valores que durante tanto tiempo se han desatendido y en los que las mujeres tienen más probabilidades de inspirarse.

VIEJA HISTORIA DEL PODER	EJERCER EL PODER DE FORMA DISTINTA
Modelo jerárquico fuerte/débil	Modelo de trabajo conjunto
Autoritario	Interactivo
Colabora de forma competitiva	Colabora de forma conectiva
Valora el individualismo, la fortaleza y la acción	Valora la relación, la empatía y la comunicación
Escatima los halagos y los ánimos	Generoso con los halagos y los ánimos
Niega los errores y la vulnerabilidad propios	Transparente con los errores y la vulnerabilidad
Domina, interrumpe, invalida	Escucha, procesa, incluye

«El amor es el poder verdadero —dice Marion Woodman—. Es la energía que valora. Cuanto más trabajes con esa energía, más te darás cuenta de cómo reaccionan las personas a ella de manera natural y más querrás usarla.» Ejercer el poder de manera distinta consiste en alimentar el liderazgo con la energía del amor. Las mujeres pueden hacerlo, los hombres pueden hacerlo, todo el mundo puede hacerlo. ¿Y qué sentido tiene que las mujeres reclamemos el poder si no mostramos el camino?

LA «PRIMERA» PRIMERA LÍNEA

Es posible que el momento en que empecemos a imaginar un mundo nuevo y a compartirlo unas con otras sea también el momento en el que ese mundo nuevo llegue de verdad.

BRIT MARLING

SI LAS MUJERES vamos a ejercer el poder de manera distinta, necesitamos arte, novelas, programas de televisión y películas que reflejen nuestras aspiraciones. Los narradores son los creadores de significado de la sociedad y, por lo tanto, tienen una gran influencia y la capacidad de hacer avanzar a la humanidad. Está claro que a veces las historias se cuentan solo para entretener. No cabe duda de que hay un momento y un lugar para ello. Sin embargo, yo experimento sensación de pérdida cuando un libro, una obra de teatro o una película desperdician la oportunidad de girar el dial cultural, de cambiar la narrativa, de mostrarnos y contarnos cómo se ejerce el poder de un modo diferente.

En 2017, y de nuevo en 2020, Wonder Woman reapareció en la gran pantalla para sumarse al panteón de superhéroes masculinos que se han convertido en omnipresentes en el cine: Batman, Superman, Spider-Man, Hulk, Linterna Verde, el Capitán América, Thor, Lobezno, Iron Man, los X-Men y un montón más de personajes de prestigio heroico. Sé que a mucha gente le encantan las películas de Wonder Woman, sobre todo a las mujeres que esperaban con paciencia la aparición de una superheroína protagonista. Agradezco que una directora cinematográfica cogiera a la heroína de cómic más poderosa y sumara su historia a las del género. Y sé que a veces resulta fortalecedor experimentar la sensación física de que «¡nosotras podemos!» a través de una obra de arte. Aun así, me decepcionó. Fui a ver la primera película esperando un nuevo estilo de historia de poder. En cambio, salí de la sala preguntándome por qué narices una mujer con superpoderes decidiría abandonar una isla tropical paradisíaca y atravesar la barrera del tiempo y del espacio solo para meterse en una guerra y pegar palizas sin dejar de parecer sexy en ningún momento.

Estos son todos los formidables superpoderes de Wonder Woman (aparte de la capacidad de entablar combate vestida con un corsé sin tirantes): superfuerza, brazaletes a prueba de balas y un Lazo de la Verdad. También tiene telepatía, es vidente y puede proyectarse astralmente hacia delante y hacia atrás en el tiempo. Puede devolverle la vida a los muertos, volar a velocidades tremendas y es omnilingüística, es decir, que habla todas las lenguas conocidas por la humanidad. Si tuvieras todos estos poderes, ¿no los utilizarías para algo que no fuera involucrarte en una batalla de la Primera Guerra Mundial y dedicarte al combate mano a mano? Ya solo su dominio de muchos idiomas le otorga la ventaja de poder sentar a todo el mundo y hacerlos razonar un poco, y eso por no hablar de su capacidad para retroceder en el tiempo, devolverles la vida a unas cuantas personas relevantes y cambiar los acontecimientos que provocaron el inicio de la guerra.

Pero no, Wonder Woman utiliza sus superpoderes para ejercer el poder de manera idéntica a como se ha ejercido siempre, para continuar con la infructuosa búsqueda de la violencia como forma de acabar con la violencia, para perpetuar la narrativa del ganar contra el perder. Algunos dirán que ella muestra más empatía y remordimientos que otros superhéroes, sin embargo, eso no la convierte en el paradigma de la chica que ejerce el poder de manera distinta. Porque ¿de qué sirven la empatía o los remordimientos si en realidad no cambiamos nuestro comportamiento básico para equipararlo con nuestros sentimientos elevados? Durante milenios, las mujeres han perfeccionado el corazón —la empatía, la intimidad, los cuidados, la comunicación—; ahora ha llegado el momento de que validemos lo que sabemos y lo pongamos en práctica en el arte, en la educación y en las capacidades. Pero no es eso lo que sucede en *Wonder Woman*. Incluso en la isla exclusivamente habitada por mujeres en la que comienza la película, la única destreza empoderadora que vemos que se les enseña a las niñas y a las mujeres es la guerra.

Si yo pudiera vivir en una isla tropical con mis amigas, que además resulta que son diosas mágicas, dudo mucho que lo único que quisiéramos aprender y enseñar fuese cómo ser aún más machos que el adversario en el campo de batalla. Yo querría aprender a solucionar los conflictos antes de que apareciera el comportamiento destructivo. Es algo que me interesa muchísimo y no me vendría nada mal un poco de ayuda con ese tema, porque es una cuestión que a la humanidad nunca se le ha dado bien. Algo nuevo y distinto, esperanzador y posible.

Qué narices, si tuviera superpoderes, solo saldría de la isla si pudiera entrar pavoneándome en el campo de batalla —espero que con un aspecto formidable y aunque solo fuera un poquito sexy—, agitar una varita, iniciar la deposición de las armas, curarle las heridas a todo el mundo, ofrecerles una comida y unos vinos deliciosos y prohibirles a todos que se levantaran de la mesa hasta que hubiéramos alcanzado un acuerdo acerca de cómo compartir nuestros recursos de forma justa e igualitaria. Utilizaría mis superpoderes para ayudar a los adversarios a controlar su ego infantil y a comprometerse por una convivencia basada en la inteligencia y la ternura, y a divertirse mientras tanto; a rebosar de agradecimiento por el mero hecho de estar vivos en este precioso planeta. ¿Te recuerda todo esto al pensamiento mágico? ¡Pues claro! Wonder Woman es mágica. Podría haber hecho lo que le diera la gana. No tenía que conformarse con la misma trama hipermasculina y pasada de vueltas de siempre.

Espero que la evolución de la franquicia de Wonder Woman nos permita ver cambios más radicales e innovadores en la trama. Y, mientras esperamos a que eso suceda, todos los demás podemos contar mitos con nuevos tipos de heroínas. La creación de mitos implica el uso del lenguaje, de imágenes, de música y de palabras, y a veces de solo ciento cuarenta caracteres. Por ahí es por donde podemos empezar. Por utilizar las palabras de manera deliberada. Desde hace un tiempo, estoy reconvirtiendo algunas expresiones muy usadas. Por ejemplo, la expresión *primera línea*. Últimamente hemos oído mucho esas palabras, cuando hombres y mujeres valientes socorren a quienes lo necesitan en los incendios y catástrofes naturales, y en los tiroteos masivos y las zonas de guerra. Su valor merece todo nuestro respeto. No obstante, también he pensado en las personas que trabajan a diario para evitar esas catástrofes antes de que ocurran.

Llamaremos a esos héroes la «primera» primera línea. Personas que persisten en la dificultad, en puestos de trabajo a menudo mal pagados y en voluntariados sin reconocimiento, que sirven, curan y educan en silencio. Personas como los profesores y los trabajadores sociales. Profesionales como los científicos medioambientales o los epidemiólogos. Sé que esos trabajos no parecen espectaculares o valerosos, pero ¿y si los ensalzáramos junto con los de la primera línea clásica? ¿Y qué pasa con los empleados de los centros infantiles, los enfermeros y los mediadores? ¿Acaso la labor que desempeñan no es tan valiente y necesaria como el trabajo de los bomberos, de la policía o de los soldados?

A veces, cuando presento a una amiga, digo: «Esta es Linda, es trabajadora de primera línea». Y la otra persona se vuelve hacia Linda y pregunta: «Ah, ¿eres bombera?». Yo interrumpo y digo: «No, es profesora de instituto. Está intentando salvar vidas antes de que sea necesario salvarlas. Les enseña a sus alumnos habilidades de inteligencia emocional como el autoconocimiento, la empatía y el control de impulsos. Los moldea para que sepan pedir ayuda, asuman responsabilidades y reconozcan sus ofensas, para que se valoren a sí mismos y así puedan querer a los demás. Así que sí, es trabajadora de primera línea; de "primera" primera línea».

A veces a la otra persona se le nubla la vista, pero yo insisto.

Cuando presento a las oradoras de una conferencia de mujeres, suelo referirme a ellas como trabajadoras de la «primera» primera línea. Puede que sean profesoras, economistas, reformadoras penitenciarias, fontaneras, artistas, periodistas, mediadoras o meditadoras. Las considero trabajadoras de la «primera» primera línea no por su profesión en concreto, sino por la forma en la que la ejercen: con la valentía de la vieja escuela, y también con amabilidad y conexión. Y no es lo único que tienen en común. No les da vergüenza contar su historia, y no solo explican las victorias y las partes bonitas o exitosas. Por supuesto que cuentan esas partes, pero también sacan a la luz sus sombras, sus tropiezos y sus curvas de aprendizaje. Esa es otra de las cualidades de los trabajadores de «primera» primera línea. Se quitan de encima el ego orgulloso. Cuentan la historia entera.

Cuando termino una charla siempre me aseguro de recordarle al público que ellos también tienen una historia, y que esas historias son tan importantes como las que se están contando en el escenario. Animo a los asistentes a abrirse los unos a los otros durante las comidas, en los talleres, incluso en el baño (como muchas veces hacen las mujeres). A escuchar y a hablar sobre su trabajo y el estado del país y del mundo si quieren, y aún más a hablar sobre su familia, sus sentimientos, su aflicción, su alegría y las intimidades y los retos diarios de ser humanos. Es posible que algunas personas censuren ese tipo charlas por considerar que «comparten demasiada información personal». Es una expresión que me gustaría prohibir. Nadie recibe críticas por «no compartir suficiente información personal». Nadie utiliza esa expresión con tono de reproche. Aunque deberíamos. No compartir suficiente información personal, no felicitar lo suficiente, no hablar lo suficiente sobre las cosas, estas son cuestiones que se encuentran en el núcleo de algunos de los problemas más profundos de la humanidad. He asumido la misión de dignificar el arte de la conversación, de charlar, de ofrecer una caricia por encima de la mesa, de reír y llorar, de encontrar el valor de nuestra presencia mutua aunque discrepemos con las ideas del otro. Es hora de que ignoremos las quejas de que las mujeres hablan demasiado, cotillean demasiado, ofrecen demasiada información personal o cualesquiera que sean las palabras que se utilicen para silenciar las formas en que las mujeres conectan de manera natural.

La expresión «compartir demasiada información personal» no es la única que rehúyo, también me ocurre con otras palabras como *cotilla, atosigadora, entrometida, correveidile.* Muchas de ellas se han utilizado para denigrar el tono de voz de una mujer o el contenido de nuestras conversaciones, para expresar el juicio de que hablar es una función inferior y para defender la supremacía de la personalidad «fuerte y silenciosa». ¿Quién dijo que ser fuerte y silenciosa es mejor que ser vulnerable y comunicativa? ¿Y si somos todo eso? A veces fuertes, a veces vulnerables; a veces silenciosas, a veces dispuestas a —y capaces de— compartir, hablar, compadecer, comunicar.

El arquetipo de la persona fuerte y silenciosa lleva tanto tiempo siendo la imagen predominante del héroe que no cuestionamos su supremacía. No nos preguntamos si no habrá otras cualidades que un héroe, hombre o mujer, podría añadir a su currículum. Por ejemplo, formas más relacionales de lidiar con el conflicto, el miedo y el caos para equilibrar la a veces apropiada, pero muy sobreutilizada, reacción de fuerza y silencio. No tenemos en cuenta el precio que pagan quienes han sido educados para no mostrar debilidad ni vulnerabilidad, para no hablar o sentir demasiado. Ha formado parte de la historia desde el principio de los tiempos. Es la banda sonora del patriarcado: «La fuerza es la columna vertebral del poder; el silencio mantiene a los demás en vilo y refuerza el misterio. La fuerza y el silencio te diferencian de los quejicas y los que comparten demasiada información personal».

Compartir tus emociones de manera abierta, ponerle palabras al miedo, confesar que no eres una persona tan segura de ti misma como podría parecer, todo eso es traición suprema en el mundo de los fuertes y los silenciosos. Me crie bajo la tutela de una personalidad fuerte y silenciosa. Le agradezco a mi padre que nos enseñara a mis hermanas y a mí a alcanzar nuestra fuerza, a no ser quejicas ni de las que abandonan. Le dio forma a nuestro afán por avanzar, a nuestra independencia y a nuestro ingenio. Sin embargo, cuando se trataba de conectar, comunicar y mostrarnos la parte blanda de su corazón, no tenía ningún tipo de habilidad.

Yo admiraba a mi padre, y sentía pena por él. Las dos cosas. Veía en su exterior huraño el mapa del éxito en el mundo de los hombres. Pero también percibía que en sus silencios se ocultaban el dolor de un niño pequeño y las inseguridades de un adulto. Hay muchos tipos de silencio. En el bosque, la quietud es antigua y profunda; en el cielo nocturno, es pacífica y vasta. Cuando mis hijos por fin se iban a dormir y yo me sentaba a doblar la ropa limpia a la luz de una lámpara, el silencio era un alivio, un bálsamo para el ruido y la actividad incesantes del día. El silencio de un amigo puede ser una forma de mostrar respeto, preocupación o cariño cuando las palabras no bastan. En el de mi padre, a veces captaba la nobleza del silencio. A veces, cuando salía con él a caminar o mientras lo ayudaba a cortar el césped, sentía su aceptación y aprecio callados. No obstante, en la mayor parte de los casos su silencio era una advertencia: no intentes acercarte más, no quiero tu opinión, las cosas se hacen a mi manera y punto. Era un juicio: hablar es indigno, no son más que cotilleos, las chicas hablan demasiado.

Mi padre era un hombre de su generación. No se esperaba de él que expresara sus sentimientos, que pidiera ayuda, que empleara las palabras para salvar el océano que separa a un humano de otro. No recibió ningún tipo de educación en el toma y daca de la intimidad. Estoy segura de que bajo la monótona canción de fuerza y silencio de mi padre había una rica sinfonía de emociones y experiencias. Pero nunca llegamos a oírla. Sé poquísimo sobre su infancia, sobre cómo lo criaron durante la Gran Depresión, cómo se unió al ejército durante la Segunda Guerra Mundial, cuándo se casó con mi madre, en qué momento empezó su carrera profesional. Solo lo vi llorar una vez. Yo era adolescente y, algo nada habitual en él, mi padre contó una anécdota durante la cena, la historia de una vez que, estando en el ejército, se metió en una pelea por defender a un amigo judío al que otro recluta no paraba de acosar. Mientras lo contaba se le entrecortó la voz. Se le llenaron los ojos de lágrimas. Se llevó las manos a la cara para ocultarse. Se había puesto en ridículo delante de nosotras, su familia de mujeres. Sentí su vergüenza. Sentí la rabia que subyacía a la vergüenza. Se puso de pie enseguida, empujó su silla con fuerza contra la mesa y salió de casa dando un portazo a su espalda. Nos quedamos de piedra. Por una vez, el grupito de chicas sentadas a la mesa guardamos silencio.

Se habla mucho de la vergüenza con la que cargamos las mujeres: nos avergonzamos de nuestro cuerpo, de nuestros deseos, de nuestro peso, de nuestras historias ocultas de abuso o acoso sexual. En cualquier caso, no somos las únicas que nos enfrentamos a ella. Los hombres están sentados en un polvorín de vergüenza: la que sentían de pequeños cuando lloraban y los reñían porque los niños y los hombres no lloran, o cuando se reían de ellos por expresar cariño o miedo y les decían que los niños y los hombres se guardan esas cosas para ellos. Defiendo que bajo la negativa de los hombres a disculparse, a pedir indicaciones o a reconocer que no tienen la solución, acecha el miedo a ser humillados, por otros hombres y por las mujeres. Creo que gran parte de la agresividad y la violencia que emplean los hombres es una forma de encubrir esa vergüenza.

Charlie Donaldson, escritor, psicólogo y fundador de un centro de recursos para hombres en Michigan, escribe:

> No es solo que a muchos hombres los hayan avergonzado con frecuencia, sino que además viven con la angustia constante de que los avergüencen aún más. Viven con miedo al bochorno, a la intimidación, a la humillación. Están alerta, en guardia, vigilantes, mantienen la distancia, se comportan con mucha más seguridad de la que sienten en realidad para evitar que vuelvan a avergonzarlos. Los hombres van por la vida como si estuvieran patrullando en una zona de guerra. Si en su vida diaria se les ridiculiza, son objeto de burla y se les acosa, comienzan a ver el mundo como un lugar profundamente inseguro [...] y, antes o después, de una forma u otra, por un motivo u otro, en algún momento, muchos de ellos explotan.

Muchas veces, en el silencio de mi padre percibía una rabia que estaba a punto de desatarse. Así que me mantenía apartada a pesar de que sentía una intensa afinidad y muchas ganas de conectar con él. Imagino que mi padre también anhelaba esa conexión. Pero jamás logré averiguar cómo llegar hasta él. Cuando empecé a ir a terapia por primera vez, intenté engatusarlo en un par de ocasiones para que conectara de una manera más profunda conmigo. Yo creía con un entusiasmo ingenuo en el poder de decir la verdad, estaba convencida de que lo único que tenía que hacer era invitar a cualquier otra persona, incluido mi fuerte y silencioso padre, a abrirse, y entonces él expresaría todo lo que tenía dentro… Y nuestra relación se transformaría repentinamente. Por supuesto, las cosas no funcionan así. Conectar con alguien, y sobre todo con una persona que llevaba toda la vida construyendo sus barreras y denigrando «las charlas de chicas», requiere de tiempo, empatía y destreza.

Los métodos que mi padre empleaba para esconderse de su lado sensible eran inofensivos en comparación con otros tipos de supresión emocional. No bebía. Nunca fue violento. Era más bien un artista del escapismo. Huía para escapar de lo que no quería sentir. Siento una admiración renuente por esa estrategia. Elegía eludir antes de explotar, y ese era un mecanismo de afrontamiento menos dañino que muchos otros a los que podría haber recurrido. No son solo los hombres de la generación de mi padre, o los hombres en general, quienes han construido barreras contra la sensibilidad, la conexión y la vulnerabilidad. Las mujeres también están condicionadas para ocultar sus sentimientos, sobre todo si son bochornosos o de rabia. A pocas personas nos educan para ser valientes respecto a nuestras emociones, abiertas para expresarlas y receptivas a los sentimientos de los demás. En lugar de ello, o reprimimos e implosionamos, o actuamos y estallamos.

Cuando impartí clases de meditación y recuperación para los trabajadores de primera línea tras los ataques del 11-S en Nueva York, me di cuenta del pánico que les genera a muchos hombres expresarse emocionalmente, ampliar su repertorio de «fuertes y silenciosos» para incluir otras maneras de relacionarse. Todos los presentes en la clase eran hombres que habían estado involucrados en los ataques de forma directa, bien como bomberos o como policías, durante y después de ellos. Se habían autoseleccionado para asistir a la clase y todos habían mostrado interés en la meditación *mindfulness*. Su disposición y la disciplina que mostraron a la hora de aprender técnicas de meditación básicas para la reducción del estrés me resultaron conmovedoras.

A veces, en el silencio de nuestras meditaciones, algunos de ellos lloraban un poquito. Oía algún sollozo ahogado o levantaba la vista y veía que uno de ellos se estaba enjugando una lágrima. Pero cuando los animaba a hablar sobre lo que les afectaba durante aquellas sesiones de meditación, se cerraban en banda. Intentar que se abrieran acerca de lo que había sucedido en aquellas escaleras oscuras o en las calles invadidas por el caos era casi imposible. Allí estaban aquellos valerosos bomberos y policías que se habían jugado la vida por los demás y que, sin embargo, cuando se trataba de hablar de su miedo o su pena, parecían sentir más temor que cuando tenían que enfrentarse a un incendio o patrullar por un barrio peligroso.

Les dije que tener una relación saludable con su esposa y sus hijos dependía de su disposición a abrirse. Les dije que su propia salud dependía de ello. Les leí investigaciones que demostraban que la aflicción, la vergüenza y la rabia internalizadas aumentan en los hombres el riesgo de ataques al corazón, apoplejías y otras enfermedades. Les hablé de los altos índices de suicidio entre los trabajadores de primera línea y los veteranos de guerra, y de que los que son capaces de hablar de sus experiencias están más sanos, más felices y viven más.

Incluso cité a Howard Stern, el presentador de radio neoyorquino cuyo programa escuchaban a diario muchos de los miembros del grupo. Les leí un extracto de una entrevista en *The New York Times* en la que Stern hablaba de los hombres y de sus emociones. «No es que no las tengan —decía—. En realidad son tan emotivos que, en algún momento, tuvieron que cortarlo de raíz. Es una técnica valiosa para aquellos que han sufrido un trauma. Creo que las personas traumatizadas, y yo me incluyo entre ellas, aprenden a desconectar lo que se conoce como alma. No es que no tengan alma. Es que el dolor de las emociones es tan intenso que la desconectan».

Les dije a aquellos trabajadores de primera línea del 11-S que habían sufrido un trauma. Pero nada de lo que les decía parecía hacer efecto. Apelé a ellos como padres, hijos, maridos. Les hablé del subestimado poder de la inteligencia emocional. Compartí estadísticas sobre el papel que desempeñan las emociones reprimidas y la falta de comunicación en la violencia doméstica, el divorcio, las adicciones o el suicidio. Un día, adoptando el tono jocoso, ya que había descubierto que era la mejor manera de captar la atención de aquellos hombres, les pregunté:

—¿Sabéis cuál es el primer factor de riesgo de suicidio?

—No, ¿cuál? —quiso saber uno de los bomberos.

—Ser hombre —contesté—. Intentar ser más hombre que los demás. Intentar no parecer débil. Esconder el dolor bajo vuestras charlas de amigotes y otras gilipolleces.

—Buen intento —dijo—, pero aun así no vas a conseguir que hable de mis sentimientos o que llore por el miedo que pasé. —Miró a su alrededor—. No somos niñas pequeñas. Somos de los fuertes y silenciosos —continuó con orgullo—. No vas a sacarnos nada, ni aunque eso termine por matarnos.

Los demás se echaron a reír. Aunque también se encogieron de hombros y me miraron como si quisieran pedirme perdón. Sabían que su reticencia a abrirse era divertida y triste a la vez. Sabían que yo estaba de su lado, comprendían la validez de los argumentos que les estaba ofreciendo. Sin embargo, cuando te han machacado desde que eras pequeño con la idea de que la fuerza y la vulnerabilidad no pueden coexistir en la misma persona, la inteligencia emocional te suena a enfermedad.

La mayor concesión que se me hizo durante aquella serie de clases fue que un bombero estuviera de acuerdo conmigo en que, probablemente, hablar de los ataques lo ayudaría. Fue el que pronunció una frase que ahora me gusta utilizar como manual del tipo fuerte y silencioso.

—Seguro que todo el mundo se beneficiaría si los hombres fueran capaces de abrirse un poquito —me dijo durante un descanso para que los demás no lo oyeran—. Entiendo lo que dices sobre otras maneras de ser fuerte y de mostrar valor. De no ser siempre fuertes y silenciosos. A lo mejor valiente y abierto es una buena alternativa.

—Me gusta —contesté—. Valiente y abierto. El tipo valiente y abierto.

—¿Sabes? —Se acercó más a mí y me habló casi en un susurro—. Es muy posible que el 11-S ni siquiera hubiera ocurrido si esos imbéciles que empotraron los aviones contra las torres hubiesen sido capaces de hablar las cosas. Pero no lo hicieron. Y, aunque los odio, los entiendo. Seguro que también eran tipos fuertes y silenciosos.

Le dije que un hombre de tipo valiente y abierto compartiría esa sabia iluminación con el resto del grupo. Me dijo que lo intentaría. Así que después del descanso masculló unas cuantas palabras sobre que a lo mejor era verdad lo de que hablar las cosas ayudaba, que su mujer se lo decía a todas horas, y que puede que incluso fuera bueno para el estado del mundo. Luego añadió:

—Como dice Robin Williams: «Si las mujeres dominaran el mundo, no tendríamos guerras, solo intensas negociaciones cada veintiocho días».

Todos rompieron a reír. Yo rompí a reír.

—Ese chiste es sexista —señalé—, aunque mi principal problema con él es que es erróneo. Si las mujeres domináramos el mundo, hablaríamos todos los días, durante todo el día.

Los hombres gruñeron.

—Lo digo en serio —insistí—. Si nosotras domináramos el mundo, todos vosotros tendríais que asistir a programas de formación donde os enseñaran a abrir el corazón y la boca al mismo tiempo. Y saldríais muy beneficiados. Y todos los demás también.

Un par de años más tarde recibí una carta manuscrita del bombero. Decía:

Seguramente pienses que no presté atención ni a una sola de tus palabras, pero no es así. No he dejado de meditar desde que asistí a aquellas clases contigo. Me ha ayudado. Y recuerdo que nos hablaste del coste de ser fuertes y silenciosos en todo momento, y de lo valiente que era abrirse. Tras un divorcio, un ataque al corazón y un episodio de depresión, estoy empezando a comprender a qué te referías. Ahora soy mucho más abierto con mi nueva esposa. Hablo más y escucho más. Soy mejor padre y marido gracias a ello. Soy mejor compañero en el parque de bomberos. Y, qué leches, creo que es algo muy valiente y abierto por mi parte. Algunos de mis amigos ponen los ojos en blanco cuando les hablo de ser valiente y abierto. Les digo que su rabia y sus tonterías no hacen sino ocultar su dolor. Ellos me dicen que cierre el p*** pico. Pero creo que podrían prestar atención, como hice yo.

Con cariño,

Bill

PD: De verdad creo que las mujeres deberían dominar el mundo.

VIVERE MILITARE EST

La violencia es inmoral porque prospera
en el odio en lugar de en el amor [...].
La violencia termina derrotándose a sí misma.
Crea resentimiento en los supervivientes
y brutalidad en los destructores*.

DOCTOR MARTIN LUTHER KING JR.

ERA DEL TODO predecible que, cuando las mujeres empezaran a oponer resistencia a las viejas historias, muchos de los hombres de su vida se sentirían amenazados psicológica, económica y sexualmente. Esto ha sido así desde el principio. Cuando las mujeres reclamaron autonomía y capacidad de actuación, cuando exigieron el control en la toma de decisiones, ganaron dinero e introdujeron cambios en el *statu quo*, los hombres se lo tomaron como una amenaza no solo hacia su control, sino también hacia ellos mismos, hacia el núcleo de su masculinidad. Era cierto entonces y sigue siéndolo

---

* Discurso de aceptación del Premio Nobel de la Paz, 1964.

ahora. Y, por lo tanto, sobre todo en las sociedades en las que el poder masculino se mantiene por medio de estrictos códigos morales y se ejerce mediante la violencia, es ingenuo no esperar reacciones en contra, retrocesos y culpabilizaciones.

Aun así, me deja de piedra la racionalización a la que recurren algunos hombres, por lo demás inteligentes, para mantener a las mujeres en estado de desigualdad, desequilibrio y fuera del poder. Si quieres recibir un recordatorio rápido de la persistencia de la mentalidad patriarcal, solo tienes que entrar en los muchos sitios web sobre los derechos de los hombres, sobre la masculinidad o en páginas de citas. A cualquiera que considere que hemos superado las viejas actitudes hacia las mujeres le recomiendo que busque en internet frases como «derechos de los hombres» o «la feminización de la cultura», y que escuche los pódcast, lea los artículos y, sobre todo, los comentarios. Cuando soy yo quien lo hace, me sorprendo replicando, como si estuviese debatiendo con los autores.

Lo hice el otro día después de leer una entrevista con el renombrado periodista y aventurero Sebastian Junger, acerca de la angustia que los hombres están experimentando a causa de la desaparición de los trabajos «propios de cada género». Junger hablaba con nostalgia de los viejos tiempos, de cuando los hombres podían ser hombres en el trabajo y en la guerra, de cuando la sociedad necesitaba justo aquello que los hombres están equipados para hacer. Hablaba de que la guerra es una experiencia humana eterna y de que los hombres están biológicamente inclinados hacia la naturaleza guerrera, «programados para la guerra», según sus palabras. «La respuesta masculina a la guerra —afirmó— es una adaptación evolutiva que sin duda es útil para nuestra especie.»

—¿Qué utilidad exacta dice que ha tenido para nuestra especie? —repliqué. Estaba sola en casa, así que me puse a hablar en voz alta dialogando con Sebastian Junger—. En el siglo XXI, la guerra nos está llevando al borde de la extinción —le dije al señor Junger imaginario—. Si las armas nucleares no destruyen la tierra, entonces lo hará la escandalosa mala gestión de los recursos. Todos los dólares que se gastan en la guerra, todas las personas jóvenes que perdemos, las ciudades y los países destruidos, la innovación tecnológica aplicada a lo militar, podrían emplearse a favor de la vida, en lugar de a favor de la muerte y la destrucción. La guerra es carencia de imaginación en una era de gran peligro.

El Sebastian Junger imaginario repitió:

—Pero los hombres están programados para la guerra.

—Bueno —proseguí—. Si cree que eso es así y que las mujeres están programadas para los cuidados, entonces, ¿no sería mejor poner a las mujeres al mando? ¿Qué tal si les damos a las mujeres la oportunidad de sacar a la humanidad del eterno ciclo de la guerra y la destrucción? No se trata de un voto contra los hombres. Se trata de un voto a favor de ejercer el poder de una manera distinta.

La discusión continuó con Junger explicándome que la guerra es uno de los pocos ritos de iniciación que les quedan a los hombres jóvenes, una forma de que descubran quiénes son, de que establezcan vínculos con sus hermanos y se sientan heroicos, todo lo cual es muy importante para la psique masculina. Y conmigo cuestionando la inteligencia de conformarse con una forma tan limitada de entender la vida.

Brett McKay, el fundador de *The Art of Manliness* (El arte de la masculinidad) la revista independiente de intereses masculinos más importante de la red, se hace eco de las creencias de Junger. McKay escribe:

La lucha y la violencia forman parte del centro mismo de la masculinidad. Los estudiosos teorizan que todas y cada una de las partes de la fisiología masculina específica —desde nuestros hombros hasta nuestra altura, nuestra cara y nuestras manos— evolucionaron explícitamente para el propósito del combate hombre a hombre. Sin embargo, pocas propensiones masculinas han sido tan calumniadas [...]. Al igual que el conjunto de la masculinidad, se cree que el problema es la violencia, en vez del uso que se hace de ella. Cuando pensamos en la violencia masculina, pensamos en violaciones y agresiones domésticas. No en toda la violencia que se ejerce en nuestro beneficio, para que podamos vivir una existencia segura y cómoda en la que nunca tenemos que ver a dos hombres pelear por su vida. La externalización de la violencia y nuestro alejamiento de ella han generado la ingenua creencia de que es posible y deseable intentar erradicar este rasgo de todos los hombres. En lugar de enseñarles a los jóvenes: «Tenéis una energía y un poder asombrosos en vuestro interior, una fuerza que impulsó a los vikingos y a los espartanos, a los pioneros americanos y a los soldados de la Segunda Guerra Mundial», les enseñamos: «Tienes un problema, tienes un inclinación oscura, mala, que hace daño a la gente. Niégala. Sofócala. ¡Exclama que no eres como los otros hombres y recházala por completo!».

Esto es lo que me gustaría contestarle a McKay: «¡En efecto, la violencia es una inclinación oscura, mala, que hace daño a la gente! Ayudemos a los hombres a encontrar otras maneras de expresar la ira, la rabia y el instinto de proteger». Pero sé cuál sería su réplica. La misma que escribió en una entrada de blog:

A nadie le gusta la violencia hasta que está sentado en un avión que ha sido secuestrado por unos terroristas y son los hombres quienes trazan un plan para recuperarlo y matarlos. A nadie le gusta la violencia hasta que alguien allana su casa y un hombre se levanta para plantarle cara al intruso. A nadie le gusta la violencia hasta que su libertad está en peligro y necesita que los hombres invadan las playas de Normandía y le claven un cuchillo en los riñones al enemigo [...]. *Vivere militare est*, «vivir es luchar».

«Pero Brett —digo yo (y Sebastian, y todos los demás escritores y pensadores que se inclinan hacia esta equiparación de masculinidad y violencia)— mientras continuemos utilizando la violencia para combatir la violencia, viviremos según ese credo: *Vivere militare est*. Y mientras la narrativa que guíe a la humanidad sea "vivir es luchar", el orden mundial seguirá corriendo un grave riesgo y estando en contra de quienes sean partidarios de un conjunto de valores distinto.»

Utilizo ese mismo argumento con el escritor y pensador que más me irrita, el profesor universitario canadiense Jordan Peterson. Es un académico erudito que cuenta con una extensa formación en mitología, religión y psicología, y además es un crítico grandilocuente de la «feminización» de la cultura. Es un autor superventas y tiene muchísimos seguidores en internet, la mayoría hombres jóvenes que ven sus conferencias en YouTube y se identifican con su afirmación de que «el espíritu masculino está bajo asedio» porque la sociedad se está «feminizando».

¿A qué se refiere Jordan Peterson con «feminizado»? Las mujeres, dice, son «afables y meticulosas». Los hombres son agresivos, competitivos y duros. Desde el principio de los tiempos, afirma Peterson, los líderes han tenido que ser agresivos, competitivos y duros. Por lo tanto, empleando lo que él parece creer que es su don para el razonamiento deductivo, los hombres están hechos para el liderazgo y las mujeres están hechas para los ámbitos afables y meticulosos del hogar y del aula de preescolar.

Llegué a escribirle a Jordan Peterson un largo correo electrónico para debatir esta lógica ilógica. Esto es parte de lo que le escribí:

Estimado Jordan Peterson:

Me gustaría empezar esta carta diciendo que lo que usted llama la feminización de nuestra cultura es lo que yo llamo su reequilibrio. No abogo por un mundo gobernado por las mujeres. Solo afirmo que el mundo está desequilibrado tras milenios de liderazgo de dominio masculino. No cabe duda de que la humanidad estaría sufriendo otros problemas si a lo largo de la historia los hombres y sus talentos se hubieran visto relegados a una esfera menor; si su sensibilidad se hubiera ignorado y denigrado; si su cuerpo hubiera sido violado de manera sistemática, y si su creatividad, su intelecto y su liderazgo se hubieran reprimido. Si las ideas, los símbolos y las metáforas de las mujeres hubieran dominado a la hora de moldear nuestra historia común, la humanidad se habría perdido la maravillosa genialidad del macho de nuestra especie. Sin embargo, las excluidas fueron las mujeres. Y, debido a ello, no solo nos hemos perdido la maravillosa genialidad de la perspectiva femenina, sino que también hemos sufrido un exceso de la masculina y les hemos prohibido tanto a las mujeres como a los hombres descubrir su equilibrio interior, su humanidad completa.

Pero ¿y si hubiera existido equilibrio entre los géneros en el ámbito de la familia, en la educación, las artes y los centros del poder? No me refiero solo a una ratio igualitaria de hombres y mujeres, sino también a una valoración igualitaria de las mujeres como individuos únicos y como grupo. ¿Y si las preocupaciones, los desafíos y las experiencias de las mujeres desde la niñez hasta la edad anciana hubieran conformado la vida de todo el mundo? ¿Y si los valores «femeninos» y los valores «masculinos» se hubieran inoculado juntos en el arte y la religión? ¿Y si la voz de las mujeres hubiera intervenido de forma igualitaria cuando se formulaban y se respondían las grandes preguntas, como, por ejemplo, cómo tendrían que compartirse los recursos limitados y cómo tendrían que construirse las economías; qué debería hacerse cuando surgen el conflicto y la maldad; qué labores son importantes y cómo debería organizarse de manera justa la división del trabajo; cómo encontramos maneras de aumentar la felicidad y disminuir el sufrimiento para todos los que compartimos la Tierra?

Usted defiende que las mujeres están programadas para ser afables y cuidadosas. Y que los hombres son agresivos y duros por naturaleza. En ese caso, ¿por qué la afabilidad y la meticulosidad no pueden incluirse en el conjunto de competencias fundamentales de un líder, junto con la agresividad y la dureza? ¿Deben ser mutuamente excluyentes? ¿Acaso la combinación de esas cualidades no mejoraría la sociedad? Si se esperara de nuestros líderes que desarrollaran los aspectos ausentes de su humanidad completa, ¿no mejoraría eso las relaciones, reduciría la violencia y constituiría un terreno de juego más naturalmente igualado? Los valores del liderazgo los prescribieron los primeros líderes, que fueron hombres, debido tanto a la naturaleza como a la crianza. Sin embargo, los valores no son inmutables. Han cambiado a lo largo de la historia humana y continuarán cambiando, y eso es bueno.

A lo largo de los últimos cien años, las mujeres han elegido superar el encasillamiento. Hemos aprendido por nosotras mismas a ser más asertivas, a crear estrategias, a negociar, a ser más agresivas cuando es necesario y a trasladar nuestros rasgos de afabilidad y meticulosidad al lugar de trabajo, al liderazgo, a terrenos en los que no habíamos entrado nunca. ¿No es posible que los hombres hagan lo mismo, que conserven lo mejor de sus rasgos masculinos al mismo tiempo que adquieren nuevas destrezas y desarrollan cualidades distintas que les permitan ser padres activos, cuidadores de progenitores ancianos, miembros emocionalmente inteligentes de familias y grupos? ¿No es posible que los hombres dejen de preocuparse por si esos rasgos son castradores o vergonzosos? Las niñas experimentan orgullo si las llaman marimachos; las mujeres se sienten realizadas cuando se suman a las tropas de los esfuerzos masculinos. ¿Es posible criar a los niños para que sientan orgullo cuando exhiben cualidades más «femeninas»? Y, si no es así, ¿por qué? ¿Por qué se ensalza a una «marimacho», pero una «nenaza» es fuente de bochorno? ¿Por qué desdeñan los hombres la «feminización» de nuestra cultura? ¿Qué dice esto respecto a los sentimientos más profundos de los hombres en lo tocante al valor y al trato de las mujeres?

Señor Peterson, le he oído decir que debemos suscribir las tradiciones según se presentan en los mitos e historias antiguos. Sin embargo, esas historias se las inventaron las personas, y ellas pueden cambiarlas. La creencia básica del feminismo no es que las mujeres tienen razón y los hombres se equivocan. Es sencillamente que las mujeres son personas y, por lo tanto, su voz, sus valores y sus historias importan. Ha llegado el momento de que las mujeres cuenten su versión de lo que significa ser humano por completo, de que los hombres respeten esas perspectivas y de que todos las integremos en una nueva historia del poder.

Todavía estoy esperando la respuesta del doctor Peterson.

UN DÍA SIN UNA METÁFORA BÉLICA

El lenguaje tiene poder. Las palabras no se desvanecen.
Lo que comienza como un sonido termina en un hecho.

ABRAHAM JOSHUA HESCHEL

Dos MESES DESPUÉS de los ataques del 11-S contra el World Trade Center, estaba en un aeropuerto, esperando en la que ahora se ha convertido en la omnipresente larga cola de seguridad. Iba detrás de una madre y su hijo de dos años. Mientras esperábamos, empujando despacio nuestras maletas, el niño permanecía sentado en su sillita y comía algo tan tranquilo. Diez minutos más tarde, se entretenía con un juguete. Cuando nos acercamos al arco de seguridad, empezó a retorcerse en su asiento y a pedir que lo bajaran. Para cuando llegó nuestro turno, el pequeño estaba sufriendo un berrinche en brazos de su madre. Me ofrecí a cogerlo en brazos para que la mujer pudiera agarrar las maletas y plegar el carrito. Aceptó agradecida. Cuando cogí al niño, le dije a la madre:

—Los críos de dos años son como bombas de relojería, ¿verdad? Nunca sabes cuándo van a estallar.

Unos minutos más tarde, un trabajador de seguridad que aparentemente había salido de la nada se acercó a mí a toda prisa, cogió al niño y se lo devolvió a su madre.

—Acompáñeme, por favor —me dijo el hombre.

—¿Por qué?

Estaba atónita.

—Acompáñeme, por favor, señora.

Agarró mi maleta y me hizo un gesto para que lo siguiera hasta un pequeño despacho situado detrás de una pared de cristal. Una vez allí, otro hombre abrió mi equipaje de mano y empezó a examinar el contenido.

—¿Sabe por qué la he traído aquí? —me preguntó el empleado de seguridad.

—No, no lo sé.

—Un viajero que esperaba su turno cerca de usted ha oído decir «bomba de relojería». ¿Lleva un artefacto explosivo?

—Por supuesto que no —dije riendo.

—Esto no tiene gracia, señora.

—Me refería al niño de dos años —aclaré—. A que los niños pequeños estallan cuando menos te lo es…

—Vamos a tener que cachearla para buscar restos de material explosivo —me interrumpió—. Por favor, espere aquí a que llegue una agente femenina.

Tras el cacheo y unas cuantas preguntas más, me dejaron marchar, pero aquella experiencia me dejó una huella muy profunda. Jamás he vuelto a utilizar una metáfora bélica en un aeropuerto. Además, empecé a prestar atención a lo común que es el empleo de palabras y metáforas derivadas del ámbito de la guerra. Describimos casi todo lo que hacemos —desde discutir hasta acostarnos con alguien, desde ganar hasta perder, empezar o acabar, ayudar o estorbar—usando palabras relacionadas con el combate, la fuerza, las explosiones. Decimos que un debate es una cruzada, y que la cooperación es una tregua o un alto el fuego. En conversaciones sobre todo tipo de temas mundanos hablamos de bombardeos, ataques, frentes y guerras contra todo, desde las drogas hasta la clase media. Nos sumamos a las tropas, plantamos batalla, nos vemos atrapados en el fuego cruzado, pedimos refuerzos. Estas palabras se filtran en nuestra conciencia y afectan a la forma en que nos dirigimos en la vida diaria, en los proyectos laborales y en las relaciones íntimas.

No estoy sugiriendo que controlemos el lenguaje de la gente. Resulta muy irritante que nos hagamos eso los unos a los otros. Lo que propongo es que cobremos conciencia de las palabras que utilizamos, que las escojamos con cuidado y que nos fijemos en cómo cambia eso nuestra perspectiva. Por ejemplo, imagina que habláramos de científicos que trabajan en la cocina de la investigación del cáncer, en lugar de en la vanguardia. En ese caso, los científicos ya no se encuentran librando una batalla contra el cáncer, ni envueltos en una competición mortal contra otros científicos, sino que están en la cocina, preparando recetas que nutren y curan. No existe ni la más mínima razón para que la «cocina» no sea una metáfora tan legítima como la «vanguardia» de un regimiento, ya que la mayor parte de la gente pasa más tiempo en la cocina de su casa que en el campo de batalla de una guerra.

La próxima vez que te sorprendas utilizando metáforas de confrontaciones violentas, ya pertenezcan al campo bélico o al de los deportes de contacto, juega con otras formas de describir situaciones comunes. Hay muchas más expresiones para describir la belleza de una mujer, aparte de decir que «está cañón»; y también para hablar del poder de una persona, además de calificarla de «peso pesado»; o para señalar que una persona es muy osada, sin tener que recurrir a la frase «de armas tomar». Y presta atención a lo a menudo que utilizas expresiones del mundo del deporte, como «golpe bajo», «contra las cuerdas», «salvado por la campana», «tirar la toalla», «rematar la jugada», «rozando el larguero», «en el tiempo de descuento» o «encajar un golpe», por nombrar solo unas cuantas. Puede que sea la expresión perfecta para lo que quieres decir. De acuerdo. Pero tal vez te interese buscar metáforas referidas a otras actividades que no sean la guerra o los deportes. Solo para equilibrar las cosas y llenar nuestra imaginación de todo el espectro de lo que significa ser humano.

Tras mi experiencia con la «bomba de relojería» en el aeropuerto, hice un experimento e intenté pasar un día sin emplear ni una sola metáfora agresiva. No lo hice porque esté siempre mal utilizar ese tipo de palabras. Aunque describen aspectos de la experiencia humana, no lo hacen por completo, y, al utilizarlas en exceso, les otorgamos poder a los hechos que describen. Al principio, tuve que investigar algunas de las expresiones que me oía pronunciar. ¿De dónde proviene «polvorín»? ¿Qué es un «golpe bajo»? ¿Por qué decimos que una persona franca y directa «entra a degüello»? ¿Y a qué se refiere la expresión inglesa *no holds barred* (algo así como «sin restricciones»? Esta última me sorprendió. La había utilizado en una frase para describirle a una amiga lo que sentía por mi nieto recién nacido. «I just love him, no holds barred (lo adoro, sin restricciones)», le dije. Vaya, ¿qué tipo de metáfora es esa? Supuse que era una expresión deportiva que significaba relajar todas las normas del juego. Pero no sabía que, en esa frase, *holds* se refiere a movimientos de lucha libre.

Hubo una época en el deporte de la lucha, allá por la antigua Grecia, cuando no había reglas formales. Podías hacerle lo que te viniera en gana a tu oponente para ganar la pelea. Esta es la primera referencia, extraída de un artículo de periódico de 1802, que he conseguido desenterrar («Desenterrar.» ¡Hurra, una metáfora agrícola!).

William Gibbs, el hombre de Kansas, y Dennis Gallagher, de Búfalo, han disputado un combate de lucha libre esta noche en la ópera. Gibbs ha sido estrangulado hasta perder la conciencia y podría morir. Las condiciones del combate eran al mejor de tres caídas estilo grecorromano; sin restricciones.

En cuanto supe el origen de la expresión, decidí dejar de usarla. ¿Por qué emplear una metáfora de lucha violenta para describir mi amor por un bebé? ¿Por qué utilizarla para describir la mayor parte de las cosas que hacía a diario? Por un lado, boicotear una metáfora no iba a mover mucho el dial del cambio social, pero sí tenía el efecto de recordarme las raíces desiguales de nuestro lenguaje. Mientras buscaba otras palabras por las que sustituirla, me di cuenta de lo potente que puede ser la lengua.

El rabino Abraham Joshua Heschel afirmó: «El lenguaje tiene poder. Las palabras no se desvanecen. Lo que comienza como un sonido termina en un hecho». Heschel adoraba el lenguaje. Conocía su poder. Nacido en Polonia y educado en Alemania, fue testigo del auge de los nazis y de su uso de las palabras para motivar y agitar. Su madre y sus hermanas fueron asesinadas en bombardeos y campos de concentración. Él escapó de un destino similar emigrando a Estados Unidos en 1940. A partir de aquel momento, utilizó las palabras cuidadosa y magníficamente para promover los derechos humanos. Sus discursos, libros y poemas están revestidos de bondad, justicia y belleza.

A medida que fui sustituyendo las metáforas agresivas por otras más constructivas, me di cuenta de que nuestra lengua vernácula refleja un miedo cultural a la ternura, como si cualquier cosa que suene a sentimientos debilitara el lenguaje. Cuando ofrecí mi primera charla motivacional, me tocó hablar justo después de una de las mejores charlas que había oído en mi vida (y eso que, debido a mi trabajo, he presenciado un prodigioso número de discursos). Ofrecer una charla motivacional, tal vez porque los oradores saben que si lo hacen bien su mensaje podría llegar a millones de espectadores en internet, es una labor muy estresante. Mientras esperaba mi turno, estaba en el camerino con la persona que saldría al escenario justo delante de mí y con la que me seguiría. El hombre que me precedía parecía un jugador de fútbol profesional y hablaba con una voz suave y cálida. Se presentó: Tony Porter, cofundador de «A Call to Men», una organización que defiende que el fin de la violencia contra las mujeres empieza por redefinir qué significa ser hombre. La persona que intervendría después de mí era Madeleine Albright, la primera secretaria de Estado de la historia de Estados Unidos. Reconoció que estaba nerviosa, y yo le comenté que seguro que a lo largo de su carrera profesional había hecho cosas mucho más intimidantes que dar una charla motivacional. Los tres nos reímos. Todos estábamos nerviosos.

Todavía sufro de síndrome de estrés postraumático con solo pensar en la charla de Tony Porter y en que se llevó la primera y única ovación cerrada del día, todo ello sabiendo que yo tendría que hablar después. Tony desafió la definición limitante de masculinidad, que él describe como la «caja

212

del hombre», y las formas de socializar a los niños y a los hombres para amputarles la sensibilidad y la ternura. Es en la caja del hombre, dice, donde los hombres aprenden a no pedir ayuda, a actuar como si lo tuvieran todo bajo control, a resistirse a parecer vulnerables aunque eso afecte a su bienestar físico, su salud mental y sus relaciones emocionales. Al final del discurso, Tony dijo algo que no he olvidado:

Recuerdo que hablé con un chico de doce años, jugador de fútbol americano. Y le pregunté: «¿Cómo te sentirías si, delante de todos los demás jugadores, tu entrenador te dijera que estás jugando como una chica?». Esperaba que el muchacho me contestara algo como me pondría triste, o me enfadaría, o me cabrearía, algo así. Pero no, el chico me respondió: «Me dejaría destrozado». Y yo me dije, Dios, si que le dijeran que parece una chica lo dejaría destrozado, ¿qué le estamos enseñando sobre las chicas?

Esta es una pregunta importantísima. ¿Qué seguimos enseñándoles a los niños y a las niñas sobre su valía? ¿Por qué se sentiría destrozado un chico si le dijeran que está «jugando como una chica», cuando una chica sentiría orgullo si le dijeran que está «jugando como un chico»? ¿Por qué las palabras *jugar como un chico* tienen un aura de vigor y fuerza, y sin embargo las palabras *jugar como una chica* indican debilidad, deficiencia?

A lo mejor conoces a alguna niña pequeña a la que le encanten los deportes o merodear por el bosque con los vaqueros sucios; o a un niño pequeño que se lo pase bien jugando con muñecas o pasando el día hecho un ovillo en el sofá leyendo una novela. Haz un experimento con las palabras ahora mismo. Piensa en ese niño pequeño y di: «Es una nenaza». Ahora piensa en la niña y di: «Es un chicazo». ¿Qué sientes respecto al niño? ¿Y respecto a la niña? Busca una palabra distinta a *nenaza* para describir al niño, de manera que su naturaleza única sea validada y celebrada. Busca una palabra distinta a *chicazo* para describir a la niña, de forma que su espíritu aventurero no se asocie a que parece un niño, sino más bien a que es ella misma.

Aquí van unas cuantas frases más a las que darles una vuelta. Pronúncialas en voz alta y reflexiona sobre cómo te sientes cuando las dices.

Es un niño de mamá.
Es la niñita de papá.

Es una película de acción.
Es una película para mujeres.

Es un hombre muy racional.
Es una mujer muy sensible.

O dale la vuelta a la última y di:

Es una mujer muy racional.
Es un hombre muy sensible.

Cada vez que oigo que describen a una chica o a una mujer fuerte y perseverante como mandona, intensa o con mala leche, interrumpo y sugiero otras palabras, como inteligente, poderosa, valiente o, tal como se describió Toni Morrison, *gallarda*. Cuando una mujer llora en el trabajo, o cuando un hombre pide ayuda, reconoce sus miedos y comparte sus sentimientos, me gusta reconocer ese tipo de inteligencia

214

emocional como arriesgada y valiente. Puede que sustituir una palabra por otra parezca insignificante, pero las palabras dan forma a las personas y las culturas, y «lo que empieza como sonido termina en un hecho». (En la tercera parte exploro algunas formas de darle la vuelta al guion, de sustituir el lenguaje y ser ingenioso en la lengua diaria.)

Cuando que lo equiparen a una niña ya no destroce a un niño, cuando una niña se sienta vital haciendo las cosas que valora, cuando ser «femenina» se considere tan valiente como ser «masculino», entonces los niños y las niñas, los hombres y las mujeres, podrán escapar de las cajas que nos constriñen a todos. Tony Porter terminó su charla motivacional así: «Recuerdo haberle preguntado a un niño de nueve años: "¿Cómo sería para ti la vida si no tuvieras que ceñirte a esta caja del hombre?". Me contestó: "Sería libre"».

Utilizo las palabras de la historiadora Gerda Lerner justo al inicio de este libro. «¿Qué tipo de historia se escribirá —pregunta— cuando hombres y mujeres compartan por un igual la tarea de hacer las definiciones? ¿Devaluaremos el pasado, depondremos categorías, suplantaremos el orden por el caos? No. Simplemente caminaremos bajo el cielo.» A esto es a lo que se refería ese niño tan listo de nueve años cuando contestó la pregunta de Tony sobre salir de la caja del hombre. Esto es lo que ocurre cuando, en palabras de Gerda Lerner, describimos «la Tierra y el trabajo que en ella se hace con voces masculinas y femeninas», y cuando escogemos palabras que valoran la experiencia masculina y la femenina por igual. «Ahora sabemos —continúa Gerda— que el hombre no es la medida de todo lo que es humano; lo son los hombres y las mujeres. Esta idea transformará la conciencia de una forma tan decisiva como el descubrimiento de Copérnico de que la Tierra no es el centro del universo.»

La revolución copernicana, que es como se conoce ahora la teoría del universo de Copérnico, fue un cambio de paradigma que alejó a las culturas occidentales de una cosmovisión a la que se habían aferrado durante más de mil años. La Iglesia católica consideró que su idea de que la Tierra gira alrededor del sol y, por lo tanto, no es el centro del universo, era herética. Durante el siglo posterior a la muerte de Copérnico, solo un puñado de astrónomos de toda Europa fueron tan valientes como para defender y profundizar en su trabajo. Uno de ellos fue Galileo, que pasó la última parte de su vida bajo arresto domiciliario después de que el papa lo acusara de herejía por «haber creído y mantenido la doctrina (que es falsa y contraria a las Escrituras Sagradas y Divinas) de que el sol es el centro del mundo, y de que no se mueve desde el este hacia el oeste, y de que la tierra se mueve, y no es el centro del mundo». La Iglesia tardó más de trescientos años en limpiar el nombre de Galileo.

La palabra *revolución* ha pasado a significar un derrocamiento repentino y a menudo violento de quienes ostentan el poder político. Pero no todas las revoluciones son violentas. De hecho, la palabra *revolución* procede del latín *revolvere*, que se refiere al avance lento y constante de los cuerpos celestes por el cielo. Ahora mismo las mujeres están al frente de una revolución de ese tipo: un cambio de paradigma para alejarnos de un sistema de valores determinado por el género en el que la experiencia masculina está en el centro de la realidad, y todas las demás maneras de ser, pensar, sentir y hacer ocupan la periferia. Como en la época de Copérnico y Galileo —y como en cualquier otro momento en el que se desafían creencias e ideas valoradas y arraigadas desde hace tiempo— esta revolución de valores requiere de una mezcla de audacia y paciencia, de valor y resistencia.

UNA REVOLUCIÓN DE VALORES

Considero que la represión del principio femenino
es el mayor problema del planeta, y dado que el planeta
se ha convertido en una aldea global, el poder por sí solo
ya no va a funcionar. Nos destruiremos.

MARION WOODMAN

Todavía me dejan el *The New York Times* de los domingos en la puerta de mi casa. Me gusta el ritual de salir a recogerlo, y luego el acto físico de pasar las páginas de un periódico mientras me tomo el café. Me gusta oír el crujido del papel y descubrir artículos que tal vez no habría visto nunca si lo hubiera ojeado en internet. Me gusta elegir qué sección examino primero. A veces es la sección de «Estilo», para leer sobre la boda de la semana, o la sección de «Bienes Inmuebles», porque soy una mirona de las casas de los demás. O a lo mejor empiezo por la sección de «Viajes» porque, aunque soy una persona casera, sigo queriendo conocer el terreno por si alguna vez me da por visitar Estonia o las Islas Seychelles.

Pero lo que más me gusta leer son las cartas al director del domingo. Quiero ver si hay más lectores que se han pasado toda la semana preocupados o alegres por las mismas cosas que yo. Las opiniones de los demás me resultan iluminadoras, sobre todo cuando son distintas a la mía, o más amplias, o más creativas. Es menos probable que me tome las palabras de un periodista como la única verdad si escucho también la voz del resto del pueblo.

Hace poco, una mujer, una doctoranda en Historia llamada Kimberly Probolus, escribió a *The Times* para quejarse de que las cartas al director tenían un «sesgo masculino». Empezaba la suya con estas palabras: «En 1855, Nathaniel Hawthorne escribió a su editor: "América está ahora totalmente entregada a una turba maldita de escritoruchas"». Probolus señalaba que la carta de Hawthorne expresaba la creencia de que «la escritura de las mujeres no era digna de ser leída o publicada, de que sus palabras e ideas no importaban, y de que su obra era, en palabras del propio Hawthorne, "basura"».

«Mientras hojeo varios periódicos nacionales —escribía Probolus—, día tras día, año tras año, continúo albergando la esperanza de que algún día, con el tiempo, las mujeres aparezcan proporcionalmente representadas. Siempre me llevo una decepción; siempre tienen un sesgo masculino. Quizá el desdén de Hawthorne hacia las escritoruchas no sea una historia tan lejana.»

Como a mí, a Probolus le encantan las cartas al director de *The Times*. Se refiere a ella como «la sección más democrática del periódico, porque tanto niños como adultos, tanto filántropos multimillonarios como empleados que cobran el sueldo mínimo y personas de todos los géneros pueden contribuir a ella. Todos ellos tienen una oportunidad igualitaria de expresar sus ideas y participar en un debate sólido en la esfera pública. Por lo tanto, me preocupa que en 2019 a *The New York Times* le cueste encontrar cartas de mujeres que merezca la pena publicar».

La semana siguiente, los editores de *The Times* contestaron con una carta titulada «Os escuchamos». «La señora Probolus tiene razón —escribieron—. Ya antes de recibir su nota, habíamos batallado con el hecho de que las mujeres llevan mucho tiempo infrarrepresentadas en la página de cartas. Según nuestro cálculo aproximado, las mujeres son responsables de entre un cuarto y un tercio de los envíos, aunque es cierto que tienden a ser muchas las que escriben sobre temas como la educación, la salud, el género y los niños». Señalaban que la falta de voces femeninas es un «fenómeno que afecta a toda la industria» y que iban a abordarlo eligiendo a propósito más cartas escritas por mujeres.

Su respuesta me decepcionó, aunque tener un ejemplo tan evidente de la falta de imaginación a la hora de abordar este «fenómeno que afecta a toda la industria» me alegró. Es la misma falta de imaginación que veo por todas partes a la hora de lidiar con la desigualdad de género. Sí, un primer paso lógico es añadir más voces femeninas a la conversación, pero eso no llegará a las raíces del «fenómeno».

Aquí va una forma de acercarse más a las raíces, una solución que es mucho más revolucionaria que el mero hecho de añadir una cucharada de mujeres a la misma receta de siempre: si las mujeres ya escriben con más frecuencia al periódico cuando los artículos versan sobre «la educación, la salud, el género y los niños», y si para *The Times* es importante recibir más cartas de sus lectoras, entonces ¿por qué no informar más —y con mayor seriedad— sobre los temas que preocupan a las mujeres? ¿Por qué no colocar los artículos sobre la educación, la salud, el género y los niños en la portada? ¿Por qué no gastar más recursos en investigar esos asuntos, en dignificar su importancia, en incorporar periodistas en las primeras líneas de los centros escolares, los hospitales y otros paisajes cotidianos de la vida y la actividad humana? ¿Por qué no escribir sobre esos lugares y las historias que suceden en su interior con la misma solemnidad que los medios informativos le otorgan a los escándalos electorales, los delitos violentos y la guerra? ¿Por qué relegar a la sección de «Estilo» los artículos sobre relaciones humanas, crianza, salud mental, amor y conexión? Además, ¿qué tienen que ver esos temas con el «Estilo»?

Mientras lo que siempre se ha considerado «noticia» venga determinado por un sistema de valores incontestado, solo ciertos tipos de personas se encontrarán representados en los artículos importantes. Al crear un bucle cerrado de interés que genera contenido y de contenido que genera interés, los hombres continuarán siendo quienes comenten los artículos. «Somos sensibles a la desigualdad de género —escriben los editores de *The Times* al final de su carta— y, como editores de un espacio dedicado a la voz de los lectores, estamos decididos a que refleje el conjunto de la sociedad con mayor exactitud […]. Pero necesitamos vuestra ayuda. Así que queremos animar a las lectoras —y a todo aquel que se sienta infrarrepresentado— a escribirnos.» Solo que las posibilidades de que las mujeres —«y todo aquel que se sienta infrarrepresentado»— les escriban no aumentarán si los artículos no reflejan la plenitud de lo que les preocupa, lo que valoran, lo que experimentan.

Un informe del Centro de Investigaciones Pew clasificó las áreas temáticas que cubrieron a lo largo de un período de dieciocho meses «los periódicos —solo las portadas— y los programas de noticias matutinos y vespertinos de los canales de televisión con un mercado pequeño, mediano y amplio, los noticiarios de la televisión por cable, los programas de noticias y tertulias de la radio y las noticias digitales». Estos son algunos de los temas y los porcentajes de cobertura:

- Campañas/Elecciones/Política, 21,3.
- Extranjero, 11,0.
- Criminalidad, 6,6.
- Agencias gubernamentales/Asambleas legislativas, 5,3.
- Economía/Aspectos económicos, 5,0.
- Desastres/Accidentes, 4,2.
- Salud, 3,6.
- Negocios, 3,1.
- Estilo de vida, 3,0.
- Asuntos nacionales, 2,3.
- Medios de comunicación, 2,3.
- Defensa/Ejército (nacionales), 2,3.
- Deportes, 1,7.
- Medioambiente, 1,7.
- Terrorismo nacional, 1,6.
- Celebridades/Entretenimiento, 1,5.
- Ciencia/Tecnología, 1,2.
- Cuestiones de raza/Género/LGTBI, 1,1.
- Transporte, 1,0.
- Educación, 0,9.
- Religión, 0,8.
- Sistema judicial/Legal, 0,4.
- Desarrollo urbanístico/Crecimiento urbanístico descontrolado, 0,1.

Sin duda, a las mujeres les interesan las campañas políticas, los asuntos exteriores, la criminalidad y el resto de temas que recibieron mayor cobertura. Pero ¿por qué son estos asuntos los que más se cubren? ¿Por qué no aparece entre ellos la educación, que siempre es una de las principales preocupaciones de la mayoría de los estadounidenses? ¿O la salud física y mental de nuestros hijos? ¿O la protección del planeta, o una miríada más de asuntos, muchos de los cuales están relacionados con la creación de una sociedad más saludable, sabia y justa? Es posible que quienes ocupan los puestos de responsabilidad de *The Times* y de otros medios digan que publican lo que vende. Sin embargo, yo creo que se trata de algo más profundo que eso. Creo que los «temas como la educación, la salud, el género y los niños» se consideran temas «blandos», nacidos de valores que se consideran menos significativos.

James Carville fue el mago de las palabras que acuñó la ahora célebre frase «Es la economía, estúpido» durante la campaña presidencial de Bill Clinton en 1992. Esa frase sigue sacándose a relucir para recordar a los cargos electos que, al final, lo que motiva a los votantes es la seguridad financiera. Otra forma de expresar esa joya de sabiduría electoral sería: «Es la supervivencia, estúpido». La gente vota a favor de lo que percibe que es más beneficioso para su supervivencia inmediata. La buena y la mala noticia es que los asuntos que más preocupan ahora mismo a muchas mujeres son los problemas de supervivencia de la especie. Es una buena noticia porque las mujeres de todo el mundo se están mostrando a la altura; es una mala noticia porque necesitaremos una revolución de valores si queremos sobrevivir a las crisis que la propia humanidad se ha buscado.

He dudado sobre si utilizar la palabra *femenino* en este libro. Es una palabra que algunas personas asocian a los

volantitos y las blondas, a los papeles limitados y a los valores anticuados. Pero a mí sí me gusta esa palabra. La empleo
en el sentido que aprendí de Marion Woodman, que hablaba
del «principio femenino» describiéndolo como el «intento
de relacionarse [...]. En lugar de descomponer las cosas en
partes, el principio femenino dice ¿en qué nos parecemos?
¿Cómo podemos conectar? ¿Dónde está el amor? ¿Eres capaz
de escucharme? ¿Oyes de verdad lo que estoy diciendo? ¿Me
ves? ¿Te preocupa si me ves o no?».

Para mí ya no tiene importancia saber hasta qué punto
el principio femenino de las mujeres procede de la naturaleza o de la crianza. Lo que me importa son los valores de
lo femenino: el valor del cuidado como opuesto a la dominación; el valor de compartir como opuesto al acaparar; el
valor de la inclusión como opuesto al comportamiento tri-
bal que lleva a la violencia y la destrucción. Lo que me
importa es que dejemos de venerar el espíritu de la dominación y, en cambio, elevemos el alma de los cuidados.
Para mí, eso señala hacia las mujeres. No hacia todas, por
supuesto, sino hacia los valores que muchas propugnan y
hacia las capacidades que hemos desarrollado basándonos
en esos valores.

Me gusta imaginarme el día en que lo que se percibe
como «femenino» sea tan estupendo y maravilloso como lo
que a lo largo de los siglos se ha percibido como «masculino». Cuando palabras como *cuidar*, *compartir* y *amor* sean
fuertes y ya no se releguen a las escuelas infantiles o a las
tarjetas del día de san Valentín. Cuando las personas —todas
las personas— estén orgullosas de su capacidad de sentir,
de expresar, de ser emocionalmente inteligentes con su placer y su dolor, su rabia y su paz. Cuando la masculinidad ya
no sea sinónimo de violencia y misoginia. Cuando ya no se

considere un crimen contra la masculinidad que un niño o un hombre se muestre abierto con las emociones, que sienta miedo y se le note, que pida ayuda, que sea vulnerable, expresivo, bondadoso. Esta es la revolución de valores a la que me refiero.

No creo que «Son los valores, estúpido» se convierta en el próximo gran meme. Y, aplicándome mi propio consejo, no es que el uso de la palabra *estúpido* sea la elección más inclusiva y compasiva. Pero el caso es que sí son los valores. Y que sí somos estúpidos si continuamos embutiéndonos en el sistema de valores existente en lugar de trabajar para cambiar los preceptos del sistema. Pese a que no es fácil, ya se ha logrado otras veces. La historia está llena de relatos sobre la transición de un sistema de valores a otro: de la superstición a la ciencia, de la teocracia a la democracia, del tribalismo a un mundo interconectado. Pasar de los principios del patriarcado a los del *humaniarcado* precisará de una revolución similar a la copernicana, pero, con independencia de lo que cueste y de lo que tarde, son los valores los que cambiarán la historia.

En 1883, durante un discurso en Washington D. C., el destacado escritor y orador Robert Ingersoll dijo algo que, a lo largo de los años, otros han atribuido a Abraham Lincoln, aunque en realidad lo dijo Ingersoll refiriéndose a Lincoln: «Nada revela tanto el auténtico carácter como el uso del poder. La mayoría de la gente es capaz de soportar la adversidad. Pero, si quieres saber cómo es realmente un hombre, dale poder. Es la prueba suprema. La mayor gloria de Lincoln es que, teniendo un poder casi absoluto, nunca abusó de él, salvo por el lado de la compasión».

No dudo de que el presidente Lincoln fuera excepcionalmente «compasivo» entre los hombres poderosos. No obstante, también estoy bastante convencida de que abusó de él alguna que otra vez. Igual que estoy convencida de que todos y cada uno de nosotros haremos lo mismo en nuestra propia esfera. Lo que cuenta es la intención de ejercerlo de manera compasiva, consciente, distinta. Lo que cuenta es la conciencia y la voluntad de autocorregirse. Ahora que las mujeres estamos asumiendo el poder y la influencia que se nos han negado durante milenios —influencia en el hogar, poder en el lugar de trabajo, liderazgo en el mundo—, se está poniendo a prueba nuestro carácter. ¿Cómo superamos la prueba, si superarla significa tanto obtener el poder como ejercerlo de forma distinta una vez que lo tengamos? ¿Cómo aspiramos a unos estándares superiores y al mismo tiempo nos permitimos aprender, fallar, cometer errores, corregir, ir haciendo las cosas sobre la marcha?

La siguiente parte de este libro trata de la revolución de valores que puedes llevar a cabo en tu vida diaria. De ennoblecer a la persona que eres y reforzar tu carácter para que puedas escribir finales nuevos y valientes para las historias viejas y contribuir a crear comienzos nuevos y espectaculares para todos nosotros.

TERCERA PARTE

UN FINAL NUEVO Y VALIENTE

UNA CAJA DE HERRAMIENTAS PARA LA FUERZA INTERIOR

Cuando las negamos, nuestras historias nos definen.
Cuando las hacemos nuestras, tenemos la posibilidad
de escribir un final nuevo y valiente.

BRENÉ BROWN

Escribir suele ser una experiencia solitaria. Pero mientras trabajaba en este libro no he estado sola. Mi despacho está atestado de mujeres, y les hablo en voz alta mientras trabajo. Hablo con mujeres conocidas y desconocidas, míticas y reales, con mi madre y con mi abuela, y con las niñas y las mujeres de hoy. Retrocedo en el tiempo y le hago preguntas a Eva: ¿qué pasó realmente en aquel jardín? Si hubieras contado tú la historia, ¿serían las cosas distintas para las mujeres, para la humanidad actual? ¿En qué sentido? Le digo a Pandora que no fue culpa suya, que fue una trampa, que ella fue la cabeza de turco. Le tiendo a Galatea una mano para que baje del pedestal y le digo que contemple su propia belleza. Hablo sobre todo con Casandra. Le prometo que recordaremos su historia porque, como dice Brené Brown, «Cuando las negamos, nuestras historias nos definen. Cuando las hacemos nuestras, tenemos la posibilidad de escribir un final nuevo y valiente». Le prometo a Casandra que escribiremos ese final nuevo y valiente. Diremos lo que creemos porque confiaremos en lo que sabemos. Nos escucharán. Convertiremos nuestros instintos en normas y nuestros sueños en realidades mejores para todos.

En cualquier caso, con quien más hablo es contigo, lectora, mi compañera de viaje en estos tiempos. He pensado en ti mientras evocaba a nuestras hermanas del pasado y utilizaba sus historias como prueba de por qué, aún hoy, las mujeres nos cuestionamos, reprimimos o menospreciamos lo que en lo más profundo de nuestro ser sabemos que es verdad. Me ayuda entablar conversación con las mujeres que vinieron antes que nosotras, porque comprender el pasado arroja luz sobre cómo hemos llegado hasta donde estamos y cómo podríamos recorrer un camino más luminoso hacia el futuro. Cada una tenemos un camino distinto dependiendo de nuestra edad, nuestros orígenes, circunstancias, creencias y roles. Pero todas necesitamos fuerza interior para recorrerlo. En esta parte del libro comparto estímulos y prácticas para ayudarte a reforzar tus pilares y a mantenerte conectada y comprometida con tu verdadera voz.

Permanecer conectada con esa voz es muy distinto a averiguar cómo hacerlo en un mundo que ya ha decidido cómo debe sonar una voz fuerte, qué aspecto debe tener una persona poderosa. Elevar unos valores que se han trivializado y marginado en nuestros lugares de trabajo y hogares requiere de fortaleza interior, amor propio y apoyo. Una vez oí a Oprah Winfrey decir: «A lo largo de los años he entrevistado a miles de personas, la mayoría de ellas mujeres, y diría que la raíz de todas las disfunciones que me he encontrado, de todos los problemas, ha sido la sensación de falta de autoestima o de amor propio». Lo que encontrarás en esta parte del libro son unos cuantos métodos meditativos y terapéuticos para reclamar tu autoestima y tu amor propio.

Lo que no encontrarás es una de esas listas de «diez maneras de conseguir algo» que hacen que un viaje largo y difícil parezca corto y sencillo. Si esta parte del libro te resulta útil, te animo a profundizar y a dedicarle más tiempo y compromiso a lo que yo llamo *interiovismo*.

Si la sensibilidad emocional te abruma, si la falta de seguridad en ti misma o la depresión están mermando tu fuerza vital, una decisión valiente es buscar un terapeuta o un *coach* sensatos. En diferentes momentos de mi vida he trabajado con psicoterapeutas para explorar las distintas capas de mi infancia y de mi condicionamiento social, para descubrir la validez de mi propia voz y para asumir la responsabilidad de las diversas formas en las que culpo a los demás de cosas que en realidad me corresponde a mí transformar.

Si tienes una mente hiperactiva y ansiosa que te impide dormir por la noche y te distrae durante el día, aprender a meditar es algo inteligente y agradable que puedes hacer por ti misma y por este mundo, que necesita tu liderazgo sereno y centrado. En la profundidad silenciosa de la meditación, he rozado la que considero la verdad más honda: que en el fondo todos los seres humanos, con independencia de nuestro género u otras identidades, somos buenos, somos bastantes y nos parecemos unos a otros más de lo que nos diferenciamos. Todos nosotros encajamos aquí, entre nosotros, y formamos un todo. La meditación es una de las amigas más poderosas que puedes tener a lo largo del viaje que es volver al hogar de tu propio ser. Puede contribuir a que te identifiques menos con tu yo «ego» y más con tu «yo alma», lo cual te permite ver con más facilidad el «yo alma» de los demás.

Si tienes algún trauma sin resolver atrapado en el cuerpo —ya sea personal o a causa de las heridas colectivas que han sufrido las mujeres a lo largo de los siglos—, iniciarte en el autocuidado es un acto de amor. Los traumas físicos hacen que vivamos avergonzadas, temerosas y a la defensiva. Pueden volvernos rencorosas, pasivo-agresivas o directamente mezquinas. Reclamar tu cuerpo para ti, para tu salud y para la participación placentera y poderosa en la vida es una de las cosas más importantes que puedes hacer para escribirle un final nuevo a la historia.

Cuando era comadrona, tenía la posibilidad de ver una y otra vez, de cerca y en persona, la fuerza física y la nobleza que habitan en el centro mismo del cuerpo de las mujeres. Esas experiencias cambiaron mi forma de pensar en el cuerpo femenino. Hicieron que deseara amar mi cuerpo por su bondad inherente, en lugar de obsesionarme por los defectos de su exterior. Quise aprender a nutrirlo y a fortalecerlo. Y a ayudarlo a sanar de las heridas sexuales; a superar el disparate de la imagen corporal; a alejarse de las imágenes omnipresentes e imposibles de la «perfección» femenina; a desenmarañarse de las historias de estigmatización corporal transmitidas de generación en generación. En resumen, quise aprender a disfrutar de mi hermoso cuerpo en todas las etapas de la vida.

La meditación y la terapia no son soluciones rápidas. Por eso la gente suele evitarlas. Ahora más que nunca, en estos tiempos acelerados, el autoexamen quizá parezca algo aburrido y anticuado que nos roba demasiado tiempo. Algunas personas pueden llegar a considerar que la idea de sanar es autocomplaciente o una manera de esconder la cabeza en la arena. Pero no te dejes engañar. Aunque es cierto que el viaje empieza en el interior, después te impulsa hacia fuera y hacia delante. Te aclara la forma de ver las cosas y le confiere valor a tu voz. Te ayudará a hacer cosas que jamás pensaste que pudieras hacer.

A lo mejor incluso empiezas a hablar con antepasadas invisibles, como yo. Y tal vez te contesten. Si acallas tu mente, abres tu corazón y escuchas con atención, puede que las oigas llamarte por tu verdadero nombre, como dice el poeta persa Rumi:

Durante años, copiando a otra gente,
intenté conocerme.
Desde dentro, no lograba decidir qué hacer.
Incapaz de ver, oí que me llamaban por mi nombre.
Entonces salí afuera.

Es hora de que las mujeres «salgan afuera», y por eso te ofrezco las herramientas que he encontrado a lo largo de mi propio *walkabout*. Así se referían los aborígenes australianos al rito de iniciación al que se sometían los hombres jóvenes: un arduo viaje por el desierto que representa su transición hacia la madurez. Creo que las mujeres de todo el mundo estamos experimentando un rito de iniciación colectivo, un *walkabout* por el territorio salvaje de estos tiempos de cambio, un viaje que todas debemos hacer solas, pero que, al mismo tiempo, estamos haciendo juntas, inspirándonos y protegiéndonos unas a otras y dejando miguitas de pan a nuestro paso.

Estas son mis migas de pan.

INTERIOVISMO

Practica hasta
que lo conviertas en una
canción que te cante.

SUE MONK KIDD

CUANDO HABLO ANTE grupos de mujeres, empiezo observando al público y evaluándolo. Puede que se trate de un
conjunto variopinto de trescientas mujeres de todo el país y
de distintas partes del mundo, o puede que sea un grupo
más pequeño y específico: mujeres de negocios, trabajadoras
sociales, supervivientes del cáncer, veteranas de guerra. Me
hago una idea de qué tipo de público son, y muchas veces
me arriesgo y les pido que hagan un ejercicio conmigo. Les
propongo que dejen en el suelo el móvil y el bolso, los bolis
y las libretas. Puede que tarden un poco. Separarse de ese
tipo de cosas puede resultar incómodo cuando estás en un
sitio nuevo con gente a la que no conoces de nada.

Una vez que nos hemos quitado todo eso de en medio,
les pido que hagan algo que puede hacerlas sentir aún más
incómodas: que se sienten bien erguidas, cierren los ojos y

se separen también de sus estorbos internos, de sus preocupaciones de la tensión del momento y de sus inseguridades. «¿Qué pinto yo aquí?» De sus juicios. «Pero ¿quién es toda esta gente?» Les pido que se liberen de todo eso y que se pongan una mano en el corazón y respiren. Que inhalen y exhalen con tranquilidad y que centren su atención en el punto sensible que tienen en el centro del pecho. Y luego guío una breve meditación que invita a todas las presentes a mostrarse por completo, tal como son, a ser valientes y abiertas, a tratarse con bondad y respeto, tanto a ellas mismas como a las demás mujeres de la sala.

Considero que este ejercicio es arriesgado porque no todo el mundo se siente cómodo bajando el ritmo, cerrando los ojos, colocándose una mano en el corazón y meditando con un puñado de extrañas. Meditando de cualquier forma. Sin embargo, es un riesgo que merece la pena correr, porque creo que trabajar desde dentro hacia fuera —sintiéndote cómoda con quien eres, calmando la habitual ansiedad de tu mente, abriendo tu corazón a lo que sea que tienes dentro— es útil para casi todas las personas, y sobre todo para las mujeres que quieren introducir cambios en su vida, que quieren cambiar el final de la historia de Casandra para sí mismas, para el mundo.

El *interiovismo* es lo que necesitan las activistas, y el activismo es lo que necesitan las *interiovistas*, por eso les pido a las mujeres que asisten a las conferencias que empiecen conmigo por el principio: por su propio cuerpo sentado en la silla, por su corazón palpitante, por su respiración, aquí y ahora. Es dentro de nosotras mismas donde podemos descubrir formas más inteligentes y creativas de lidiar con el mundo exterior. Es en nuestro interior donde encontraremos el valor necesario para creer en nosotras y para defender lo que sabemos que es posible, sobre todo cuando nos topamos con oposición en el trabajo, en casa o en nuestra comunidad. Las historias nuevas y los valores más auténticos están dentro de nosotras, en las profundidades de nuestro verdadero ser, bajo la habitual cháchara de nuestro cerebro, bajo los condicionamientos, la confusión o el miedo que nos lastran.

Quizá pongas en duda toda esta idea de un rincón interior en el que habita una versión más sabia, más fuerte y más esencial de ti misma. Pero yo no. Es una de las pocas cosas que sé con absoluta certeza. Lo sé porque yo también he pasado años lidiando con una mente ansiosa y un corazón sensible. He utilizado todo tipo de teorías y habilidades meditativas y terapéuticas para que me ayudaran a descubrir mi yo interior resiliente, ese que está menos asustado, menos a la defensiva y menos dispuesto a juzgarlo todo; el yo que quiere analizar con franqueza tanto mi resistencia al poder personal como mi propio uso incorrecto del poder, y el yo que no se cree lo que nos han dicho acerca de las mujeres a lo largo de los siglos. Acerca de la pecaminosidad de nuestro cuerpo, de lo poco fiables que son nuestros deseos, de la superficialidad de nuestra mente y de la locura de nuestros sentimientos. Entrar en contacto con mi yo más genuino me ha ayudado a ser mejor persona, a ser una amiga y compañera de trabajo más compasiva y sincera, una líder más efectiva, una mujer más reflexiva y valiente en el mundo.

Pienso en mi yo más profundo como en mi hogar, un oasis al que puedo volver una y otra vez para recargarme. Sin embargo, si nunca has estado en casa, es difícil encontrar el camino que lleva hasta ella, o incluso imaginar que existe un lugar así. Por suerte, hay mapas y herramientas, prácticas antiguas y terapias más modernas para ayudarte a lo largo del viaje. Personalmente, combino prácticas y perspectivas procedentes de una plétora de tradiciones, y puede que eso incomode a los puristas. Mezclar el lenguaje sagrado con una jerga más secular, psicológica, podría considerarse sacrílego, mientras que aplicar la fe a las prácticas terapéuticas podría ofender a quienes rechazan cualquier cosa con connotaciones espirituales. Igual que las hierbas y las especias pueden resaltar el sabor de la más tradicional de las recetas, añadir una práctica espiritual, como la meditación o la oración, al trabajo más clínico de la psicoterapia, o viceversa, puede expandir y mejorar tu *interiovismo*.

Adoro lo mejor de la espiritualidad: la contemplación, la música, el ritual, la interpretación amable de escrituras antiguas. Adoro que, en el fondo, las religiones del mundo nos orienten en una dirección parecida, hacia el asombro y la gratitud por la vida, y hacia una forma noble, pacífica y compasiva de ser humanos. Pero entre nosotros y esa luminosa forma de ser hay todo tipo de obstáculos que no podemos vadear sin más. Las herramientas psicológicas nos ayudan a enfrentarnos a lo que se interpone entre nosotros y nuestro espíritu más noble, y a desmantelarlo. La terapia, el trabajo con los traumas y, para algunas personas, la medicación son maneras de llegar a la raíz de la ansiedad, la inseguridad, la rigidez, el ego, el miedo, la agresividad, la avaricia o cualquier otro mecanismo de defensa o herida que hayamos acumulado a partir de la infancia.

El trabajo psicológico y la práctica contemplativa son los compañeros de viaje del *interiovista*. Juntos, y con el tiempo, pueden sacar lo mejor de ti para que puedas ofrecérselo a los demás, a tu trabajo y al mundo. No se trata de profundizar más y más en tu interior y de quedarte ahí. Se trata, como dice Sue Monk Kidd, de «practicar hasta que lo conviertas en una canción que te cante».

MEDITACIÓN

Tú eres el cielo.
Todo lo demás… es solo el clima.

PEMA CHÖDRÖN

A VECES RECIBO el día con una disposición positiva y generosa. Al día siguiente, el ánimo cambia y estoy de un humor de perros. Hay ocasiones en las que me siento inspirada, como si un patrón climático rebosante de energía hubiera llegado a mi vida. Luego las cosas cambian de nuevo y nada me emociona; he perdido la motivación. Y hay veces en las que me siento tranquila, satisfecha, tan despejada como un día sin nubes. Este es el clima siempre variable de la mente humana.

«Tú eres el cielo —escribe la maestra de meditación Pema Chödrön—. Todo lo demás… es solo el clima.» ¿Quién es ese «tú» al que se refiere cuando dice que «eres el cielo»? ¿Quién contiene hasta el último patrón climático pasajero pero no se identifica con ninguno de ellos, no se corresponde con sus subidas ni se hunde con sus depresiones? ¿Quién es el yo que es tan vasto, abierto y libre como el cielo? Si te apetece explorar esas preguntas y rozar una respuesta, te sugiero la práctica de la meditación.

Recuerdo la primera vez que me senté a meditar, hace tiempo, cuando tenía diecinueve años. La experiencia de ocupar mi sitio en un centro zen oscuro que olía a sándalo y en el que reinaba un silencio propio del espacio exterior me resultó extraña y familiar a la vez. Aunque las instrucciones eran sencillas, la práctica era lo más difícil que había hecho en mi vida. Con diecinueve años, no es que hubiera hecho gran cosa, pero no he dejado de meditar desde entonces, y pese a que la meditación sigue resultándome difícil, es la práctica a la que vuelvo una y otra vez para que me ayude a capear todos los temporales de mi vida.

Imagina que estás en un avión, ascendiendo entre nubes oscuras. Hay turbulencias, lluvia y viento. De repente, alcanzas la altitud de crucero. Las nubes se abren. El cielo brilla. ¿Ha desaparecido el tiempo tormentoso? No. Has ganado altitud. La meditación es así. Es entrenarte para ser el cielo, para tener la perspectiva del cielo. Para saber que incluso en medio de las tormentas y los bajones de tu vida personal y del mundo, el clima cambia, y que tú eres el cielo que lo presencia todo. Pero quiero dejar una cosa clara. La meditación no es un billete a un mundo de colores pastel en el que las campanas de viento tintinean estremecidas por una brisa fragrante. Eso es escapismo. La meditación no es una forma de huir o una especie de anestesia. Se trata más bien de despertar y después estar presente. El doctor King acuñó una frase que me encanta. Dijo que, aunque todos deberíamos esforzarnos por ser «personas relativamente felices, seguras y adaptadas», hay cosas a las que nunca deberíamos adaptarnos, como la intolerancia, la injusticia y la violencia. Afirma que, en lugar de eso, deberíamos practicar la «desadaptación creativa». Así utilizo yo la práctica de la meditación. A lo largo de los años, la meditación me ha ayudado a transformarme en un ser humano más feliz, más seguro y «relativamente adaptado». También me ha proporcionado la fuerza para practicar la «desadaptación creativa», permanecer abierta al dolor de los demás y conectar con mis semejantes con más paciencia y compasión.

Todavía me maravilla que un acto tan pequeño —permanecer sentada pacientemente en una postura correcta y con el cuerpo relajado, observar la respiración que entra y sale de mi cuerpo, acallar la mente, abrir el corazón— pueda tener un efecto tan enorme en tu día, o en toda una vida. He estudiado muchas formas de meditación, de diferentes tradiciones y partes del mundo. Siento un agradecimiento profundo por todas ellas. Sin embargo, hay muchas que no atienden a las necesidades específicas de las mujeres y que carecen de la sabiduría de la experiencia femenina, del poder único de una voz de mujer. No es de extrañar. A lo largo de los siglos, han sido los hombres quienes han generado y articulado la mayoría de las tradiciones religiosas. Y, como ocurre con muchas de las cosas que interpretamos como verdad absoluta —desde la literatura hasta la medicina, desde la política hasta la religión—, están desequilibradas. Tardé años en entender que no tenía que estar de acuerdo con todo lo que leía y aprendía sobre la meditación y otras prácticas y rituales espirituales; que podía añadir, restar, cambiar cosas. Desarrollé la práctica que describo más abajo tras años de trabajar con mujeres —y con hombres— y de prestar atención a lo que las ayudaba a encontrar ese delicado equilibrio entre la paz interior y la fuerza exterior.

Llamo a esta práctica la meditación de «No hagas daño y no aguantes gilipolleces». La frase procede de un póster enmarcado que encontré entre las pertenencias de mi hermana pequeña después de su muerte. Mi hermana Maggie era artista y enfermera especializada, y cuidaba de sus pacientes en una población rural de Vermont. Era una persona preciosa, divertida y malhablada, además de una tía dura, pero el cáncer pudo con ella. Durante su último par de años nos volvimos inseparables, lo más unidas que pueden estar dos personas, ya que no solo fui una de sus cuidadoras, sino también su donante de médula espinal, lo cual significa que cuando su vida terminó ambas compartíamos la misma sangre, el mismo ADN. Maggie me enseñó el eslogan «No hagas daño y no aguantes gilipolleces», y me la imagino comentándolo entre risas con sus compañeras enfermeras. Como profesional sanitaria, intentaba ejercer sin hacer daño ni aguantar gilipolleces: sin hacerles daño a sus pacientes (tal como establecen el juramento hipocrático que hacen los médicos y el juramento Nightingale que hacen las enfermeras en algunos países) y sin aguantar gilipolleces, ni de los médicos con los que trabajaba, ni de las reglamentaciones burocráticas que regían su clínica, ni de sus queridos pacientes, que a veces no acataban sus tratamientos o abusaban de los medicamentos que les prescribía. Maggie intentó vivir conforme a su lema, pero aun así aguantó un montón de gilipolleces tanto en el trabajo como en casa, y también causó algunos daños, sobre todo a sí misma.

Escribo aquí sobre Maggie porque creo que todos podemos vernos reflejados en sus fortalezas y en sus debilidades. A menudo su naturaleza entregada no conocía fin. Daba, daba y daba, y permitía que el resentimiento creciera en su interior, puesto que carecía de las herramientas y de las agallas necesarias para decir su verdad y establecer unos límites razonables. A veces pienso que, si de verdad hubiera sabido cómo «No hacer daño y no aguantar gilipolleces», a lo mejor no habría tenido cáncer antes de los sesenta y no habría muerto tan joven. Como mínimo, habría sabido que era tan merecedora de amor y respeto como las personas a las que cuidaba. Habría confiado en lo que sentía y habría dicho lo que pensaba de verdad, en lugar de permitir que las heridas y la rabia se endurecieran en su interior. En ocasiones era demasiado entregada, demasiado buena. Luego, para compensar, se volvió demasiado dura para permitir que alguien la ayudara.

La maestra Roshi Joan Halifax enseña una forma de meditación a la que se refiere como «Espalda fuerte, fachada suave». Una vez la invité a una conferencia de «Mujeres y poder» para impartir una sesión de meditación. Entre las instrucciones que les dio a las mujeres de la sala, incluyó lo siguiente:

> Con demasiada frecuencia, nuestra supuesta fuerza procede del miedo y no del amor; en lugar de tener una espalda fuerte, muchas de nosotras tenemos una fachada blindada que protege una columna débil. En otras palabras, caminamos por la vida frágiles y a la defensiva, intentando ocultar nuestra falta de seguridad. Si fortalecemos nuestra espalda, metafóricamente hablando, y desarrollamos una columna que sea flexible pero robusta, entonces podemos correr el riesgo de mostrar una fachada suave y abierta, que represente la compasión. El lugar del cuerpo en el que ambas se encuentran —la espalda fuerte y la fachada blanda— es el terreno valeroso y tierno en el que debemos enraizar profundamente nuestra empatía.

O, dicho de otra forma, el amor y la fuerza no son mutuamente excluyentes. No hacer daño y no aguantar gilipolleces no son opciones que se descarten la una a la otra. Es la unión de ambas lo que marcará una diferencia en tu vida y cambiará la historia del mundo. Puede parecer que para sortear las dificultades o para avanzar debes cerrar a cal y canto tu corazón vulnerable. Que siempre tienes que ser tan fría y agresiva como los guerreros y los superhéroes. Pero es un triste error. Puedes expandir tu capacidad de sentir, de empatizar y de dar al mismo tiempo que fortaleces los músculos del discernimiento, el amor propio y el establecimiento de límites. Ese es el propósito de la siguiente meditación, titulada así en honor a mi hermana.

NO HAGAS DAÑO Y NO AGUANTES GILIPOLLECES

Una práctica de meditación

Enfrentarse al mundo
requiere una espalda fuerte
y una fachada suave.

ROSHI JOAN HALIFAX

PUEDE QUE HAYAS visto estatuas de Buda en las que tiene la palma de la mano izquierda tendida hacia delante, como un cuenco que recoge lluvia. Levanta la mano derecha extendida, como si hiciera el gesto de detener a alguien. En sánscrito, esos gestos de la mano se denominan *mudras*. En las tradiciones del budismo y del yoga, los *mudras* se utilizan para evocar un estado mental concreto.

El gesto de la mano cóncava es el *mudra* de la generosidad y la compasión. Simboliza a un corazón que no rechaza a nadie, un cuenco que puede contener el mundo. En términos cristianos, es el gesto de *agape*, la máxima forma de amor. Es el gesto del «no hagas daño».

El gesto de la mano alzada es el *mudra* de la valentía. Se cuenta que Buda lo hizo cuando obtuvo la iluminación para indicar que, aunque nos sintamos confusos, infelices o heridos, podemos tener un espíritu intrépido y una fuerza digna. Es el gesto de «no aguantes gilipolleces».

En la iconografía budista, estos dos *mudras* suelen emplearse juntos. Es algo importante. Revela una verdad imperecedera: que cualquier fortaleza sobreexplotada se convierte en debilidad. Al hacerlos juntos, ambos nos conducen al equilibrio.

INSTRUCCIONES PARA LA MEDITACIÓN

Siéntate en un cojín en el suelo, con las piernas cruzadas delante de ti, o en una silla, con las plantas de los pies bien apoyadas en el suelo y separadas por unos treinta centímetros. No te encorves, al contrario, estira la columna vertebral. Inspira, exhala y suspira. Hazlo unas cuantas veces. Mantente erguida, respira hondo y deja escapar el aire con un suspiro audible. Cierra los ojos y examina tu cuerpo. Con cada exhalación libera la tensión de cualquier punto en el que la sientas. Relaja la mandíbula y suelta los hombros. Mantén la espalda recta, afloja el abdomen y abre el pecho. Esta es la postura de «espalda fuerte/fachada suave».

Con los ojos cerrados y sin alterar la postura, empieza a observar el patrón normal de tu respiración. Cuando inhales, fíjate en que se te inflan los pulmones y el vientre. Haz una pausa y después deja que tu exhalación surja de manera natural, completa.

Concéntrate así en tu respiración durante varios minutos. Inhala, pausa, exhala. Observa la respiración que entra y sale. Cuando aparezcan ideas o pensamientos, reconócelos, pero no te aferres a ellos. Más bien recíbelos en calma, con «cordialidad incondicional», como se refiere Pema Chödrön a la actitud que mejor funciona con la increíble cantidad de pensamientos que surgen durante la meditación. Nada de juicios o rechazo, solo una observación cordial. Cuando los pensamientos, la inquietud o el sueño te roben la atención, limítate a volver a la práctica de la postura y la respiración: siéntate erguida y digna, abierta y relajada —espalda fuerte/fachada suave— y sigue la respiración mientras entra y sale del cuerpo. Se trata de una técnica de meditación básica que puedes utilizar con o sin las siguientes instrucciones.

Con los ojos cerrados y una postura firme, llévate la mano izquierda al pecho, al corazón, y respira lenta y apaciblemente. Tranquiliza tu corazón. A lo largo de los siglos a las mujeres nos han dicho que no debemos sentir tanto, que busquemos cómo ponerle «punto final» a nuestro dolor, que nos callemos y espabilemos. Ignora todo eso mientras permites que tu corazón sienta lo que quiera sentir: dolor sin metabolizar, gratitud generalizada, amor, rabia, indignación, miedo, optimismo, asombro. Da igual lo que haya en su interior, considéralo todo bueno. Deja que lo que alberga tu corazón te hable. Déjalo ser. Escúchalo con atención. No le des la espalda. Si eres capaz de mostrarte hospitalario con lo que hay en tu interior, eres capaz de expandir esa empatía hacia los demás.

Ahora, aparta la mano del corazón y haz el *mudra* de la palma cóncava con la mano izquierda, el gesto de «no hagas daño». Extiende la mano ante ti, a la altura de la cintura, con el codo doblado. Mantén los ojos cerrados, vuelve a enderezar la espalda, relaja los hombros, afloja el abdomen y siente la ternura de este gesto, la voluntad de permanecer abierta, el compromiso con la compasión, la capacidad de contener el mundo en tu mano.

Baja la mano izquierda junto al costado. Yergue la espalda, pero mantén los hombros, la mandíbula y el vientre relajados; levanta la mano derecha hasta la altura del hombro, con el brazo doblado y la palma hacia fuera, para hacer el gesto de alto, el *mudra* de «no aguantes gilipolleces». Cierra los ojos, respira despacio y siente la fuerza, la determinación y la dignidad de esta postura y de este gesto de la mano. Al mantener la espalda firme y la mano extendida, te estás diciendo que eres un ser humano noble, poderoso, digno. Puedes decir no o sí. Tu voz es válida; tus ideas son importantes. Casandra habla y el mundo escucha. Siente todo esto en tu cuerpo a través del *mudra* y de la columna fuerte.

Ahora haz los dos *mudras* al mismo tiempo. Juntos, estos gestos transmiten el poder combinado de la compasión y la fuerza, del sí y el no, de la apertura con límites, de la humildad con convicciones. Estás a salvo siendo una persona sensible y compasiva, porque también eres robusta y estás protegida. Y puedes ser flexible en tu fortaleza porque tu empatía te impedirá extralimitarte. Permanece sentada durante varios minutos manteniendo ambos *mudras*, mientras respiras despacio y sientes el equilibrio interior.

Puedes cultivar esta práctica todos los días a modo de recordatorio, de corrección, de promesa, de oración. A veces, si te sientes hipersensible o exhausta, es posible que necesites un aporte extra de energía. A lo mejor estás a punto de asistir a una reunión conflictiva, o estás experimentando dificultades para ponerles límites a tus hijos o para defender tus posturas ante tu pareja. Puedes hacer el *mudra* de «no aguantes gilipolleces» (bajo la mesa si estás en el trabajo) para recordarte que eres válida, digna y valiente. Por el contrario, si sientes que estás reaccionando con demasiada intensidad, que te estás dejando arrastrar por el ego, que juzgas con demasiada rapidez, que te muestras impaciente o desabrida, puedes hacer el *mudra* de «no hagas daño». Forma un cuenco con la mano, siente cómo se ablanda y se abre tu corazón y expande tu compasión tanto hacia ti como hacia aquellos que te rodean. No obstante, la mayor parte de las veces, necesitamos fuerza y ternura a la vez, una espalda fuerte y una fachada suave.

SUPERAR
EL SÍNDROME
DEL IMPOSTOR

A lo largo de los años he entrevistado a miles de personas,
la mayoría de ellas mujeres, y diría que la raíz de todas
las disfunciones que me he encontrado, de todos los problemas,
ha sido la sensación de falta de autoestima o de amor propio.

OPRAH WINFREY

HACE UNOS AÑOS, di una charla en un retiro sobre liderazgo femenino que duró una semana. La organización corría a cargo de *sir* Richard Branson, escritor, filántropo y fundador de las empresas que forman el Virgin Group. Branson es, además, una persona muy osada que ha hecho *puenting* desde la azotea de un edificio altísimo en Las Vegas, que ha realizado varios intentos de circunnavegar el planeta en un globo aerostático y que ha cruzado el océano Atlántico en una lancha motora. Hace poco, el avión espacial de pasajeros de la Virgin Galactic rompió la barrera del sonido a gran altura. Cuando lo conocí en el retiro, acababa de volver, justo el día anterior, de una innovadora misión de buceo al fondo del Gran Agujero Azul de Belice, la cueva marina más profunda del mundo.

Yo era una de las cinco personas que dirigirían sesiones durante el retiro, y aunque llevo años impartiendo charlas a grupos, sigo lidiando con lo que muchos denominan el síndrome del impostor. Tal vez hayas oído hablar de él. Puede que tú también lo tengas. De hecho, es lo más probable, ya que estudios llevados a cabo en distintos lugares del mundo revelan que muchos hombres y un alto porcentaje de mujeres de todas las edades y procedencias lo sufren. Las psicólogas Pauline Clance y Suzanne Imes acuñaron el término en 1978, y lo definieron como un sentimiento de «falsedad en personas que creen que no son inteligentes, capaces o creativas», a pesar de que todas las personas que participaron en el estudio eran objetivamente inteligentes, capaces y creativas. «Las personas que se sienten como impostoras —escribieron Clance e Imes— viven con miedo a que las "descubran" o las desenmascaren como fraudes.» Los hombres también sufren este síndrome, pero la prevalencia es más alta entre las mujeres, sobre todo entre las mujeres de raza negra. El periodista y asesor de salud mental Lincoln Hill señala la existencia de estudios que revelan «un componente relacionado con la raza en el síndrome del impostor», e indica que experiencias como la discriminación racial, los estereotipos negativos y la infrarrepresentación no hacen sino agravar el síndrome del impostor.

Jessica Bennett, la editora de *The New York Times*, lo define como «esa sensación constante de que no eres lo bastante buena, de que no encajas y de que no te mereces el puesto, el ascenso, el contrato editorial, el sitio a la mesa». Esa sensación constante viajó conmigo hasta el retiro sobre liderazgo de *sir* Richard Branson. La composición del equipo docente tampoco ayudó: una gurú empresarial, una astronauta de la NASA, una actriz famosa, el propio Branson y yo. La primera noche del retiro nos reunimos con las participantes, que también eran empresarias de éxito y personas creativas. Richard Branson le dio la bienvenida a todo el mundo y pronunció un discurso inaugural en el que nos deleitó con apasionantes anécdotas sobre sus hazañas tanto en el espacio, por encima de la Tierra, como en la profundidad de sus entrañas, la más reciente en el fondo del Gran Agujero Azul. Sus palabras fueron inspiradoras y prácticas al mismo tiempo. Habló sobre el trabajo arduo y el trabajo en equipo, y también sobre la naturaleza temeraria y aventurera que conlleva el liderazgo: «Puede que los valientes no vivan para siempre, pero los cautelosos no viven nunca».

Más tarde, en mi habitación de hotel, a solas con mi síndrome del impostor, reflexioné sobre la presentación que tenía que hacer la mañana siguiente. Era imposible que dijera nada que estuviese a la altura de lo temerario y aventurero de las palabras y hechos de Richard Branson, ni tampoco a la altura de lo que me imaginaba que la gurú empresarial, la astronauta y la actriz dirían a lo largo de los siguientes días de retiro. «¿Quién narices soy yo? —pensé—. Jamás he hecho nada ni remotamente parecido a bucear en el agujero más profundo del océano o catapultarme hacia el espacio exterior.» De pronto, las clases y las prácticas que había preparado me parecían sosas y cautelosas. Sin embargo, era demasiado tarde para modificar el plan. Me habían invitado para comenzar el retiro con una sesión de meditación y otras maneras de incrementar la fuerza interior y la motivación. Pero ¿qué pensarían las mujeres sobre el viaje hacia el que estaba a punto de guiarlas? ¿Querrían sumergirse en el Gran Agujero Azul de sus sentimientos y sueños más profundos, de sus heridas y miedos, con el objetivo de descubrir su verdadero valor, su propia voz? ¿Tendrían la paciencia necesaria para aventurarse en el «espacio interior» o les parecería aburrido y ñoño?

Por la mañana, ocupé mi lugar ante el grupo, del que formaban parte la astronauta, la actriz, la gurú empresarial y *sir* Richard Branson. Vivificada por el sueño y el café, justo en aquel preciso momento decidí empezar el día contando mi propia versión de una historia de aventuras: que me había pasado la vida buceando en las profundidades del corazón humano para aprender qué nos hace ser quienes somos, qué nos lastra y cómo podemos volvernos más valientes en nuestra autenticidad, intimidad y comunicación. Hablé de las mujeres y el liderazgo, de que somos más valientes de lo que creemos y de que es labor nuestra redefinir qué se entiende por valentía, aventura y éxito. También de que la energía que necesitamos y la determinación que ansiamos están dentro de nosotras, esperando a que las desenterremos y las dignifiquemos. Pero antes, debemos explorar un agujero azul tan hondo como el más profundo de la Tierra, y viajar hacia el espacio interior, donde podemos obtener nuevas perspectivas y soñar sueños nuevos.

—Esto requiere mucho valor —dije—. ¿Quién se apunta?

Todas levantaron la mano. Pasamos el día meditando en silencio y también haciendo ejercicios arriesgados para muchas de las mujeres de la sala: compartir verdades que solían mantener ocultas y mantener conversaciones que sacaron a la luz miedos, heridas y decisiones que debían tomarse. Me conmovió lo mucho que se implicaron. De hecho, más que implicación, fue valentía. Al final de la jornada cité a *sir* Richard Branson: «Puede que los valientes no vivan para siempre —dije—, pero los cautelosos no viven nunca». Les di las gracias por ser valientes de una manera distinta, por tener el valor de mostrarse auténticas consigo mismas y también unas con otras. Les dije que el trabajo que hacíamos las ayudaría a convertirse en el tipo de líderes que el mundo necesita en este momento. Y, una vez más, vi que presentarme como mi yo verdadero me había ayudado a paliar un poco más mi síndrome del impostor.

Hay muchas formas de curarse de ese síndrome. Incluyo unas cuantas más abajo. Sin embargo, el método que me ha resultado más efectivo es el de hablar con sinceridad de mis experiencias y escuchar las de otras mujeres. El sencillo acto de encontrar solidaridad es la manera más potente que he hallado de liberarme del síndrome del impostor.

Mientras trabajas en liberarte tú también de él, recuerda que lo contrario no es la arrogancia y la exaltación del ego. Recuerda que puedes trabajar en esa liberación, pero al mismo tiempo puedes hacerlo también en seguir siendo humilde y autoconsciente, y en mantenerte abierta al cambio. No nos conviene desperdiciar precisamente las cualidades más esenciales para ejercer el poder de manera distinta.

Beth Monaghan, directora ejecutiva de InkHouse, una de las agencias de relaciones públicas más importantes de Estados Unidos, dice: «A las mujeres se nos enseña a dudar de nosotras mismas porque no nos ajustamos a las cualidades de los líderes de turno: los hombres blancos. Y esto no es específico de una sola generación. Se lo oigo comentar tanto a mi plantilla, que está formada por un ochenta por ciento de mujeres, casi todas de entre veinte y cuarenta años, como a directoras ejecutivas experimentadas. También tengo vivencias de primera mano con los profundos surcos que esa enseñanza escarbó en mi propia psique». Monaghan sugiere que uno de los mejores métodos para superar el síndrome del impostor es llegar a conocer tus mejores cualidades, respetarlas y liderar con ellas. Dice que, cuando estaba empezando en la empresa, daba por hecho que tendría que adquirir las cualidades de líder. «Ni siquiera se me pasó por la cabeza —afirma—, hasta mucho más adelante, buscarlas dentro de mí. Solo entonces aprendí a apoyarme en mis fortalezas, entre las que se incluyen algunas herramientas tan útiles como el perdón y la compasión, la pasión por aprender, la imparcialidad y la equidad y el tener una mente abierta.»

Aquí van otras herramientas útiles que a mí me han ayudado, y que tal vez te ayuden a ti, a superar el síndrome del impostor.

Date cuenta de que no estás sola. Habla sobre tu síndrome del impostor y escucha las historias de las demás. Busca en internet citas sobre «síndrome del impostor»; te sorprenderá lo acompañada que estás. Por ejemplo, Maya Angelou lo sufría. Dijo: «He escrito once libros, pero con cada uno de ellos pienso "Oh, oh, ahora es cuando se dan cuenta. Le he tomado el pelo a todo el mundo y van a descubrirme"».

No presupongas nada sobre las personas que ostentan el poder. La primera dama Michelle Obama reconoció ante un grupo de mujeres jóvenes que seguía sufriendo síndrome del impostor. Declaró: «No desaparece, esa sensación de que no deberíais tomarme en serio. ¿Qué sé yo? Lo comparto con vosotras porque todas dudamos de nuestras capacidades, de nuestro poder y de lo que es ese poder». Compartió algo de lo que se dio cuenta después de conocer a muchas de las personas más poderosas del mundo, algo que la ayuda a acallar la voz de la impostora que resuena en su cabeza: «Debo de haber estado sentada a casi cualquier mesa de personas poderosas que se os ocurra, he trabajado en organizaciones sin ánimo de lucro, he estado en fundaciones, he trabajado en grandes empresas, formado parte de consejos corporativos, he asistido a cumbres del G-20, he estado en la ONU. No son tan listos».

Interrumpe la voz de la impostora. Cuando oigas a otra mujer restándole importancia a su buen trabajo, dudando de su contribución, rebajándose, diciendo cosas de «impostora», muestra tu desacuerdo con sus palabras. Levanta un espejo distinto ante ella. Ayúdala a ver que se trata con demasiada dureza, que se juzga de manera errónea. Y levanta también ese espejo ante ti.

Sé una «nosabelotodo». No puedes saberlo todo. Nadie lo sabe todo. Si una persona afirma lo contrario, la impostora es ella. Todos y cada uno de nosotros aportamos algo específico al conjunto. Valerie Young, autora de *The Secret Thoughts of Successful Women* («Los pensamientos secretos de las mujeres de éxito»), dice: «Sin excepción, la forma más rápida de librarse de la sensación de ser una impostora es adoptar lo que he llamado el "Reglamento de la competencia para meros mortales", cuya regla fundamental es: ser competente no significa que tengas que saberlo todo, hacerlo todo tú o hacerlo todo a la perfección o sin esfuerzo».

Conoce los datos. Copié lo siguiente de un artículo de *The New York Times* sobre las mujeres en el deporte, lo imprimí y lo colgué en un tablón de anuncios en mi despacho. Cada vez que empiezo a dudar no solo de mi propio valor, sino también del valor de que las mujeres en general lleguen a alcanzar todo tipo de puestos y carreras profesionales, lo releo.

«Incluir mujeres en los puestos de liderazgo mejora el rendimiento global de un equipo, en todos los campos. Según un estudio de Harvard, los equipos equilibrados en cuanto al género rinden más que los equipos dominados por hombres. Un estudio de la *Harvard Business Review* publicado en 2019 descubrió que "las mujeres superaban a los hombres en diecisiete de las diecinueve capacidades que diferencian a los líderes excelentes de los mediocres o malos". Otro análisis de estudios de género muestra que, en lo referente a las capacidades de liderazgo, los hombres destacan en la seguridad, mientras que las mujeres sobresalen en la competencia».

Conoce tus fortalezas. En internet hay una herramienta, VIA Character Strengths, que te ayuda a descubrir más acerca de tus fortalezas de carácter inherentes. Valida y perfecciona esos dones. Cada vez que dudes de ti o te compares de manera negativa con otros, vuelve a los resultados que obtuviste para que te recuerden tus fortalezas particulares.

Hazte justicia al evaluarte... De *Vayamos adelante*, de Sheryl Sandberg: «Diversos estudios realizados en el contexto de diferentes sectores de la industria han demostrado que las mujeres, con frecuencia, juzgan su propio rendimiento como peor de lo que es en realidad, mientras que los hombres lo juzgan mejor de lo que realmente es. Las evaluaciones llevadas a cabo en estudiantes de una rotación de cirugía demostraron que, cuando se les pedía que se autoevaluaran, las estudiantes se otorgaban puntuaciones inferiores a las que se adjudicaban los estudiantes varones, a pesar de que los resultados académicos habían mostrado que las mujeres obtenían calificaciones superiores [...]. Un estudio realizado entre cerca de mil estudiantes de Derecho de Harvard mostró que, en casi todas las categorías de capacidades necesarias para ejercer la abogacía, las mujeres se concedían a sí mismas calificaciones menores que los hombres. Lo que todavía resulta más grave es que cuando las mujeres se autoevalúan frente a los demás o en dominios estereotipados como masculinos, su subestimación puede resultar todavía más pronunciada».

... pero no te sobreestimes. Me gusta esta cita de la escritora Sarah Hagi: «Señor, dame la confianza de un hombre blanco mediocre», aunque la enmiendo así: «Dame confianza, pero haz que me la gane mediante la excelencia. Dame confianza, pero mantenme humilde, mantenme bondadosa, mantenme auténtica».

QUE HABLE
CASANDRA

El mayor error es creer que solo existe una forma de escuchar,
de hablar, de mantener una conversación.

DEBORAH TANNEN

Un DICHO INMEMORIAL comúnmente conocido: las mujeres hablan demasiado.

¿Es eso cierto? Mi respuesta es no. Las mujeres no hablan demasiado. Hablamos largo y tendido con las personas que forman parte de nuestra vida, pero ¿quién decidió que eso era «demasiado»? Hablar es significativo para las mujeres, nos sienta bien y, a lo largo de la historia, ha aglutinado a la sociedad mediante la conexión y la relación. Decir que las mujeres hablan demasiado es menospreciar el propósito y la sabiduría de la conversación emocionalmente inteligente.

Deborah Tannen, autora de varios libros sobre el género y el lenguaje, entre ellos su innovador superventas *Tú no me entiendes: por qué es tan difícil el diálogo hombre-mujer*, es investigadora y profesora de Lingüística en la Universidad de

Georgetown. Escribe que «las amigas mujeres, en comparación con los hombres, tienden a hablar más: más a menudo, durante más tiempo y sobre más temas personales. Sin embargo, ese es el ámbito del habla privada, conversaciones que negocian y refuerzan las relaciones personales». Después, continúa diciendo que sus investigaciones, como muchos otros estudios, también han «demostrado que los hombres tienden a hablar mucho más que las mujeres en lo que podría llamarse el habla pública: en contextos formales relacionados con los negocios, como, por ejemplo, reuniones».

En un estudio ahora ya clásico llevado a cabo durante reuniones de claustros universitarios, Barbara y Gene Eakins descubrieron que «el comentario más largo hecho por una mujer [...] fue más breve que el comentario más breve hecho por un hombre». Y no es solo en las reuniones donde los hombres hablan más y durante más tiempo que las mujeres. Desde en los bares hasta en las gradas de los estadios, pasando por las tertulias de los medios y los pasillos de la administración, son los hombres quienes más hablan. Esto es así desde hace muchísimo tiempo: se acusa a las mujeres de hablar demasiado pese a que los hombres suelen dominar la conversación, interrumpir, machoexplicar y ser responsables de la mayor parte del total de las conversaciones que mantienen los seres humanos. La escritora y periodista Nichi Hodgson escribe: «Es notable que la práctica del filibusterismo —hablar sin que venga al caso durante largo rato para impedir la aprobación de un proyecto de ley político— la inventaran los hombres (el primer ejemplo fue el del orador Catón contra Julio César)».

Entonces, ¿a qué se debe la acusación de que las mujeres hablan demasiado? Puedes volver a leer las dos primeras partes de este libro para contestar a esa pregunta: regular

quién habla dónde, cuándo y sobre qué es un instrumento
de control y poder. Recuerda este fragmento del Eclesiastés:

Un don del Señor la mujer silenciosa,
no tiene precio la bien educada.
Gracia de gracias la mujer pudorosa,
no hay medida para pesar a la dueña de sí misma.

A lo largo de los siglos, a las mujeres no solo se les ha acon-
sejado que hablen menos en general, sino que, además, el tipo
de habla que se les atribuye —al que Tannen se refiere como
«habla privada»— ha sido denigrado como el parloteo irre-
levante de mujeres y niñas. Las leyendas populares y los textos religiosos tipifican a las mujeres como cotorras indiscretas,
cotillas y metomentodos. Pero lo que se ha tildado de comunicación inferior es en realidad fundamental para la cultura
humana; une a las personas, enseña a los niños, disipa el conflicto, alivia el dolor y la pena, comparte la alegría y propaga
amor. La separación del «habla privada» del «habla pública»
es un constructo artificial. Segregó lo emocional de lo racional,
el corazón de la cabeza. Elevó lo individual por encima de la
conexión, en lugar de honrar ambas cosas.

A lo largo de las últimas décadas, las mujeres hemos
ampliado el rango de dónde hablamos y de qué hablamos.
Hemos aprendido el lenguaje y las estrategias del «habla
pública»: dar nuestra opinión en las reuniones, ofrecer argumentos en las tertulias, debatir en los juzgados. Aun así, los
viejos mensajes de que las mujeres hablan demasiado y de
una forma demasiado emocional perduran. Siguen vivos en
normas tácitas que inhiben a las niñas y a las mujeres a la
hora de decir lo que piensan, y que señalan como agresiva,
intrigante o cosas aún peores a las que lo hacen. Los viejos

mensajes alejan a los niños y a los hombres del «habla privada», de esas conversaciones que, como dicen Tannen, «negocian y refuerzan las relaciones personales».

A muchas mujeres sigue resultándoles incómodo hablar en la esfera pública: en los centros educativos, en el trabajo, en los medios de comunicación. Según Tannen:

> Es la analogía verbal de ocupar un espacio público. Cuando escogemos un asiento en un teatro o en un avión, la mayoría de nosotras, si podemos, ocuparemos el contiguo a una mujer, porque sabemos por experiencia que es más probable que mantenga las piernas y los brazos apartados, que es menos probable que se apropie del reposabrazos del asiento o abra las piernas y, por tanto, invada el espacio del vecino con los codos y las rodillas. Por razones similares, cuando hablan en un contexto formal, muchas mujeres intentan ocupar menos espacio verbal siendo más sucintas, hablando en voz más baja y de forma más vacilante. Las mujeres que asisten a mis clases en la Universidad de Georgetown me han dicho que, si una semana hablan mucho en clase, a la siguiente se mantienen calladas a propósito.

¿Cuál es la solución a la reticencia de las mujeres a «ocupar espacio», física y verbalmente? ¿Tendríamos que empezar ahora nosotras a abrir los brazos y las piernas en el metro o a machoexplicar, hostigar o interrumpir en las reuniones? No, por favor. Creo que ha llegado el momento de que traslademos a la esfera pública lo mejor de lo que hacemos en la esfera privada. Eso significa aplicar la sensibilidad, la profundidad y la inteligencia emocional al mundo laboral; mostrar un estilo de comunicación más vulnerable y transparente y enseñarlo, dignificarlo y normalizarlo. Ha llegado el momento de que todas las personas aprendan a hablar y a escuchar, a ocupar espacio y a cederlo, de que las mujeres hablen con más confianza, sinceridad y frecuencia en la esfera pública, y de que los hombres se sientan más cómodos y seguros en la esfera privada.

Ninguna de estas tareas es sencilla. En el caso de los hombres, conllevan formas de hablar que quizá los asusten o repelan: hablar sobre sus sentimientos, escuchar los de los demás sin ofrecer una solución, disculparse cuando se equivocan. En el de las mujeres, hablar con sinceridad, claridad y convicción en la esfera pública puede resultar extraño y peligroso. A veces es muy peligroso. Si no se nos percibe como agradables, conciliadoras, simpáticas, podemos perder un terreno que nos ha costado mucho ganar; podemos perder nuestro trabajo; podemos perder las elecciones. Por eso las mujeres suelen recurrir a estilos comunicativos furtivos, ambiguos, pasivo-agresivos. Pero ese tampoco es el remedio para nuestra pérdida de voz en la esfera pública.

De la socióloga Brené Brown aprendí un eslogan que me ha ayudado a salvar la escisión entre lo privado y lo público en mi forma de comunicarme: «Lo claro es amable, lo poco claro es cruel». Brené dice que la primera vez que escuchó ese eslogan fue en una reunión de los doce pasos de Alcohólicos Anónimos. Esas palabras la llevaron a encabezar un estudio de siete años de duración acerca de la comunicación valiente y el liderazgo. «La mayoría evitamos la claridad —afirma—, porque nos decimos que estamos siendo amables, cuando lo que en verdad estamos haciendo es ser crueles e injustos. Algunos líderes lo atribuyen a la falta de valor, otros a la falta de capacidades y, sorprendentemente, más de la mitad hablaron de una norma cultural sobre ser "simpáticos y educados" que ha servido como excusa para evitar las conversaciones complicadas y no ofrecer críticas sinceras y productivas.»

Esto es muy difícil para las mujeres. No obstante, como dice Brené, «no hablar claro acerca de tus expectativas con los compañeros de trabajo porque te resulta demasiado difícil y, al mismo tiempo, responsabilizarlos o culparlos por no cumplirlas es cruel. Hablar sobre las personas en lugar de con las personas es cruel [...]. Ponernos una armadura y proteger nuestro ego no suele llevar a conversaciones productivas, amables y respetuosas».

Imagina cómo sería que desde pequeña te hubieran dicho que es bueno ser clara, directa y rotunda cuando sales al mundo y expresas quién eres y pides lo que quieres. Imagina que te hubiesen enseñado que es saludable tener opiniones firmes y que es legítimo darles voz, incluso cuando estás enfadada. Imagina que te hubieran explicado que a veces es bueno mostrarte calmada y benevolente, pero que también lo es mostrarte furiosa y contundente. Soraya Chemaly, autora de *Enfurecidas: reivindicar el poder de la ira femenina*, sostiene: «Las mujeres pueden dejar que la rabia las consuma despacio desde dentro hacia fuera… O pueden canalizarla y expresarla de formas nuevas, poderosas y hermosas».

La ira lleva milenios fermentando en el interior de las mujeres. ¿Cómo no iba a ser así? ¿Quién no estaría furioso tras ser objeto de exclusión, intimidación, desconfianza, menosprecio, acusaciones, abuso, violación y una miríada más de formas de represión? Sin embargo, como se nos ha dicho que la rabia es impropia, poco femenina, inaceptable, las mujeres hemos enterrado esa emoción. La ira reprimida es peligrosa. «Deberías estar enfadada —escribe Maya Angelou—, pero no debes estar resentida. El resentimiento es como el cáncer. Se alimenta del huésped.»

Que una mujer encuentre, libere y exprese con voz clara su furia saludable precisa de un coraje tremendo. Es así porque a nuestra espalda se extiende una larga hilera de mujeres despreciadas o castigadas, expuestas en las historias para recordarnos lo que le ocurre a la mujer furiosa. En las viejas historias se las llamaba arpías, brujas y locas. Hoy en día se utilizan otras palabras: feminazi, bruja, amargada.

Para la mayor parte de las mujeres, pasar del resentimiento reprimido a la rabia articulada con claridad —no a una rabia cruel y utilizada como arma, sino a la rabia «poderosa y hermosa» sobre la que escribe Soraya Chemaly— es un lento viaje interior. Es uno de los viajes interiores más importantes que he hecho. Creo que, en el caso de las que por fin vivimos en un momento y un lugar en el que las mujeres podemos correr el riesgo de ser claras y mostrar nuestro yo auténtico, es tanto un privilegio como una prioridad decir nuestra verdad. A Casandra la castigaron por hablar con claridad. A muchas mujeres se las sigue castigando por ello en distintas partes del mundo. Ser clara es difícil; ser clara es valiente; pero, en última instancia, ser clara es amable. Utiliza este ejercicio para expresar con claridad quién eres, lo que sabes y lo que quieres «de formas nuevas y hermosas».

Ejercicio: Que hable Casandra

Siéntate en silencio. Inhala profundamente. Exhala con un suspiro audible. Repítelo varias veces.

Cierra los ojos y piensa en alguna situación vital, pasada o presente, en la que silenciaras tu voz o en la que otros la silenciaran,

ese en casa, en el trabajo o en otro ámbito. Reproduce en
abeza una situación concreta en la que sucediera esto. Per-
mítete sentir de nuevo la experiencia. Coge lápiz y papel y contesta a las siguientes preguntas:

¿Por qué no dijiste tu verdad? ¿Por qué no defendiste lo que
sabías, querías o necesitabas, o lo que sabías que otros querían
o necesitaban? ¿Qué consecuencias tuvo tu reticencia a hablar?

Cierra los ojos de nuevo y piensa en alguna ocasión en la que
corrieras un riesgo para expresar tu verdad con claridad. Recréala.
Siéntela. Coge lápiz y papel y contesta a estas preguntas:

¿Qué ocurrió cuando reconociste tu verdad y hablaste de ella
con claridad y decisión? ¿Qué precio pagaste? ¿Cuál fue la
recompensa?

Una vez más, cierra los ojos y piensa en lo que no estás diciendo
hoy. ¿Es en el trabajo o en casa, a un amigo o a un familiar?
¿Deberías decirlo ahora? ¿Sería amable ser clara, directa y
valiente? ¿Qué pasará si lo haces? ¿Qué pasará si no lo haces?
Coge lápiz y papel y contesta a estas preguntas.

LLÉVATE A COMER AL OTRO

Para establecer conexiones más profundas los unos con los otros,
tenemos que estar dispuestos a que nos incomoden.

MEG WHEATLEY

ME GUSTA CONSIDERARME una persona que se adhiere, al menos durante parte del tiempo, al decreto «lo claro es amable». Quiero ser una persona lo bastante valiente como para hablar con sinceridad, salir de mi zona de confort, decir verdades incómodas, hacer preguntas complicadas, escuchar y aprender. Quiero ser así porque, aunque es difícil, la comunicación clara me parece una forma amable de respeto. Es un modo de ejercer el poder de manera distinta. Es algo que merece la pena practicar a diario, una y otra vez, en todas nuestras relaciones y conexiones.

Sé lo que ocurre cuando no escojo el camino de «lo claro es amable». Me trae problemas. Me da la sensación de estar perdiendo la confianza en la otra persona antes de darle la oportunidad de encontrarnos en un plano superior. Me da la sensación de estar utilizando una salida cobarde. No me parece que esté ejerciendo el poder de manera distinta. Cuánto sufrimiento y violencia podrían evitarse en el mundo si una persona diera el primer paso hacia la otra y dijera: «Hablémoslo».

La reconocida asesora de liderazgo Meg Wheatley dice: «Para establecer conexiones más profundas los unos con los otros, tenemos que estar dispuestos a que nos incomoden». Pero ¿hasta qué punto estamos dispuestos a que eso ocurra? ¿Hasta qué punto estoy yo dispuesta a que me hagan sentir incómoda? Es una pregunta que empecé a hacerme después de haber organizado varias conferencias de «Mujeres y poder». Desde la primera de ellas, decidimos subir al escenario a oradoras que agitaran las aguas en torno a las cuestiones de la raza y el privilegio. Supuse que, si teníamos la audacia de asegurar que las mujeres podíamos ejercer el poder de una manera distinta, también teníamos la responsabilidad de coordinar conversaciones valientes entre mujeres de raza negra y de raza blanca. Esa disposición a que nos incomoden ha dado lugar a profundas e importantes conexiones interraciales entre miles de mujeres, yo entre ellas. Y también hemos agitado otras aguas buscando activamente la diversidad, incluyendo a oradoras y participantes de todo el mundo, de tradiciones, religiones, capacidades, géneros y sexualidades distintos.

Debo agradecerle a mi madre el tener integrada la disponibilidad a que me incomoden en cuestiones relacionadas con la diferencia y la injusticia. De ella aprendí que vivimos en una sociedad condicionada para privilegiar solo a determinados tipos de personas, y que era mi deber intentar destruir la falacia de esa forma de ver el mundo. Me enseñó a hacerlo con toda clase de diferencias, sobre todo de raza, religión y nacionalidad. Ahora bien, ¿qué ocurre cuando alguien tiene un punto de vista diferente? ¿O vota a un candidato distinto? ¿O discrepa contigo en un tema que defiendes con pasión? En mi familia, esta diferencia no recibía el mismo tratamiento. Puede que mi madre rechazara la mayor parte de las formas de intolerancia y tribalismo, pero, cuando se trataba de lo que defendías o de lo que votabas, era una mujer de mente estrecha y poco caritativa.

Un año, mientras rematábamos el tema de las invitaciones a las oradoras de la conferencia «Mujeres y poder» —la que reunió a las ganadoras del Premio Nobel de la Paz—, me di cuenta de una cosa desagradable: me estaba dejando guiar no solo por los buenos instintos de mi madre, sino también por su intolerancia. ¿Por qué nunca había invitado a oradoras que tuvieran unas creencias políticas distintas o que no compartieran mi perspectiva en temas importantes para mí? ¿No quería construir puentes de conexión con ellas? ¿No estaba dispuesta a que ese tipo de conversaciones me incomodaran? ¿No era también esa exclusión un acto de intolerancia, una forma de convertir a un grupo de personas en el «otro» demonizado? ¿Cómo íbamos a ser capaces de escribir un final nuevo y valiente para la historia humana si solo incluíamos a ciertas mujeres, con ciertas creencias?

Allí estábamos, organizando una conferencia basada en la premisa de que aquellas que ocupaban puestos de liderazgo estaban haciendo las cosas de una forma distinta —siendo menos excluyentes y más inclusivas, menos combativas y más comunicativas— y, sin embargo, estábamos dejando fuera de la conversación a un buen número de ellas. Así que me hice la pregunta que Meg Wheatley les hace a sus clientas: ¿estaba dispuesta a sufrir la incomodidad de una conversación difícil con tal de establecer una conexión más profunda? ¿Y qué tipo de conversación sería la que más me incomodaría (a mí y seguro que a otras mujeres del público)? No tardé mucho en dar con la respuesta.

Hacía poco que había visto un documental sobre doce bostonianas que dirigían importantes organizaciones provida y proaborto. Habían empezado a reunirse en secreto después de que alguien pusiera una bomba en una clínica abortista y varias personas resultaran asesinadas. Sabían que algo iba muy mal; ninguno de los dos grupos creía que la violencia fuera la manera de resolver nada. Sospechaban que eran parte del problema y querían ser partícipes de una solución en la que personas bienintencionadas dejaran de demonizarse unas a otras. Decidieron reunirse de manera informal no con el fin de que alguien cambiara de opinión, sino con el objetivo de encontrar un modo de respetarse e incluso de quererse entre ellas; con el fin de formar parte del cese de la violencia tanto en su corazón como en su ciudad y en el mundo.

Esta era la conversación difícil en la que quería estar. Invité a las mujeres de Boston a asistir a la conferencia, sentarse en el escenario y ser ejemplo de cómo estar juntas de una forma «lo claro es amable». A mostrarnos cómo se hace lo que aconseja el poeta Rumi: «Más allá de las ideas de maldad o bondad, hay un campo. Allí nos encontraremos».

La conferencia empezó con los discursos de las premiadas con el Nobel. Contaron historias apasionantes sobre su trabajo a favor de la paz en lugares conflictivos del mundo. Después, las mujeres de Boston subieron al escenario y hablaron de cómo se habían hecho amigas. De que, a pesar de que todas seguían muy implicadas en sus respectivas causas, con los años habían desarrollado un amor profundo y duradero unas por otras, se habían ayudado cuando habían sufrido pérdidas personales y habían celebrado la graduación y la boda de sus hijos. Dijeron que habían dejado sus diferencias a un lado como alternativa a la violencia que había azotado la ciudad. Lo habían hecho mediante los simples actos de hablar con sinceridad, escuchar con paciencia, trabajar en sus sentimientos complejos y encontrados y, con el tiempo, humanizándose mutuamente.

Mientras que las ganadoras del Premio Nobel de la Paz representaban grandes problemas globales, las mujeres de Boston trataron un asunto más cercano y lo redujeron a algo menos dramático, pero, en mi opinión, más desafiante. Aquella conversación conmovió a muchas mujeres del público; a otras no. Algunas no entendían la equiparación entre la amistad de un grupo de personas y el verdadero cambio. Otras se enfurecieron por la legitimidad tácita otorgada a una forma de ver el mundo que las ofendía sobremanera. Me sorprendió muchísimo que algunas rechazaran la premisa de la conversación como forma no de cambiar las opiniones, sino de unir corazones.

La conversación de la que había sido testigo me motivó para trabajar en mi propia propensión a otrorizar. Cobré plena conciencia de mis reacciones automáticas hacia las personas con opiniones políticas o valores sociales distintos a los míos. Decidí hacer, a menor escala, lo mismo que habían hecho las mujeres de Boston. Busqué a personas con las que discrepaba en distintos temas y las invité a comer. Llamé a mi experimento «Llévate a comer al otro». Empecé con una persona del trabajo con la que tenía desacuerdos frecuentes y fui subiendo poco a poco por la escalera del «otro»: un vecino que tenía en su jardín carteles a favor de candidatos a los que yo no votaría jamás, un familiar contrario al matrimonio entre personas del mismo sexo… Mi desafío final fue una mujer que se presentaba a las elecciones del estado con una plataforma provida. Aquellas personas eran mis «otros». Yo era el suyo. Lo que nos unió fue la disposición a encontrarnos en el campo situado más allá de la reactividad automática.

Basándome en esas experiencias, elaboré directrices y principios básicos para llevarse a comer al otro. Si te apetece, puedes utilizar la siguiente guía como ayuda para abordar cualquier conversación difícil, ya sea en casa, en el trabajo o en cualquier otro ámbito.

Objetivo. Comprender mejor a alguien con quien discrepas en un tema concreto; suavizar tu postura hacia una persona con la que estás en conflicto o conocer mejor a alguien que pertenece a un grupo (religión, raza, orientación sexual, organización social, etc.) que no comprendes o contra el que tienes prejuicios.

Invita. A cualquier persona a la que te sorprendas juzgando, rechazando o de la que hables mal debido a que sus creencias difieren de las tuyas, aunque apenas la conozcas. A veces es más sencillo empezar con alguien con quien no tengas mucho bagaje. Por ejemplo, no empieces por un familiar, un compañero de trabajo o un vecino cercano. Puedes buscar a esa persona en concreto porque quieras ver un tema específico desde una perspectiva distinta, o quizá la invitación surja de manera espontánea durante una conversación. En mi caso, yo decidí que tenía que comprender el problema del aborto desde el prisma de una mujer cuya opinión fuera opuesta a la mía. Quería saber por qué se sentía de esa forma, qué aspectos de su vida, su experiencia y sus valores conformaban su perspectiva. Me puse en contacto con la presidenta de una organización local. Le expliqué quién era, le comenté que quería entender

272

el tema del aborto desde su punto de vista y que me gustaría saber si ella estaba interesada en escuchar mis opiniones y contestar a algunas de mis preguntas. Le dejé claro que no me interesaba hacerla cambiar de opinión ni que ella cambiara la mía. Solo quería aumentar mi respeto hacia ella como persona y ver si le apetecía hacer lo mismo conmigo.

No invites. No escojas a fanáticos, extremistas o personas que apoyen la violencia, y no malgastes el tiempo con alguien que no muestre interés en abrir la mente siquiera un poquito. Si tienes que arrastrar a alguien hasta el campo, lo más seguro es que no debas hacerlo.

Cómo invitar. Ofrece una invitación sincera y transparente a una persona que creas que podría estar dispuesta a entablar una conversación no hostil y abierta de miras. Explícale que te gustaría conocerla y entenderla mejor. Pregúntale si le apetecería hacer lo mismo contigo. Dile que no se trata de una ocasión para discutir, dominar o imponerse. Yo he utilizado frases como: «Ya sé lo que pienso yo, quiero saber lo que piensas tú». O «Quiero entender el tema desde todas las perspectivas». A veces recito el fragmento del poema de Rumi a modo de invitación: «Más allá de las ideas de maldad o bondad, hay un campo. Allí nos encontraremos».

A veces, si creo que la persona tiene sentido del humor, uso esta cita de Anne Lamott: «Puedes estar seguro de haber creado a Dios a tu imagen y semejanza cuando resulta que Dios odia a las mismas personas que odias tú».

Normas básicas. Deja que tu invitado elija el restaurante en el que quedaréis. Antes de empezar la conversación, poneos de

273

acuerdo en las siguientes normas o cread vuestras propias reglas básicas.

- No presupongáis nada.
- No convenzáis, defendáis o interrumpáis.
- No saquéis conclusiones precipitadas; evitad las teorías sin fundamento; intentad no emplear afirmaciones genéricas, como, por ejemplo, frases que contengan las palabras «vosotros siempre» o «nosotros nunca».
- Mostraos curiosos, habladores, abiertos y auténticos.
- Escuchad, escuchad, escuchad.
- Cuando surja un desacuerdo insalvable, decid, «Te entiendo», y dejadlo así.

Para romper el hielo. Estas preguntas pueden dar lugar a conversaciones más profundas:

- ¿Qué está sucediendo en el mundo en general o en torno a un tema concreto que te preocupe mucho?
- ¿Cuáles son los miedos y las esperanzas que tienes para ti, para tus hijos, tu familia, tu empresa, tu país?
- Háblame un poco de tus experiencias vitales —infancia, trabajo, luchas, pérdidas, sueños— para que así pueda entender mejor tus opiniones. Hazme alguna pregunta que siempre hayas querido hacerle a alguien del «otro bando».
- Si la comida va bien, puedes terminar así: ¿qué podemos hacer cada uno de nosotros en nuestro círculo de amigos y familiares para fomentar este tipo de intercambios, la escucha y el respeto mutuos?

Sopesar tu éxito. ¿Qué puede ocurrir durante una comida así? ¿Se abrirán los cielos mientras «We Are the World» suena en el restaurante? No. Las diferencias entre las personas no se esfuman por arte de magia en el transcurso de una comida. Tender la mano al otro desde convicciones bien arraigadas es un proceso lento y difícil que requiere tiempo. Una comida es un primer paso. Si hay buena voluntad general entre tu invitado y tú, quizá queráis quedar más veces y continuar construyendo el respeto y la humanización mutuos a lo largo del tiempo. Así sabrás si estás avanzando:

- Le das menos importancia a cambiar la opinión de una persona y más a respetar la diversidad de pensamiento, filosofía y creencias.
- Te das cuenta de que tienes menos reacciones automáticas y de que te involucras menos en charlas infundadas que promueven las disensiones.
- Aumenta tu capacidad para identificarte, comprometerte y trabajar con todo tipo de personas.
- Empieza a interesarte más recorrer el camino de la tolerancia, el amor y la justicia en tu rincón del mundo que hacer afirmaciones grandilocuentes y críticas sobre grandes grupos de personas. Predicar con el ejemplo se convierte en una forma de vida significativa y emocionante.

DALE UN GIRO AL GUION

Una persona con una máquina de escribir
constituye un movimiento.

PAULI MURRAY

PUEDE QUE NUNCA hayas oído hablar de Pauli Murray, pero todos deberíamos conocer su nombre. Fue poeta, escritora, activista, organizadora sindical, teórica del Derecho, pastora episcopal y la primera afroamericana en doctorarse en Jurisprudencia en Yale. Fue amiga íntima de Eleanor Roosevelt y una de las fundadoras de la Organización Nacional de Mujeres. Una persona adelantada a su tiempo en todas las etapas de su vida, pues desafió las ideas preconcebidas y articuló nuevas reglas que se convertirían en los cimientos de leyes, organizaciones y movimientos.

Lo que más me motiva de Pauli Murray es su insistencia en que cualquiera puede ser un agente del cambio. No tienes que sumarte a una organización, asistir a un acto electoral o proclamar tu lealtad a un partido o una filosofía. Murray dice que una persona con una máquina de escribir (aunque seguro que hoy en día utilizaría un ordenador) constituye un movimiento. Yo digo que una persona con su propia voz —escrita, hablada, llorada, gritada, cantada— puede cambiar la historia. Podemos hacerlo a diario, con gestos grandes y pequeños. Podemos ofrecerle una palabra amable a un extraño o enviarle un correo electrónico de apoyo a un compañero de trabajo. Podemos pronunciar un sermón para poner los puntos sobre las íes o formular una disculpa tardía o inmediata. Es posible idear nuevas listas para engrosar las de los clásicos y hacerlas circular; nombres nuevos para abastecer a los que citamos, idolatramos y elogiamos en exceso; guiones nuevos para sustituir a los que nos mantienen lastrados a todos.

En varias de las historias de la primera y la segunda parte de este libro, hago referencia al poder de conocer las viejas historias para cobrar conciencia de lo que valoramos y lo que no en ellas. Ofrecer alternativas también es poderoso. Aquí van unas cuantas formas de «darle un giro al guion», maneras de emplear una única voz para constituir un movimiento, como diría Pauli Murray.

CONOCE SU NOMBRE

En la primera parte mencioné a unas cuantas mujeres cuyos nombres considero que debemos conocer. Sus historias comienzan como muchos cuentos clásicos, con conflicto y peligro, pero tienen finales nuevos y valientes. No terminan con venganza o autoexaltación, sino con bondad y cuidados. Conocer su nombre y contar su historia estimula a otras personas para que sean fuertes y abiertas, para que ejerzan el poder de otra manera y reescriban el mito del héroe. Incluso algo tan aparentemente insignificante como citar a mujeres tiene repercusiones importantes. Cuando destacamos la inteligencia y la inspiración de las mujeres, contribuimos a acabar con el dominio de un único género privilegiado y con un solo tipo de inteligencia e inspiración.

Ejercicio: Conoce su nombre

Piensa en las cualidades que te motivan en una persona, que te conmueven y hacen que quieras escribir tu propio final, nuevo y valiente. Busca nombres e historias de personas que ejemplifiquen esas cualidades.

Crea listas de personas, conocidas y desconocidas, históricas y actuales, cuya vida te inspire. Asegúrate de que más de la mitad de esas personas sean mujeres. Recurre a esas listas en busca de validación e inspiración. Hazlas circular. Sé «una persona con una máquina de escribir» que cambia el final de la historia.

Cuando necesites citar a alguien —a un autor, un aventurero, un líder o un inventor—, intenta encontrar una cita de una mujer. Puede que tengas que dedicar un poco más de esfuerzo a la búsqueda, pero merece la pena. No tienes que hacerlo siempre, aunque sí lo bastante a menudo como para demostraros tanto a ti misma como a los demás que, a lo largo de la historia, en todos los campos, las mujeres han trabajado con valentía, han hecho descubrimientos innovadores y han tenido intuiciones maravillosas sobre la naturaleza humana.

LOS MEJORES LIBROS

Échales un vistazo a las listas del capítulo de la primera parte titulado «Los mejores libros». Plantéate elaborar las tuyas propias. También puedes hacer este ejercicio con películas, programas de televisión, cuadros, canciones, etc. Ponles títulos interesantes a tus listas. A mí no me gusta usar frases del tipo «Los mejores libros de todos los tiempos» o «Las canciones más geniales de la historia». ¿Mejores y geniales según quién? Prefiero crear listas de libros que me cambiaron la vida de la infancia en adelante, o de memorias que me ayudaron a sentirme más segura de mí misma. Piensa en cuáles quieres hacer tú.

Mientras confeccionaba las listas de más abajo, me maravilló darme cuenta de que me cuestionaba algunas de mis elecciones; de que, al principio, incluía algunos títulos porque creía que era lo que debía hacer, porque eso era lo que escogería una «persona inteligente» o una «persona sofisticada». Cribar la lista para reducirla a los libros que de verdad me cambiaron la vida fue un ejercicio de clarificación de mis valores y de validación de mi persona. Algunos de ellos también figuran en las típicas enumeraciones de «Los mejores libros», pero es probable que a otros no los hayan incluido jamás en una de ellas. Por ejemplo, en mi lista de «Quince memorias» aparece uno que es mi obra favorita sobre el arte y la práctica de la cocina. ¿Por qué no incluir ese título en lugar de otras memorias que dejé fuera, obras escritas por estrellas del rock y montañeros? Sí, esos libros también me encantaron, sin embargo, para mí, cocinar es vivir. Cocinar o no cocinar, esa es la cuestión. O, al menos, es mi cuestión.

Haz que tus listas se centren en las cuestiones y las búsquedas que siempre te remueven. Estas son las mías:

VEINTE LIBROS QUE ME CAMBIARON LA VIDA
DE LA INFANCIA EN ADELANTE

1. *La telaraña de Carlota*, de E.B. White.
2. *Los libros de La casa de la pradera*, de Laura Ingalls Wilder.
3. *Mujercitas*, de Louisa May Alcott.
4. *Matar a un ruiseñor*, de Harper Lee.
5. *El lobo estepario*, de Hermann Hesse.
6. *Jane Eyre*, de Charlotte Brontë.
7. *Middlemarch*, de George Eliot.
8. *Una habitación propia*, de Virginia Wolf.
9. *Ana Karenina*, de León Tolstói.
10. *Los matrimonios entre las Zonas Tres, Cuatro y Cinco*, de Doris Lessing.
11. *La isla de la tortuga*, Gary Snyder.
12. *El poder del mito*, de Joseph Campbell con Bill Moyers.
13. *La creación del patriarcado*, de Gerda Lerner.
14. *Revolución desde dentro. Un libro sobre la autoestima*, de Gloria Steinem.
15. *La moral y la teoría. Psicología del desarrollo femenino*, de Carol Gilligan.
16. *Beloved*, de Toni Morrison.
17. *The Essential Rumi*, traducido al inglés por Coleman Barks.
18. *Devotions*, de Mary Oliver.
19. *Una nueva tierra*, de Eckhart Tolle.
20. *Shambhala. La senda sagrada del guerrero*, de Chögyam Trungpa.

QUINCE MEMORIAS QUE ME AYUDARON
A SENTIRME MÁS SEGURA DE MÍ MISMA

1. *Se lo llevaron. Recuerdos de una niña de Camboya*, de Loung Ung.

2. *Paula*, de Isabel Allende.
3. *Las cenizas de Ángela*, de Frank McCourt.
4. *Yo sé por qué canta el pájaro enjaulado*, de Maya Angelou.
5. *El castillo de cristal*, de Jeannette Walls.
6. *El color del agua*, de James McBride.
7. *Lo más tierno*, de Ruth Reichl.
8. *La montaña de los siete círculos*, de Thomas Merton.
9. *La noche*, Elie Wiesel.
10. *El hombre en busca de sentido*, Viktor Frankl.
11. *La mujer guerrera*, Maxine Hong Kingston.
12. *Hambre*, Roxane Gay.
13. *El club de los mentirosos*, de Mary Karr.
14. *Dust Tracks on a Road*, de Zora Neale Hurston.
15. *Recuerdos, sueños, pensamientos*, de Carl Jung.

Aquí tienes unas cuantas indicaciones para crear tus nuevas listas:

Haz inventario. Antes de redactarlas, dedica un rato a examinar los libros que tienes en casa, la música que tienes guardada en los aparatos electrónicos, la poesía de la que disfrutas, las memorias que te gustan, los títulos de autoayuda en los que te has apoyado en los momentos difíciles, las obras de no ficción que te despiertan y revolucionan la mente. Haz lo mismo con las películas y los programas de televisión que ves, con los cuadros que tienes en las paredes, los vídeos que compartes. Fíjate en los libros, la música, las películas, los programas y los cuadros que NO lees, ni escuchas, ni ves, ni disfrutas. Obsérvate con detenimiento mientras haces los inventarios. ¿Estás conforme con tus elecciones? ¿Las criticas? ¿Sientes vergüenza? ¿Pudor? ¿Por qué?

Cuestiona el *statu quo*. Entra en internet y échales un vistazo a varias listas de lecturas propuestas en institutos y universidades. Lee con atención las omnipresentes listas de «mejores películas del año» (o mejores libros, canciones, obras artísticas, etc.). Pregúntate si esos títulos son los que incluirías en tu lista, si son tus ganadores del Óscar, tus Premios Nobel de Literatura. Plantéate (o investiga) quiénes son las personas que proponen las obras, escogen a los ganadores y elaboran las clasificaciones.

Confecciona tus listas. Ponles un título propio. Si decides que una se titule «Las canciones más geniales de la historia», pregúntate qué significa «genial» para ti. Redacta las listas sin ninguna intención de compartirlas. Permite que el criterio de selección sea este: «Porque me encanta».

Presume de listas. Luego, si te apetece, enséñaselas a bibliotecarios, libreros, críticos, comisarios artísticos, DJ. Pídeles que amplíen los métodos que emplean para elegir lo que ofrecen; que valoren y validen las preferencias de muchos tipos distintos de lectores, espectadores y oyentes.

UN DÍA SIN UNA METÁFORA BÉLICA

En la segunda parte hablé de intentar pasar todo un día sin usar muletillas y frases que incluyeran referencias a la guerra o a la violencia. Si te apeteciera cambiar un poco tu uso del lenguaje, más abajo ofrezco una lista de metáforas del ámbito de la carpintería y la construcción, las artes y los oficios, la jardinería, los viajes, la cocina y otras actividades que mejoran la vida, propagan el amor, son enriquecedoras o, sencillamente, divertidas. Con el tiempo, te percatarás de la omnipresencia y de lo irónico del uso de metáforas violentas. Me sorprende en especial su preponderancia en el ámbito de la medicina. Para ser un campo dedicado a sanar y salvar vidas, parece contradictorio hablar de «batallas» y de «esquivar balas», y de pacientes valientes que «luchan contra la enfermedad».

En 1971, el presidente Nixon aprobó en Estados Unidos la Ley Nacional del Cáncer y declaró una guerra contra esa enfermedad que «movilizó los recursos del país para convertir la conquista del cáncer en una cruzada nacional». Desde entonces, el lenguaje de lo sanitario se ha asociado cada vez más a lo bélico. Pero imagina que tu médica utilizara metáforas distintas a la de la movilización, la conquista y la cruzada. ¿Y si empleara una metáfora sobre jardinería y te dijera algo así como: «Vamos a arrancar las células cancerígenas como si fueran malas hierbas, a abonar las células sanas y a cultivar la cura»? O una metáfora del campo de la construcción: «Vamos a sentar unos cimientos nuevos para la salud apuntalando tu fuerza y tu sistema inmunológico». A largo plazo, puede que el uso de otras metáforas estimule investigaciones distintas sobre el tratamiento y la prevención de la enfermedad, además de cambiar la perspectiva de los pacientes e incluso afectar a los resultados de su curación.

Y no es solo en el terreno de la medicina donde «las palabras se convierten en acciones». Presta atención y descubrirás una enorme cantidad de oportunidades para jugar con el lenguaje. Por ejemplo, la próxima vez que quieras describir a una mujer a la que admires, intenta buscar alternativas a expresiones como «es la hostia».

La monja católica sor Joan Chittister es una de mis mujeres favoritas del mundo. Una vez, al finalizar una llamada

telefónica, me dijo: «Eres fermento. ¡No lo olvides nunca!».
No entendí muy bien a qué se refería. Tuve que buscarlo en
el diccionario y, en la tercera acepción de la palabra, encontré lo siguiente:

FERMENTO: Influjo que induce a la realización de un proceso
o de una actividad.

Prueba esta palabra la próxima vez que quieras hacerle un
cumplido a una amiga. Y, cuando estés en el trabajo y haya
una reunión conflictiva, o si en casa tienes que mediar en
una pelea entre hermanos, o si en una fiesta la conversación
deriva hacia la política, puedes aderezar (metáfora de la
cocina) tus palabras con expresiones que señalen hacia soluciones creativas e inspiradoras, como las siguientes:

- Crear unos cimientos firmes.
- Afianzar un acuerdo.
- Reemplazar los eslabones débiles.
- Mejorar el mapa.
- Sembrar semillas.
- Cosechar resultados.
- Labrar la tierra.
- Deshacer las puntadas.
- Reenfocar la imagen.
- Esbozar objetivos.
- Seguir un nuevo patrón.
- Actualizar una receta antigua.
- Redirigir una discusión.
- No dejar a nadie en tierra.
- Encontrar el camino más corto.
- Remar hacia una solución.
- Trazar un nuevo recorrido.

Ejercicio: Un día con metáforas nuevas

Empieza a prestar atención al lenguaje que se oye en las conversaciones diarias, en las redes sociales, en la radio, en la televisión, etc.

No corrijas las palabras o las expresiones que empleen los demás, solo cobra conciencia de la omnipresencia de las metáforas bélicas, violentas y deportivas, y de la escasez de otras procedentes de diferentes aspectos de la vida cotidiana.

Empieza a incorporar frases, eslóganes, imágenes y metáforas diversas en tu manera de hablar, en tus textos y tuits. Diviértete con el experimento.

Cuando lo creas oportuno, informa a la gente de lo que estás haciendo, pero no te conviertas en un policía de las palabras. Hay espacio para todos los tipos de lenguaje que describen la realidad humana.

LEGADO

Hay muy pocos héroes de corazón romántico
y naturaleza divertida.

ISABEL ALLENDE

HACE AÑOS, ME ofrecieron dar una charla en un encuentro celebrado en Austria en el que líderes religiosos de todo el mundo dialogaban con científicos internacionales. Recibir aquella invitación me resultó extraño, puesto que yo no soy ni líder religiosa ni científica internacional. La carta, escrita en papel con estampados en relieve, me obsequiaba con la gran trascendencia del encuentro e incluía una lista de los oradores que ya habían confirmado su asistencia, entre los que se contaban el dalái lama, el imán de la mezquita más importante de Egipto, el cabeza de la Iglesia ortodoxa rusa, un destacado rabino inglés, el arquitecto Frank Gehry, un par de científicos ganadores del Premio Nobel y varios líderes más, todos ellos hombres.

Solo habían invitado a dos mujeres: a Isabel Allende, la novelista chilena, y a mí. Me pregunté por qué a nosotras, teniendo en cuenta que ninguna de las dos estábamos adscritas a una religión ni habíamos hecho descubrimientos científicos de ningún tipo. La respuesta sigue siendo un misterio, pero accedí a asistir por la extraña pareja que formaban el dalái lama e Isabel Allende, y también por el enclave donde se iba a celebrar la conferencia: un monasterio medieval junto al romántico río Danubio.

Tras aceptar la invitación, recibí información sobre la estructura y el tema de la conferencia. Cada orador debía dar una charla de treinta minutos que contestara a las preguntas: «¿Cuál será su legado? ¿Qué premios y honores ha recibido? ¿De qué logros está más orgulloso? ¿Por qué hecho le gustaría más que le conocieran las generaciones futuras?».

Mi primera reacción a la tarea fue de desconcierto. ¿Legado? Jamás le había dedicado ni un momento de reflexión a ese concepto. Tal vez fuera demasiado joven para pensar en lo que quería dejar a mi paso. A lo mejor, pasados los setenta, empezabas a preocuparte por ese tipo de cosas. Yo estaba demasiado ocupada en el aquí y el ahora como para pensar en el más allá. Aun así, como por aquel entonces era una chica obediente, me senté a escribir un discurso sobre aquello de lo que estaría más orgullosa cuando abandonara la salvaje aventura de ser humana.

Sin embargo, por más que lo intentara, era incapaz de sentir interés por cómo me recordarían los demás, o por cómo recordarían mi trabajo tras mi muerte. Lo que no paraba de venirme a la cabeza eran las instrucciones que había recibido a los veintitantos años, cuando viajé como mochilera. A los excursionistas que se adentran en la naturaleza se les dice que «no dejen huella» cuando abandonan su lugar de acampada; que no piensen en sí mismos, sino en los excursionistas futuros, e incluso en las generaciones que vendrán a continuación y que también querrán experimentar la naturaleza salvaje. No dejes huella: eso era lo que quería decir en mis treinta minutos de respuesta a la pregunta «¿Cuál será su legado?». No se trataba de que no me importaran mi trabajo, mi arte y mi persona mientras estuviera en este mundo. Sí me importaban. Pero cuando me marchase, me daba igual que se me inscribiera o no como una «persona especial» en el libro de la humanidad.

He pasado gran parte de mi vida intentando aflojar la presa de esa oprimente necesidad de ser alguien especial. La exaltación del ego y el autobombo llevan a una forma de vida agotadora, que nos aísla de los demás y jamás cumple su promesa de felicidad. Todos la sufrimos: el ansia de destacar, la desazón de ser menos que los demás, el impulso agresivo de ser más que los demás, de tener razón y de estar en lo más alto. Ese es el ego mezquino en el trabajo. Esa es la parte de mí de la que he suplicado librarme por mi bien y por el de todos los que me rodean. Así que lo último en lo que quería centrarme durante una charla para un encuentro de líderes religiosos era en cómo dejar impresa la huella de mi ego en la arena de la historia.

En caso de dejar alguna marca, quizá fuese un hálito de sabiduría, de humor o de amor, como el aroma de un lilo cuando sopla la brisa, o el olor persistente de una comida deliciosa mientras friegas los platos tras una cena con amigos. Sin embargo, aquello no me parecía lo suficientemente grandioso para un encuentro de aquel tipo, o eso creía yo. No podía limitarme a subir al atril y decir: «No dejen huella. Gracias…», y después volver a sentarme. Así que escribí lo que pensé que funcionaría ante un grupo de científicos y líderes religiosos internacionales y de las personas que habían acudido a escucharlos.

Un precioso día de otoño, me encontré en la abadía de Melk, un enorme monasterio benedictino fundado en 1089 y situado en lo alto de un afloramiento rocoso junto al serpenteante río Danubio. El encuentro de científicos y líderes religiosos se celebraba en la sala de reuniones de estilo barroco del monasterio. En el escenario formal colocaron un podio ornamentado y sillas acolchadas para los oradores. Tras algo de pompa y circunstancia, nos sentamos y nos presentaron. La primera en hablar fue Isabel Allende. Se puso en pie con la majestuosidad que le confiere su metro y medio de estatura y se acercó al inmenso podio. Es probable que, aun poniéndose de puntillas, solo alcanzara a ver las primeras filas de asientos de la sala, ocupadas por monjes benedictinos ataviados con su severo hábito negro con capucha. Tras ellos había varios centenares de hombres vestidos con trajes oscuros y, desperdigadas entre ellos, unas cuantas mujeres con vestidos de color pastel, como pétalos de flores.

El moderador del encuentro le hizo a Isabel la pregunta del día: «¿Cuál será su legado?». Y, como si fuera la primera vez que la escuchaba, Isabel contestó con su voz lírica: «¿Legado? ¿Por qué iba a importarme algo así? ¡Estaré muerta! Además, legado es una palabra con pene». Los monjes de las primeras filas se sonrojaron; un par de personas ahogaron un grito. Los oradores se revolvieron en su asiento. El dalái lama se rio con ganas. Yo me enamoré de ella al instante.

Allende procedió a ofrecer una acalorada charla acerca de la obsesión del hombre con el heroísmo y el poder personal, y del hecho de que deberíamos centrarnos en enriquecer y beneficiar a los menos privilegiados de entre nosotros en lugar de en barrer para casa y utilizar nuestro poder para dominar, sacar ventaja, conseguir más, ser recordados como los más grandes, los mejores, los más ricos, los más listos. Se refirió con desprecio a la pretensión de ser el héroe. «El heroísmo conduce a un final prematuro —advirtió—, y por eso atrae a los fanáticos o a las personas que sienten una fascinación insana por la muerte. Hay muy pocos héroes de corazón romántico y naturaleza divertida.» Habló con brevedad sobre el nuevo tipo de héroe al que el legado no le importa un comino. Sobre las personas que priorizan el amor , el alimento y el cuidado de los niños y los ancianos, esfuerzos valientes históricamente relegados a las «irrelevantes» esferas de las mujeres. Y, por lo tanto, dijo, «ha llegado el momento de ensalzar a las mujeres como las personas que pueden sacarnos del tremendo lío en el que se ha metido la humanidad».

Terminó su discurso advirtiendo a las mujeres de que no cometieran con su poder los mismos errores que habían cometido los hombres. «No acaparéis poder, dinero ni fama. Dadlo todo. Y perdonadme por el comentario del pene —dijo entre risas mientras le guiñaba un ojo al dalái lama—. En realidad quería decir esa otra palabra que empieza por pe... patriarcado. No son los hombres, no son los penes, sino el sistema patriarcal. Es malo para todos. Es un legado terrible. Las sociedades más pobres y atrasadas son siempre las que humillan a las mujeres.»

Y entonces se sentó. Los monjes de las primeras filas exhalaron un suspiro de alivio.

El siguiente en hablar fue el dalái lama. Su charla fue aún más corta que la de Isabel Allende. Esperaba que su legado fuera la bondad, afirmó. «No hacen falta templos ni filosofías complicadas. Mi cerebro y mi corazón son mis templos; mi filosofía es la bondad. Sed bondadosos siempre que sea posible. Siempre es posible.»

En aquel preciso instante, decidí descartar lo que había preparado e improvisar utilizando como única guía el credo de la naturaleza: «No dejes huella». Creo que eso fue lo que hice, pero del tiempo que pasé en la abadía de Melk solo recuerdo las palabras del dalái lama y de Isabel Allende. Cuando volví a casa y le conté a mi familia cómo había ido el viaje, a mis hijos, adolescentes por aquel entonces, les pareció graciosísimo que el dalái lama se hubiera reído cuando Isabel dijo «la palabra con pe». Esa expresión ha pasado a formar parte de nuestro léxico familiar.

Tras aquella experiencia que vivimos juntas cerca del río Danubio, Isabel y yo nos hicimos amigas enseguida. Ahora, siempre que estamos juntas, decimos: «¿Legado? ¡Esa palabra tiene pene!». Y nos partimos de risa como el dalái lama.

Ejercicio: Redacta tu propio obituario

Siéntate unos minutos en silencio, respira despacio, inspira con profundidad para que el aire llegue al fondo de tu cuerpo y luego espira lentamente; imagina que tu respiración abandona tu cuerpo por la parte superior de la cabeza y se eleva hacia el espacio. Mientras permaneces sentada y respirando, empieza a centrarte más en la exhalación y en la sensación del aire que abandona el cuerpo y se funde con el espacio que te rodea.

Con los ojos cerrados, imagina que por alguna razón —una enfermedad, un accidente, la vejez— moriste ayer. Imagínate la escena.

Llévate una mano al corazón y repasa tu vida. Dedica todo el tiempo que quieras a esa parte del ejercicio. Piensa en cuando eras un bebé, una niña, una persona joven, adulta. Cólmate de amor, perdón y gratitud en todas las etapas.

Abre los ojos, coge lápiz y papel y escribe tu obituario sirviéndote de las sugerencias que encontrarás más abajo. Escribe en tercera persona, como si estuvieras describiendo a alguien a quien conocías muy bien. Y no le des demasiadas vueltas. No tiene por qué quedar perfecto.

Comienza como suele hacerse en los obituarios: nombre de la persona, edad, causa de la muerte, dónde vivía, a qué se dedicaba. Tras las fórmulas habituales, emplea los apuntes siguientes para escribir acerca de un tipo distinto de legado:

- ¿A quién quería? (Escribe sobre las personas, lugares y animales que más quieras.)
- ¿Qué la hacía cobrar vida? (Describe una sola escena en la que estés haciendo lo que más te gusta.)
- ¿Qué defendía? (¿Qué haces, o qué te gustaría hacer, para apoyar, crear e inspirar cambios en el mundo?)
- Su mayor pesar era... (¿Qué te provoca dolor? Habla de tus errores y pérdidas personales, así como de los defectos desgarradores y exasperantes de la humanidad en general.)
- ¿Con qué color le gustaría que la asociaran al recordarla?
- ¿Con qué canción?
- ¿Con qué olor?
- ¿Con qué sabor?
- ¿Quién era verdaderamente?

Vuelve a tu obituario (y revísalo) de vez en cuando. Úsalo para recordarte tu naturaleza más auténtica frente a lo que el mundo y tú misma esperáis de ti. Relaja los estándares irracionales y los juicios rigurosos. Deja que tu obituario te recuerde las cualidades que quieres alimentar y los regalos que quieres hacer a diario. Deja que cuente un final nuevo y valiente para tu historia.

SUEÑA

Que hoy tenga la valentía
de vivir la vida que me gustaría,
de no seguir posponiendo mi sueño,
sino de hacer al fin aquello para lo que vine
sin continuar desperdiciando mi corazón en el miedo.

JOHN O'DONOHUE

AL INICIO DE este libro cité a Toni Morrison: «Cuando ocupes posiciones de confianza y poder, sueña un poco antes de pensar». Los sueños viven en el corazón, no en la cabeza. Puedes utilizar la genialidad de tu mente para hacer realidad tus sueños, pero primero tienes que confiar en tus instintos, saber lo que sabes, honrar tu intuición y tu inteligencia emocional. Aquí tienes unas cuantas formas de soñar antes de pensar:

Siente todas tus emociones. Siente la rabia, el amor, el miedo, la pena, el valor, la sorpresa, la alegría. Siéntelas, porque en algún rincón de esa mezcolanza están tu sabiduría y tu guía. No es lo mismo permitirte sentir esos sentimientos que reaccionar a ellos. No se trata de expresar todas y cada una de las emociones, eso no sería más que la otra cara de la moneda de reprimir todas y cada una de ellas. La inteligencia emocional es aprender a descifrar y a canalizar la genialidad de tu corazón. No nos han enseñado la suficiente inteligencia emocional. Tal vez te convenga apuntarte a clases. Los mejores profesores son los terapeutas que te ayudan a bucear en el gran agujero azul de tu corazón, a examinar lo que hay en él y a volver a la superficie con tus sueños.

Sueña con otras. Aprender a confiar en tus sueños. «No es una labor solitaria —como dice Jessica Bennett, la editora de género de *The New York Times*—. Necesitamos a otras mujeres a nuestro lado. Así que empecemos por agarrarnos del brazo.» Escribir un final nuevo y valiente nos resultará más fácil cuando nuestros sueños alcancen la masa crítica (Bennett habla de alcanzar la masa clitoriana). Enriquece tus *womances* (si los hombres pueden tener *bromances*, nosotras podemos tener *womances*: una tribu de mujeres con las que soñar). Si estás buscando *womances*, únete a un grupo de mujeres, a un club de lectura, a un deporte de equipo o a clases de ganchillo. Da la cara por tus compañeras de trabajo y haz todo lo posible por desterrar el mito de que las mujeres nos saboteamos unas a otras, de que nuestras amistades son sobre todo maliciosas, tóxicas o competitivas.

Sueña a lo grande. Si ejercer el poder de manera distinta tiene que ver con la inclusión en lugar de con la marginalización, demuéstralo siendo lo más inclusiva posible. Amplía tu red de sueños. Rebecca Solnit dice: «En este país hay sitio para todo aquel que crea que hay sitio para todos». Actúa así con todo tipo de mujeres y hombres, con independencia de su procedencia.

Prepárate para que te sorprendan. Tiéndeles la mano con sabiduría y delicadeza a quienes están atrapados en el pasado y temen el cambio. Intenta que tu amplitud de miras los anime a «creer que hay sitio para todos». Eso sí, recuerda: no hagas daño, pero no aguantes gilipolleces.

Cuidado con la *schadenfreude*. En alemán, *schadenfreude* significa «alegrarse por los fracasos de los demás». O pensar que hay una correlación entre la caída de otro y el potencial para tu ascenso, o que tienes razón solo si hay otra persona que se equivoca. La envidia, las comparaciones y la *schadenfreude* son destructoras de sueños y una pérdida de tiempo. Dedica esa misma energía a incubar tus sueños. Una buena forma de disminuir la *schadenfreude* es practicar la gratitud. O el perdón. A veces, alcanzarlos es difícil. Quizá necesites ayuda. Búscala. Necesitamos tus sueños.

Ama. Como dice Maya Angelou: «El amor no conoce barreras. Salta las murallas, esquiva los obstáculos, atraviesa las paredes para llegar a su destino lleno de esperanza».

No continúes desperdiciando tu corazón en el miedo. Si me gustaran los tatuajes, me grabaría sobre el corazón estas palabras del poeta irlandés John O'Donohue:

> Que hoy tenga la valentía
> de vivir la vida que me gustaría,
> de no seguir posponiendo mi sueño,
> sino de hacer al fin aquello para lo que vine
> sin continuar desperdiciando mi corazón en el miedo.

FERNWEH

Nuestra labor en la vida
es llevar la luz de nuestra alma
a los lugares oscuros que nos rodean.

SOR JOHAN CHITTISTER

HAY UNA PALABRA alemana que me encanta, *fernweh* (se pronuncia más o menos «fernbi»). Quiere decir «anhelo de un lugar en el que nunca has estado». Un traductor de alemán la definió como «morriña, salvo que en este caso sientes nostalgia por un hogar que aún no conoces». Puede que sientas *fernweh* por la tierra de tus ancestros: no la has visitado nunca, pero, por extraño que parezca, la echas de menos. Le he preguntado a varias personas por su *fernweh* y me han contestado con descripciones detalladas de lugares nunca vistos aunque constantemente ansiados: una casita empedrada cubierta de hiedra; un viejo club nocturno lleno de humo; una *kiva* de adobe en pleno desierto; un paisaje de ciencia ficción futurista. Es una gran pregunta que hacerle a alguien en una fiesta, ¿cuál es tu *fernweh*? Mucho más interesante que ¿a qué te dedicas? Se aprende mucho de la gente sabiendo lo que echa de menos.

De pequeña solía fantasear con un dormitorio con las paredes lisas y blanqueadas, en una casa antigua situada sobre un acantilado en una islita griega, o quizá en un pueblo italiano. No sé cómo llegué a añorar un lugar así; a lo mejor vi en un ejemplar de *National Geographic* la fotografía de un pueblo de montaña mediterráneo en el que las casas blanqueadas se desperdigaban por la ladera hasta el mar azul. Me tumbaba en la cama y me imaginaba en una de ellas en lugar de en mi hogar de la infancia, en un barrio residencial estadounidense. Y seguí haciéndolo en etapas más avanzadas de la vida, cuando las cosas se complicaban, cuando me convertí en madre soltera, cuando pasaba malas rachas sentimentales o financieras, o el invierno era largo y frío. Dejaba que el *fernweh* me trasladara a una habitación con una ventana en forma de arco, abierta y con unas cortinas blancas y transparentes sacudidas por la brisa suave. La habitación era fresca y silenciosa. Fuera, el sol ardiente se reflejaba en el agua azul y su calor liberaba el aroma de los higos y las flores de los limoneros.

Pensaba en esa habitación tan a menudo que hasta podía olerla. La primera vez que corté un higo fresco, juro que vi el cuarto en mi mente. Años más tarde, lo encontré mientras viajaba por el sur de Italia. Se parecía mucho a la habitación de mi *fernweh*, tanto que daba miedo.

¿Por qué te estoy contando todo esto al final de un libro sobre mujeres y poder, historias antiguas y finales nuevos y valientes? ¿Por qué te hablo de añorar y soñar con un lugar en el que nunca has estado? Marian Wright Edelman dijo: «No puedes ser lo que no puedes ver». Y yo digo: «No puedes ver lo que no te atreves a soñar». Escribo aquí sobre el *fernweh* porque todas tenemos morriña de un lugar en el que la humanidad nunca ha estado. Depende de nosotras soñar ese lugar para darle vida. Los sueños de las mujeres han sido despreciados y empequeñecidos durante demasiado tiempo. Ahora podrían salvarnos. Nuestros sueños pueden ser un puente que lleve de un mundo antiguo a uno nuevo.

¿Te acuerdas de la historia de Pandora en la primera parte del libro? Después de abrir la tinaja y de que los espíritus malignos salieran volando, Pandora cerró la tapa justo a tiempo de impedir que uno de ellos escapara: Elpis, el espíritu de la esperanza. Algunas personas opinan que la esperanza es para los optimistas ingenuos, pero a mí me gusta cómo lo expresa Gloria Steinem. Dice: «La esperanza es una forma de hacer planes». En lugar de sucumbir al miedo, la desesperación, el cinismo o la nostalgia por un pasado que en realidad nunca existió, la esperanza puede constituir la base de nuestros planes. La esperanza es fermento, como dice mi amiga sor Joan Chittister. Desde el fondo de la tinaja, Elpis nos incita a ponernos en pie. «Sí —nos dice—, el mundo está lleno de fealdad y terror; sin embargo, la esperanza sigue ahí, atrapada justo a tiempo para que ayude a la humanidad a soñar sueños mejores.»

He oído a sor Joan contar esta historia: «Un discípulo le preguntó a un anciano monje: "Maestro, ¿cuál es la diferencia entre el conocimiento y la iluminación?". Y el monje contestó: "Cuando posees conocimiento, enciendes una antorcha para encontrar el camino. Cuando alcanzas la iluminación, te conviertes en una antorcha para mostrar el camino"». ¿Serás una antorcha? ¿Imaginarás un mundo mejor, creerás en él e iluminarás el camino hasta alcanzarlo? Una luz no es suficiente para traspasar la oscuridad, pero juntas podemos ayudar a todo el mundo —a todas las personas, a todas las vidas— a encontrar el camino a casa.

AGRADECIMIENTOS

Mɪ ᴍás ᴘʀᴏꜰᴜɴᴅᴏ agradecimiento:

A los miembros del personal y de la junta directiva del Instituto Omega, pasados y presentes, con los que he tenido el honor de trabajar, el privilegio de aprender y junto a los que he tenido la suerte de crecer. Y a los oradores, profesores y artistas cuya presencia en el Omega ha enriquecido muchísimo mi vida.

A Clara Goldstein y Sarah Peter, cofundadoras del Centro de Liderazgo Femenino Omega y mis hermanas de otra madre. Estáis en todas y cada una de las páginas de este libro.

A las mujeres cuyo trabajo pionero y espíritu generoso me han animado, me han allanado el camino y me han ayudado a encontrar mi lugar: Oprah Winfrey, Marion Woodman, Pema Chödrön, Isabel Allende, sor Joan Chittister, Iyanla Vanzant, Eve Ensler, Jennifer Buffet, Pat Mitchell, Carol Gilligan, Gloria Steinem, Sally Field, Jane Fonda, Brené Brown, Maria Shriver, Gail Straub, Loung Ung, Pumla Gobodo-Madikizela, Natalie Merchant y Edit Schlaffer. Y a los centenares de oradoras y actrices que han honrado con su presencia el escenario de las conferencias «Mujeres y poder». Gracias, Tarana Burke, por el voto de confianza cuando más lo necesitaba.

A Eve Fox, por perseguirme, cariñosa pero firmemente, para que escribiera este libro; a Henry Dunow, por ser el pastor; a Karen Rinaldi, por ser mi amiga, correctora, editora, paciente admiradora y feroz protectora; y a todo el equipo de HarperWave, sobre todo a Rebecca Raskin, Yelena

300

Nesbit, Penny Makras, Lydia Weaver y Robin Bilardello, que diseñaron la cubierta llena de vida de este libro.

A mis primeros lectores: Norah Lake, Kali Rosenblum, Geneen Roth, Sally Field, Lori Barra, Henry Dunow y Sil Reynolds, por vuestros comentarios, vuestras correcciones y vuestro entusiasmo. Y, por supuesto, a Melissa Eppard, por leer los borradores iniciales y aferrarse a los detalles (y a mi mano) durante este prolongado viaje. Gracias a los participantes en mis retiros de Indagare, que me escucharon leer algunas de estas historias y me animaron a seguir escribiendo.

A mi pandilla de amigos: familiares de mi ciudad, sufíes amados de toda la vida, viajeros y colaboradores creativos (mención especial para David Wilcox). Al Twalkers Club: Dion Ogust y Perry Beekman (por el compañerismo y la hilaridad). A mi tribu womántica: Abbey Semel, Cheryl Qamar, June Jackson, Kali Rosenblum, Marian Cocose y el largo camino que hemos recorrido juntas, la senda de risas y lágrimas, verdades expresadas y amor compartido.

A mis hermanas Katy y Jo, y a las que echo de menos todos los días, Maggie, Marcia y Gil. Siento una gratitud enorme por toda nuestra enorme, maravillosa y fabulosa familia.

A Rahm, Daniel y Michal, mis inspiradores, divertidos y cariñosos hijos, y a sus compañeras, Eve, Taylor y Becky. Vosotros estáis cambiando el final de la historia. Y a quienes me alegran el corazón y me llenan de esperanza: Will, James, Ruby, Zada y Gabriel.

Y a Tom y a nuestra hermosa vida juntos, alma con alma.

PARA SABER MÁS

BALL, Carlos A. *Huffpost*, «Why Men Can Be Mothers Too», julio de 2012.

BEARD, Mary. *Mujeres y poder. Un manifiesto*, traducción de Silvia Furió. Editorial Crítica, 2018, Barcelona.

BROWN, Brené. *Own Our History. Change the Story*. https://brenebrown.com/blog/2015/06/18/own-our-history-change-the-story/

CAMPBELL, Joseph y MOYERS. *Bill El poder del mito*, traducción de César Aira. Emecé Editores, Barcelona, 1991.

CARO, Jane. *Accidental Feminists*, Melbourne University Publishing, Melbourne, 2019.

DONALDSON, Charlie. *Shame: The Core Issue for Many Men*. https://menscenter.org/shame/

GREEN, Robert. *Las 48 leyes del poder*, ed. Joost Elffers, traducción de Ana Bustelo y César Vidal. Espasa, Madrid, 1999.

HAWTHORNE, Nathaniel. *La letra escarlata*, introducción de Nina Baym; traducción de Pilar Serrano y José Donoso. Penguin Clásicos, Barcelona, 2021.

HESÍODO. *Teogonía. Trabajos y días*, ed. bilingüe, introducción, traducción y notas de Lucía Liñares. Editorial Losada, Buenos Aires, 2005.

HODGSON, Nichi. *The Guardian*, «Why do Women Talk So Much? You Asked Google, Here Is the Answer». Febrero, 2018.

HUGHES, Virginia. *National Geographic*, «Los artistas prehistóricos podrían haber sido mujeres». Octubre, 2013.

JOHNSON, Marguerite. *A feminist nightmare: how fear of women haunts our earliest myths*. https://theconversation.com/a-feminist-nightmare-how-fear-of-women-haunts-our-earliest-myths-37789

KIDD, Sue Monk. *The Dance of the Dissident Daughter*. HarperOne, Nueva York, 2016.

LERNER, Gerda. *La creación del patriarcado*, traducción de Mònica Tusell. Crítica, Barcelona, 1990.

MAQUIAVELO, Nicolás. *El príncipe*, traducción de Amaury Carbó. Editorial Verbum, Madrid, 2018.

MARLING, Brit. *The New York Times*, «I Don't Want to be the Strong Female Lead». Febrero, 2020.

McKAY, Brett. *Semper Virilis: A Roadmap to Manhood in the 21st Century.* https://www.artofmanliness.com/character/behavior/semper-virilis-a-roadmap-to-manhood-in-the-21st-century/

NIETZSCHE, Friedrich. *Más allá del bien y del mal,* introducción y notas de Luis Benítez. Ediciones Lea, Buenos Aires, 2015.

O'DONOHUE, John. *To Bless the Space Between Us,* Convengent Books. Nueva York, 2008.

ORTEGA Y GASSET, José. *Obras Completas.* Tomo V, ed. Fundación Ortega y Gasset, Centro de Estudios Orteguianos. Taurus, Barcelona, 2020, edición digital.

OVIDIO. *Metamorfosis.* Libros VI-X, traducción y notas de José Carlos Fernández Corte y Josefa Cantó Llorca. Biblioteca Clásica Gredos, Madrid, 2012.

PINKOLA ESTÉS, Clarissa. *Mujeres que corren con los lobos,* traducción de María Antonia Menini, Ediciones B, Barcelona, 2001.

SANDBERG, Sheryl. *Vayamos adelante. Las mujeres, el trabajo y la voluntad de liderar,* prólogo Michelle Bachelet, traducción de Eva Cañada Valero. Conecta, Barcelona, 2013.

SOLNITT, Rebecca. *Whose Story (and Country) Is This?* https://lithub.com/rebecca-solnit-the-myth-of-real-america-just-wont-go-away/

TANNEN, Deborah. *Time,* «The Truth About How Much Women Talk and Whether Men Listen». Junio, 2017.

TERTULIANO. *De cultu feminarum. El adorno de las mujeres,* traducción de Virginia Alfaro Bech y Victoria Eugenia Rodríguez Martín. Universidad de Málaga, Málaga, 2001.

WOODMAN, Marion. *The Power of the Feminine.* https://www.eomega.org/article/the-power-of-the-feminine

Worshipping Illusions: An Interview with Marion Woodman. https://parabola.org/2019/04/13/worshipping-illusions-an-interview-with-marion-woodman/

WOOLF, Virginia. *Una habitación propia,* traducción de Laura Pujol. Seix Barral, Barcelona, 2008.

YOUNG-EISENDRATH, Polly. *Subject to Change. Jung, Gender and Subjectivity in Psychoanalysis,* Routledge. Oxfordshire, 2004.